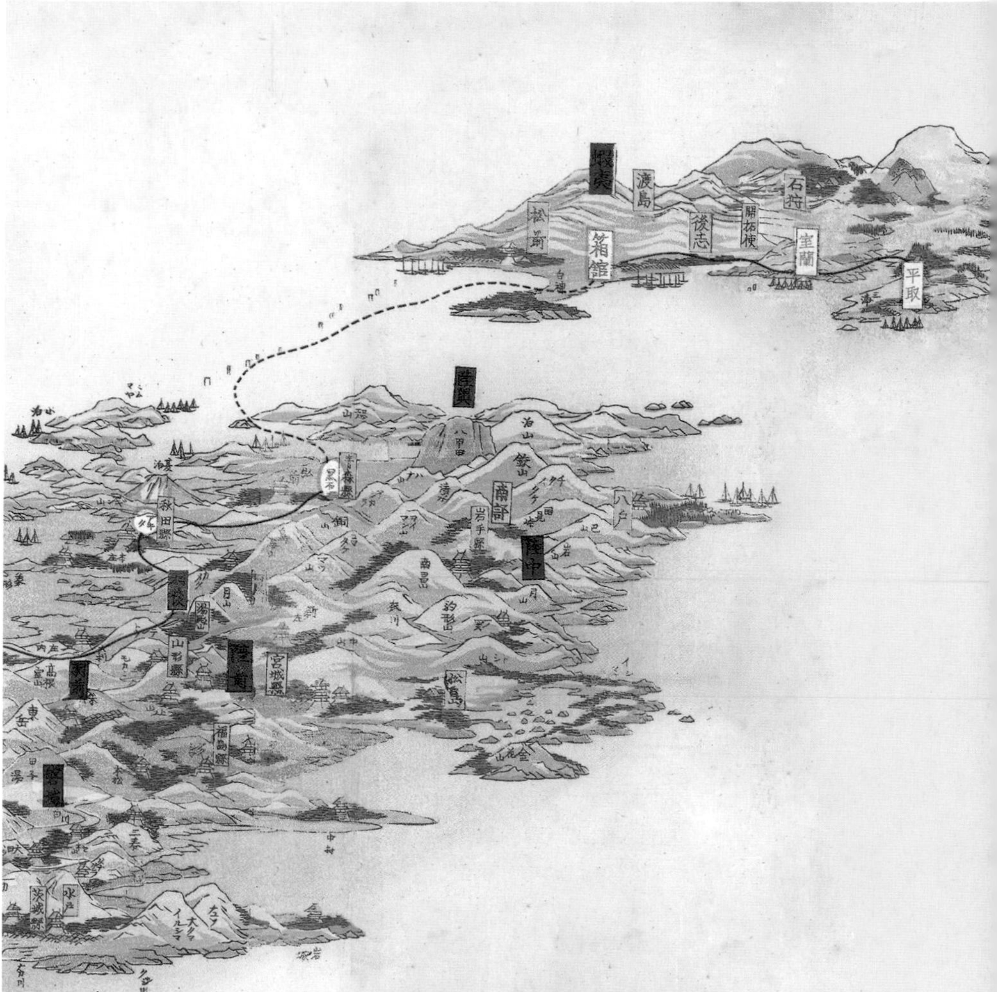

說明： 本圖以國土地理院所藏之《大日本府県名所一覧》（1879）為底圖編輯加工而成

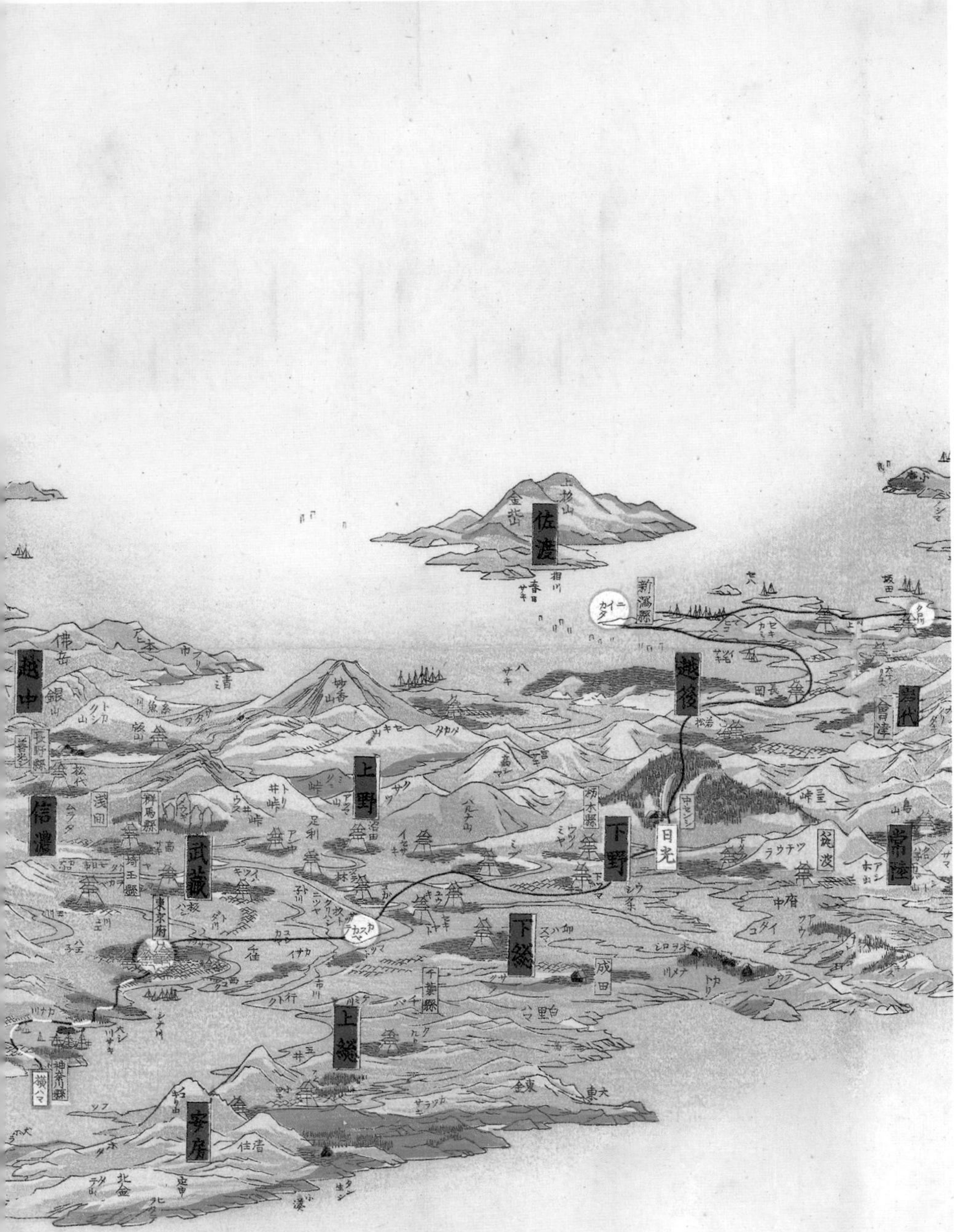

佐渡
金北山
越後
新潟縣
越中
信濃
長野縣
上野
群馬縣
武藏
埼玉縣
東京府
下野
栃木縣
日光
下總
千葉縣
成田
上總
安房
常陸
筑波
岩代
會津
神奈川縣
横ハマ

日本奧地紀行

Unbeaten Tracks in Japan

Isabella Lucy Bird
伊莎貝拉・博兒

吳煒聲——譯

目錄

編註：本書每封信末處的I. L. B.為作者伊莎貝拉．博兒(Isabella.Lucy.Bird)的屬名簡寫。

序言

曾有人因出國旅遊治癒舊疾，於是友人在一八七八年四月間奉勸我離鄉散心養病；我聽從建議，決定前往日本，並非因為據說當地氣候宜人，而是該國深具獨特新穎且令人著迷的事物，得以讓我隻身遠遊異地時沉浸其中以利調養身體。然而，我抵達日本之後，不甚習慣當地氣候。這個國家無法讓人欣喜若狂，卻頗值得深入研究，其湖光勝景與饒富趣味之事，遠遠超出我的預期。

本書並非「探究日本」的書籍，而是日本遊記，記載該國現狀以豐富外界對日本的認知。我在本州內陸與蝦夷（北海道）行旅數月之後，才認為收集的資料確實新穎出眾，值得著書立作，廣需後世。我從日光向北前行之後，行經之路皆為人跡罕見之地，未嘗有過歐洲人造訪。我置身於未受西化之地，融入日本人之中，親身體驗其生活方式。我獨自遠遊，路經荒僻之境，偶爾甚至成為首度造訪當地的歐洲婦女，所見所聞難免迥異於先前遊歷者的紀聞。此外，我曾親身接觸蝦夷當地原住民[1]，足以詳述該族群，以補足前人論述闕漏之處。此乃我將所見所感發而為文，公諸大眾之主因。

幾經思量，我決定以旅遊當下寫給妹妹與友人的書信展現全書脈絡。以這種形式著書，難以顧及藝術技巧與文學手法，而且或多或少會從自我觀點寄情論事。然而，讀者便得以隨行者眼光切入，親身感受旅途的滄桑點滴，無論不適或困乏，亦或新奇與享受。至於日光除外的「人煙密集」之處，我只有輕描淡寫帶過。然而，若發現東京（江戶）等地近幾年內歷經的重大變化，我會稍加概述，但是囿於篇幅，我仍略過諸多重要的主題。

我在日本北部時缺乏資訊來源，必須仰賴口譯才能親自探訪當地人，而且必須從大量垃圾資料中費心歸納，方能從中擷取實情。蝦夷人提供了他們習俗、習慣與宗教信仰的資料，而奧匈帝國公使館的外交官兼考古學家海因里希·馮·西博爾德（Heinrich Von Siebold）當時也曾造訪蝦夷並留下紀聞。我有幸能將自己的筆記與公使的紀錄相互參照，從中歸納出見解一致且令人滿意的內容。

某些信件描述日本農民的慘況，有別於普遍的認知。讀者可能希望我不該寫得如此露骨。然而，這些怵目驚心的畫面是典型的農村景象，我既未捏造事實，也未刻意著墨慘況，只是詳實記錄眼見之事。日本政府若想建設新文明，不妨從這些資料著手。

我最重視記載內容是否正確屬實，但是資料來源錯誤甚多。那些資料皆出自於悉心研究日本的學者，而他們也最能體會箇中困難之處。本人已善盡查證之責，若有錯誤疏漏，尚祈各界方家海涵。

我參照了英文與德文版的「日本亞洲協會」會刊（Transactions of the *Asiatic Society of Japan*），以及刊載於《日本雜錄》、《日本郵報》與《東洋時報》探討日本的文獻，從中獲益良多。我要特別感謝英國大使巴夏禮爵士（Sir Harry S. Parkes）、英國公使館的薩道義先生（Satow）[2]、戴爾校長（Principal Dyer）[3]、海軍兵學校的張伯倫先生（Chamberlain）、弗雷德里克・維克托・迪金斯先生（F. V. Dickins）[4]等人，感謝他們不時從旁協助並殷切關心，在我深覺才疏學淺而灰心喪志時適時鼓勵我。

這些人與其他善心朋友曾經給予我協助。本書傳遞的觀點無論對錯，皆是我本人的看法，一切責任由我承擔。除了日本藝術家提供的三幅圖案之外，本書插圖皆是利用我本人或日本照片的素描圖刻印而成。

我在日本走遍一千四百英里，忠實記載所見所聞，將其付梓成書，以饗大眾。本書仍有疏漏，冀望讀者海涵，不計較內文缺失，將其視為詳實的日本遊記。

本書信件是專門寫給我深愛的妹妹。她總是認真點評，令我受益頗多。她也對我的旅行見聞與紀遊文字深感興趣，不時啟發我的靈感，讓我順利出版本書。如今，妹妹已撒手人寰，長眠於地下，特此為文以茲紀念。

伊莎貝拉・露西・博兒（Isabella L. Bird）

---

1 譯註：愛奴人（Aino 或 Ainu），或譯阿伊努人。有些學者認為蝦夷人與阿伊努人是同一種族的可能性很高。他們的證據大致上有以下幾種：一、直到現在，日本本州的東北地方仍然有很多阿伊努語發音的地名，這證明阿伊努人曾經在日本本州居住過；二、古文獻史料中對於蝦夷的習俗記載，都和現在的阿伊努類似；三、既然中世、近世的蝦夷即阿伊努，所以古代的蝦夷也應該是阿伊努。整體而言，支持這種說法的學者認為，日本歷史上石器時代的祖先是阿伊努，或者是阿伊努傳說中的矮人。後來，從亞洲大陸渡海過來之現日本人的祖先，又將石器時代人征服或驅逐。

2 譯註譯註：薩道義先生，埃內斯特・馬松・薩托爵士，日本名為佐藤愛之助。

3 譯註：戴爾校長，工部大學校教頭。

4 譯註：弗雷德里克・維克托・迪金斯先生，著名的英籍日本文學譯者。

第一封信

首見日本——富士山印象——日式舢舨——「人力車」——民眾怪誕的移動方式——日本紙幣——遊歷日本的缺點

橫濱，東方旅館
五月二十一日

「東京都號」（City of Tokio）在「淒風苦雨的海洋」連續顛簸十八天之後，昨日清晨總算抵達開普今岬（Cape King）[1]。到了正午，我們沿著海岸駛進江戶灣（Gulf of Yedo）[2]。當時天色柔和蒼白，天空灰濛濛的。儘管日本沿岸比多數海岸迷人，其顏色澤或樣貌卻沒有令人驚喜之處。山脊崎嶇分離，裂縫甚深，自海邊陡然升起。村落灰暗，屋舍櫛比鱗次，群聚於溪谷口，梯田則青蔥翠綠，光亮如英國草坪，一路向上攀升，直達頂端陰鬱的山林。沿岸人口眾多，海灣帆影點點，五小時之內，便有上千艘漁船與我們擦身而過。海岸、海面以及漁船，皆灰白蒼淡，船身並未上漆，風帆亦純白無瑕。尾部高聳的帆船偶爾如同幽靈船，從旁滑行而過。然後，我們減緩速度，免得衝撞一群揚著白色方帆的三角形漁船，如此緩緩前行於灰暗寂靜的海面。

倏然間，甲板上驚呼聲四起，眾人盛讚富士山。我向外眺望，卻未瞧見任何蹤影。直到我無意間抬頭望向天空，終於看見遠處聳立一座高山。正如眾人所預期的，富士山削平的巨大火山錐覆蓋皚皚白雪，海拔一萬三千零八十英尺，直衝雲霄，壯麗宏偉，映襯著蒼茫藍天，山腳與四周田園亦籠罩於灰濛濛的薄霧。[3]此乃一幅迷人勝景，可惜好景不常，最終仍消逝無影。除了崔斯坦達庫尼亞群島（Tristan Da Cunha）[4]的火山錐（亦是終年積雪），我未嘗見過這般孤挺高聳的嚴峰，四周無論遠近，沒有任何地貌足以減損其威嚴氣勢。難怪日本人會將富士山視為聖山，歷來珍之惜之，不斷透過藝術作品勾勒其神貌。我們首度看見富士山時，離它約五十英里。

空氣與海面幾乎紋風不動，薄霧靜默蒼茫，灰雲靜靜徜徉於淡藍天際，漁船的白色風帆幾乎靜止不動；一切皆蒼白憔悴，我們船身後方激起的泡沫以及前行時嘈雜的引擎震動聲，猶如一陣入世喧囂，喚醒沉睡的亞洲。

海灣逐漸變窄，林木茂密的山丘、逐級而上的梯田、風景如畫的灰色村莊、安靜悠閒的海灘、淡藍色的內陸群山，逐漸清晰可見。夏季時，富士山通常籠罩於靄靄霧氣，隱遁其宏偉身影。我們通過接待灣（Reception Bay）、培里島（Perry Island）[5]、韋伯斯特島（Webster Island）、薩拉托加岬角（Cape Saratoga）與密西西比灣（Mississippi Bay），這類足以永世證明美國成功外交手腕的美式地名。離條約岬（Treaty Point）[6]不遠處來了一艘紅色的導航燈船（lightship），船身

富士山。

印著大字書寫的「Treaty Point」。除了此地，洋船不得停泊於他處。

同船乘客嘈雜喧鬧，許多人趕著回家，幾乎都有朋友前來迎接。我則獨自一人，靜靜看著陌生的橫濱，蒼白灰色的陸地毫無魅力，在我眼前向外延伸。我感到些許淒涼，自忖將在這片人生地不熟的海岸遭遇悲慘的境遇。船隻停泊之後，一大群外國人俗稱舢舨（sampan）的日本船立即圍攏過來，我在希洛（Hilo）[7]認識的朋友，其近親岡利克博士（Dr. Gulick）上船迎接女兒，同時親切歡迎我並協助我下船。這些舢舨看似笨拙，但船夫卻手腳靈活，操控自如。舢舨頻頻碰撞，船夫們卻能平心靜氣，不像他處競爭的船工那般大呼小叫、口出惡言。

這些狀似三角形的舢舨類似穿梭於英國河流的鮭魚船。這種船鋪設墊子，看起來絕對是平底的；舢舨雖然傾斜，卻非常安全。日本人只用木螺栓與一些銅鈎，便能精準打造與組裝

流動攤販。

這種船隻。舢舨是用搖櫓而非划槳。外突桿上的木柱安置兩片木頭拼成的搖櫓，兩名或四名男子站立，用大腿支撐搖櫓，搖動著極為沉重櫓槳。眾船夫皆身穿一件寬袖單薄的藍色棉衣，腰間不繫腰帶，穿著夾腳草鞋，只見一條繩索穿過大腳趾與其他腳趾之間。他們若要繫戴頭飾，只會在額頭纏繞一圈藍色棉布。這種單薄棉衣可謂聊備一格，船夫會露出凹陷的胸部與清瘦健壯的四肢。他們的皮膚泛黃，往往紋上神獸圖案。舢舨服務是按價目表收費，旅者不會被敲竹槓而衍生糾紛。

我上岸後印象最深刻的第一件事，就是看不到街上有遊手好閒者。穿街走巷的人們，無論身形瘦小、醜陋難看、親切善良、乾巴枯瘦、雙腿弓形、肩膀圓腫、胸部凹陷，甚至模樣窘困，大家皆忙著幹活。碼頭上有一個流動攤販，內有燒炭火爐，烹煮器皿和餐具應有盡有，可謂麻雀雖小，五臟俱全。然而，這個攤販好像是替玩具娃娃製作的，而且店家身形矮小，身高不滿五英尺。我們進入海關時，碰見身穿歐式藍色制服與皮靴的官員。這些人個子嬌小，客氣禮貌，先仔細打開和檢查我們的箱子，再將箱子妥善綁好，反觀紐約的海關官員，傲慢且貪婪，兩相對比之下，簡直天差地遠。

外面大約停靠五十多輛如今知名的「人力車」（jin-ri-ki-sha）。空氣中充斥著嗡嗡聲響，五十多位車伕你來我往，連珠砲似地以粗野鄉語閒聊。這種交通工具是日本的特色且日益重要。人力車七年前才發明[8]，如今這個城市有將近兩萬三千輛。拉人力車比從事其他需技術的行業收入更豐厚，成千上萬的優秀青年於是離開農村，來到城鎮從事拉車苦力；話雖如此，據說人幹了這種活，平均只能多活五年，而且傳聞有許多車伕罹患嚴重的心肺疾病。優秀的車伕在一天可以在平地上跑四十英里，時速約為四英里。這些車伕必須登記註冊。若拉可載兩人的車，一年要繳稅八先令；若拉只載一人的車，一年要繳稅四先令。而且根據拉車的時間與距離，有固定的收費價碼。

人力車。

「車」（kuruma，亦即人力車）[9]包含輕盈的嬰兒車式後座、可前後拉伸調整的油紙車篷、天鵝絨或布料襯與墊子、座位底下放置行李的凹槽、兩個高細的輪子，以及一對連接到後頭槓條的拉桿。車身通常會根據主人喜好塗漆與裝飾。有些會裝飾拋光黃銅，其他則會鑲嵌俗稱「維納斯耳朵」（Venus's ear）的貝殼，另有一些則繪製盤繞神龍、牡丹花、繡球花（hydrangea）、菊花與神話人物。人力車的售價為兩英鎊以上不等。車伕會讓拉桿傾斜觸地，以便乘客上車（必須經常搭乘，方能輕鬆或優雅踏入車內），然後舉起拉桿，進入拉桿圈內，身體向後傾斜，最後起步向前奔跑。車子可根據乘客需求，由一至三人牽拉。每逢下雨，車伕會拉起油紙車篷，將車篷與車子緊密綁在一起，從外望去，壓根瞧不見被油紙包覆的客人。入夜之後，無論載客與否，人力車會懸掛十八英寸長的彩繪圓形紙燈籠。日本的主街猶如遭人遺忘的英格蘭鄉村城鎮大街，而腦滿腸肥且臉色紅潤的商人、傳教士、男女老少、拎著提包且裝扮時髦的貴婦、中國買辦與日本男女農民沿著這條主街上搭人力車飛奔而過。芸芸眾生在荒謬的外表下，沉醉於歡樂之中，此情此景，甚為滑稽有趣；人力車四處奔行、彼此追逐、相互交錯而過。車伕們削瘦有禮，戴著猶如倒置缽碗的大帽子，下半身穿著模糊難認的染藍緊身褲，上半身則穿短袖的藍色半纏[10]，佩戴徽章或印上白色文字。車伕賣力奔馳，泛黃的臉頰流淌汗水，他們歡笑叫喊，驚險閃避其他人力車。我拜訪了領事館之後，上了一輛人力車，另有兩位貴婦也分別上了另外兩輛車。矮小的車伕邊笑邊拉車，沿著主街向前飛奔。街道狹窄但路面結實，兩旁步道規劃嚴整，有條石砌路緣與溝渠，狹長的街道上間或矗立鐵製燈柱、煤氣燈與外國商店。車子行過主街之後，抵達了威維爾．湯姆森爵士（Sir Wyville Thomson）推薦的旅館。先前同船乘客皆以入住沿岸客棧，而這間旅館清幽寧靜，在此安頓歇腳，總算不必再忍受擾人的鼾聲。旅館主人是法國人，但他聘請一個中國人打理一切。侍者皆是穿著日式服裝的日本男孩。另有一位日本「貼身侍從」（groom of the chambers），身穿華麗的英國服裝，態度恭謙有禮，令我甚感詫異。

我抵達之後，不得不去尋找弗雷澤（Fraser）先生於外人居留地的辦公室；我之所以說「尋找」，乃是街上建物沒有明確標示，即便有門牌號，也沒依序排列。我也沒遇到能替我解決困難的歐洲人。我已稍微熟悉橫濱，卻依然寸步難行。此地死氣沉沉。我感到諸事不順，而且橫濱欠缺美感，天空是灰色的，海洋也是灰色的，房舍更是灰色的，連屋頂都是灰色的，看似和諧一致，卻枯燥乏味。除了墨西哥幣（Mexican dollar），其他外幣皆無法在日本流通。弗雷澤先生的買辦很快便將我的英國黃金兌換成日本貨幣或紙幣，換成一捆如今與美元等值的「円」（日元）[11]，以及數包五十、二十與十錢的紙幣，另有好幾捲精美的銅幣。紙幣的顏色與尺寸不同，一眼便能辨識不同的面額；然而，我目前仍無法分辨樣式各異的紙鈔。這些鈔票由硬紙作成，四角印刷漢字，只要眼力夠好或使用放大鏡，便可在漢字附近看見標示幣值的英文字。這些紙幣印刷精美，裝飾菊花紋章以及日本帝國飛龍交錯的圖案。

我渴望探究真正的日本。英國代理領事威爾金森先生（Wilkinson）昨日來電，言談間語氣親切。他認為我前往日本內地旅遊的計畫過於大膽，卻又說我一介女流，隻身旅行絕對安全無虞。然而，他跟別人看法一致，認為遊歷日本最大的缺點，便是跳蚤過多，人不堪其擾，且馬匹羸弱，難以應付勞頓的旅途。

I. L. B.

1 譯註：指野島崎，千葉縣房總半島南端的岬角。

2 譯註：指東京灣。

3 原註：這是富士山在特殊天候下的奇特樣貌。富士山通常看起來更寬闊低矮，往往被比擬為倒立的扇子。

4 譯註：南大西洋的火山群島，屬於英國的海外領地。

5 譯註：培里為美國海軍將領，因率領黑船打開鎖國的日本而舉世聞名。

6 譯註：橫濱市的本牧岬。

7 譯註：夏威夷。

8 譯註：人力車最早在一八六九年，由到日本的美國傳教士，強納森・斯科比所發明，最早僅是個人在橫濱街上使用。

9 原註：「kuruma」表示車輪或車子，日本車伕或其他日本經常用它來稱呼「人力車」，聽起來當然更為文雅。人力車車伕是「kurumaya」（くるまや，譯註：日文 ya〔や〕表示從事某種職業的人），這個字當然來自於「kuruma」。

10 譯註：沒有翻領的日式外衣。

11 譯註：明治之後的貨幣單位。

第二封信

巴夏禮爵士——「大使的馬車」——荷車苦力

橫濱

五月二十二日

我今日結識了新朋友、打探何處可聘請僕人與購買馬匹，以及接受許多人的幫助，還有向不同的人詢問後卻得到彼此矛盾的答案。此處上工時辰甚早。中午前已有十三個人來拜訪我。我看到婦女搭乘小馬車穿梭於城內，稱為「別当」（betto）的隨行馬伕會小跑步伴隨馬車。外國商人的門口經常停放著人力車，因為勤奮聰明的拉車苦力（車伕）遠比懶惰、易怒與任性的日本馬更好用。我今日發覺，即便尊貴的「特命大使兼全權公使」也得屈就於這種簡陋的交通工具。巴夏禮爵士伉儷最後拜訪我。他們涖臨時，寒舍頓時蓬蔽生輝，充盈愉悅與親切的氣氛，此種氛圍在他們離去後仍久久不散。巴夏禮爵士風華正茂，樣貌年輕，身形纖細，機靈活躍，眼珠泛藍，乃是十足的撒克遜人（Saxon），而且頭髮亮麗，笑容燦爛，和藹可親，全然不覺他在東方已任事三十年，且曾在北京身繫牢獄，甚至在日本多次遭人暗殺。爵士與夫人極為親切，聽聞我打算遊歷日本內地便熱切鼓勵我，勸我聘請僕人之後便立即動身。他們離開時，分別跳進了一輛人力車。看到這對英國大使夫婦搭乘有嬰兒車式後座的人力車，被兩名苦力拉著，於街道上疾馳而去，甚感逗趣好笑。

我向窗外望去，瞧見兩輛雙輪荷車（man-cart），上頭裝滿各類貨物、建築所用石材與其他物品，由四個人前後拉推著。荷車上坡時，前面兩人以雙手和大腿壓著一根沉重棍桿末端的橫木來拉車，後方兩人則用肩膀抵著向後突出的柄，用剃光的厚實頭顱頂著重物推車。他

荷車。

們高聲叫喊，令我印象深刻，也讓我悲傷莫名。這些苦力推拉著重物，邊前行邊喘氣，沙啞嗓音，不停呼喊「哈會達」、「喝會達」、「哇喝」與「哈會達」之類的聲音。

I. L. B.

第三封信

江戶與東京——橫濱鐵路——不合身的服裝——江戶平原——個人特點——江戶的第一印象——英國公使館——英式家庭

江戶，英國公使館
五月二十四日

我根據英國公使館的慣例，寫信時使用「江戶」；然而，江戶常用的新名稱為「東京」，而「御門」（Mikado）[1]的故居京都已改名為西京，不再被視為首都。江戶屬於幕府舊體制，東京則是維新政府[2]新體制，已有十年歷史[3]。若說要搭乘火車前往江戶，聽起來格格不入，但只要將目的地改為東京，便覺得相稱合宜。

東京與橫濱之間有一條十八英里長的雙軌鐵路，軌道鋪設完善、令人讚佩，其間有鐵橋、整潔的車站與極為寬敞的終點站。這條鐵道由英國技師建造，天皇於一八七二年剪綵通車，搭乘火車往來兩地只需一個小時。至於花費多少公帑建造，唯有日本政府知道。橫濱車站為石頭建築，亮麗舒適，走道寬敞，設置英式售票亭。寬敞候車室分等級並提供日報，但日本人習於穿木屐來往，因此候車室不鋪地毯。終點站設有替行李箱稱重和貼標籤的部門，月台以石頭打造，寬敞無比且設置篷頂，上頭架設旋轉柵門。除非特別通融，未持票者無法通過這道柵門。售票員為中國人，警衛與火車駕駛是英國人，其餘官員皆是身穿歐洲服裝的日本人。車站外沒有出租馬車（cab）[4]，只有人力車。人力車載貨也載人。手提行李不計費，其餘行李則要稱重（過磅）與編號，物主繳費後會拿到一個專屬號碼，抵達目的地後憑號碼領取行李。車資如下：第三等為一分（約一先令）；第二等為六十錢（約二先令四便士）；頭等為一円（約三先令八便士）。當乘客到站之後，通過柵門時要繳回車票。火車車廂雖由英國人製造，卻有別於我國的車廂，座位是順沿左右兩側設置，而且兩側各有車門。整體而言，這是歐陸式而非英國式設計。頭等車廂安裝昂貴的深紅色摩洛哥皮軟墊座椅，但乘客很少，二等車廂座椅舒適，鋪設精緻的椅墊，但乘客寥寥無幾；三等車廂擠滿了日本人，他們既喜歡搭人力車，也喜歡搭火車。這條鐵路每年大約賺進八百萬美元。

日本人穿著西洋服裝後顯得極為嬌小。每件服裝都不合身，益發顯現他們五短身材，還有暴露他們胸部內凹與弓形腿的缺陷。男人普遍氣色蒼白，也沒有蓄鬍子，難以判斷他們的年齡。我猜鐵路官員應該是十七歲或十八歲的小伙子，但他們都已是二十五歲到四十歲的成年人。

今天風和日麗，猶如英國的六月，但是比較炎熱。雖然象徵日本燦爛春天的櫻花及同類花朵早已凋謝，但舉目四望，一切皆新鮮嫩綠，萬物育焉，昌盛繁茂。

橫濱近郊景緻優美，山丘陡峭，林木繁茂，山谷狹隘，風景如畫。然而，過了神奈川之後，鐵路延伸至廣闊的江戶平原[5]，據說從北到南有九十英里長。平原的北側與西側高山聳立，鎮日籠罩著淡青色的雲霧，東側的海岸線則綿延著數英里的江戶灣湛藍海水，波濤起伏，其上點綴無數漁船，揚著白帆穿梭往來，憑添明亮活力。在這個富饒的平原上，不僅有百萬居民的首都，還有一些人口眾多的城市，以及幾百個繁榮的農村。從火車向外眺望，會發現每一寸土地皆是仔細栽培的農地，其中多數為灌溉稻田。隨處可見溪流、充滿灰色茅屋的村落，以及屋頂奇形怪狀的灰色廟宇。舉目四望，處處洋溢居家風味，而且適合人居、風景秀麗。這個民族非常勤勞，因為看不到一絲雜草。然而，除了熙來攘往的人潮，初到此地時，不易察覺任何特徵或特色。

購買的車票並非前往東京，而是往品川（Shinagawa）或新橋（Shinbashi），它們是構成首都東京諸多村落的其中兩個。抵達品川之前，幾乎看不見江戶，因為當地沒有高高的煙囪與直上天際的白煙，其寺廟與公共建築也甚少巍峨高聳。寺廟經常隱身於濃密樹林，普通房舍通常低於二十英尺。右手邊是湛藍大海，其上有設置「台場」（daiba，砲台）[6]的島嶼、巨大假山包圍的林木花園，數百艘停泊於港灣或擱置於海灘的漁船；左手邊是寬敞的街道，人力車穿梭往來於其上，路旁有成排灰色房舍，大多為茶館與商店。我向人詢問：「江戶在哪？」語畢，火車當下便駛進終點新橋站，接著陸續吐出車內的二百名日本乘客。四百只木屐同時嘎嘎作響，我初次聽聞這種奇特聲響。日本人穿了木屐，會增加三英寸的高度，但即便如此，男人也很少超過五尺七寸，女人則甚少達到五尺二寸。然而，他們若穿上和服，遮掩了身材缺陷，便顯得壯碩許多。他們非常清瘦、這般泛黃、醜陋、暗淡與毫不顯眼，卻能如此快樂歡欣。女人極為嬌小，走路時蓮步娜移，危危顫顫；孩童拘謹莊重，小大人似的，不禁令人莞爾。我覺得他們似曾相識，原來曾從托盤、扇子與茶壺的裝飾圖案看過他們。日本女人將頭髮從額頭往後梳，然後結成髮髻。男人則剃前髮，將後面的頭髮結成古怪的髮髻，然後往前拉，遮蓋剃髮之處[7]；若不留這種傳統髮式，則留大約三英寸亂蓬蓬的頭髮。

我與名叫戴維斯（Davies）的公使館護衛碰面。巴夏禮爵士於一八六八年三月初次前往覲見天皇時，於東京街道遭受襲擊，當時有數名護衛身受重傷，戴維斯為其中之一。車站外頭停著數百輛人力車與四輪頂篷馬車，這些馬車分別由一匹可憐兮兮的馬拉著，乃是東京某些區域的公共馬車。一輛英式四輪單馬馬車正等候著我，另有一名隨行跑步的顧馬馬伕。公使館座落於麴町（Kojimachi），位在歷史悠久「江戶城」內護城河的高地上。然而，我不能告訴讀者沿途所見之物，只能說在數英里的路上，矗立許多黝黑寂靜且類似於營房的建物，門口裝飾華麗，有長排突出的窗戶，上頭有蘆葦編製的簾幕，此乃是江戶封建時期的宅邸。我還看見數英里長的護城河、高聳的草堤或五十英尺高的巨型石牆，角落有狀似亭子的塔樓，另有頂蓋遮罩的奇特大門、許多橋梁與好幾英畝的蓮花池。馬車沿著護城河轉上了一道陡峭斜坡，右邊是深綠水池，寬廣的草堤上有一面陰暗牆壁，圍繞將軍宮殿的針葉樹便掩映這面牆。左邊是各色「屋敷」（yashiki，封建時代領主大名〔daimiyo〕的宅邸），如今多數已改設為醫院、軍營與官廳。在一處最醒目的高地上，可見一扇紅色的宅邸大門。這棟建築如今由法國軍事使節團進駐，昔日曾是日本近代史上最偉大的人物井伊掃部頭（Ii Kamon no Kami）的宅邸，他最終在江戶城櫻田門外不遠處遭人刺殺。除此之外，還有軍營、練兵場、警察、人力車、苦力推拉的荷車、穿草鞋的馱馬、身穿洋服且矮小邋遢的士兵，此乃我在新橋與公使館之間瞧見的東京景象。

英國公使館位置極佳，鄰近外務省等數個日本政府機關以及大臣官邸，而這些多為類似英國郊外宅邸的磚瓦建築。進入公使館之後，迎面看見一道磚瓦拱門，上頭有英國皇家徽章，穿越拱門後便是公使官邸、辦公廳[8]、兩名書記的官舍，以及護衛隊宿舍。

這是一棟英式住宅，住著一個英國家庭，但除了一位資深女僕之外，沒有其他英國僕人。男管家和男門房是高大的中國人，留著長辮子，戴著黑色緞帽，身穿藍色長袍。廚師也是中國人，其他僕人皆為日本人，包括一位女僕，身高大約四尺五寸，甜美溫柔且心地善良，乃是女僕主管的妻子。眾僕人只會說難聽的「洋涇浜」（pidgin）英語。這些僕人口拙舌笨，但常在門廳附近待命的聰明護衛兵可隨時幫忙，協助登記訪客姓名、代為傳達口信或轉遞書信。此外，有兩名六歲與七歲的英國孩童，天真可愛，老是在兒童室與花園玩得興高采烈。官邸尚有一條迷人小狗，名叫「拉格斯」（Rags）。它是一隻斯凱梗狗（Skye），在「溫暖的家庭懷抱中」過得無拘無束，十分愜意。然而，「拉格斯」通常舉止威嚴，儼然自己（而非主人）象徵尊貴的大英帝國。

公使館的日本書記官是薩道義先生。他是歷史學界夙負盛名的學者，連日本人都盛讚他為權威。[9]對英國人而言，此乃至高無上之榮譽，薩道義先生十五年來孜孜不倦，勤於所習，方能獲此殊榮。然而，英國外交官與文官學者不止薩道義先生。公使館另有幾位紳士，曾經擔任各種等級的口譯官，不僅日語流利，而且鑽研日本歷史、神話、考古學與文學，成就斐然，聲名鵲起。其實，新生代的日本人能夠了解本國的古代文學與本世紀前半葉的日本民情風俗，都得歸功於這幾位紳士的辛勤耕耘，還有其他英國與德國學者的努力付出。

I. L. B.

1 譯註：日本天皇的尊稱。

2 譯註：以一八六八年明治天皇發表《五條御誓文》為起點，為一種最正式的說法。

3 譯註：明治維新始於天皇於一八六八年發表的《五條御誓文》。伊莎貝拉是在一八七八年遠渡重洋前往日本。

4 譯註：日本人稱為辻馬車，於明治時期引進日本。

5 譯註：關東平野。

6 譯註：江戶末期的海防砲台。

7 譯註：江戶時代的本多髻或銀杏髻。

8 譯註：日文版翻譯成大法官廳，我認為原文 chancery 是指領事館的辦公室。

9 原註：我停留日本的後期，每當向受過教育的日本人詢問他們的歷史、宗教或古代習俗時，他們都會回答：「你該去問薩道義先生，他無所不知。」

第四封信

中國人——聘用僕人——對伊藤的第一印象——鄭重的合約——食物問題

江戶，英國公使館
六月七日

我去橫濱一個星期，拜訪位於山手（Bluff）[1]的赫本（Hepburn）博士伉儷。香港的伯登（Burdon）主教夫婦也是座上客，眾人相談甚歡。

只需在橫濱待上一日，絕對會瞧見各種東方人。他們迥異於身形矮小、衣服單薄與經常面露窮酸相的日本人。有二千五百名中國人居住在日本，超過一千一百名住在橫濱。倘若突然撤離他們，此地的生意將一落千丈。橫濱與別處相同，中國移民努力讓自己成為舉足輕重的分子。他們走在街上，腦後晃蕩著辮子，志得意滿，顧盼自豪，彷彿躋身統治階層。中國人身材高大，身穿多件衣服，全身上下全是華麗的錦緞袍子，錦緞褲子繫緊於腳踝，但大半部被遮掩。他們還穿著高筒靴，黑色綢緞的鞋尖稍微向上彎曲，讓他們看起來更高大壯碩。他們幾乎把頭髮剃光，於後腦蓄髮編辮，黑色髮束扭結成排，下垂至膝蓋。他們頭戴堅硬的黑色錦緞無簷便帽[2]，我未曾見過中國人沒戴便帽的模樣。他們臉色泛黃，有細長的黑眼睛，眉毛朝太陽穴上勾，不留鬍鬚，皮膚頗有光澤。中國人看似「闊綽」，雖未面露不悅，但總覺得他們自認為有如仙人，高高在上而瞧不起你。只要在商館詢問問題、將黃金換成紙幣、買火車或輪船票，或者在商店換錢，鐵定能瞥見中國人的身影。他們在街上與你擦身而過時，總是面露趕著辦正事的模樣；當他們搭乘人力車從你身旁呼嘯而過時，必定忙著做生意；他們認真可靠，雖不至侵占僱員工薪資，但卻以「壓榨」他們為樂。中國人活著，滿腦子只想發財。他們勤勞、忠誠與儉樸，當然賺得荷包滿滿。

找個僕人兼口譯對我至關重要，幾位剛認識的朋友非常熱心，四處替我張羅，於是許多日本人前來應徵「管家」。能說清楚易懂的英語是必要條件，但好笑的是，不少應徵者發音很破，只會胡亂拼湊單字，卻自認有資格面試。「你會講英文嗎？」「會。」「想要多少工資？」

「一個月十二塊美金。」他們不加思索，便能脫口說出這句，而且總是滿懷希望。「你曾經跟誰住在一起？」當然，他們會說外國人的名字，但絕對是不知所云，讓人一頭霧水。「你旅行過嗎？」這個問題通常都必須翻譯成日文，而他們通常會回答：「東海道（Tokaido）、中山道（Nakasendo）、京都、日光。」所提之處皆是旅遊勝地。「你知道日本北部與北海道的事情嗎？」「不知道。」他們回答時，總是一臉疑惑。

此時，赫本博士都會熱心權充口譯員，因為應徵者就懂這麼多英語而已。有三個人是可以考慮的。第一個是精力充沛的年輕人，穿著一身精緻的洋服，有淺色的粗花、翻摺整齊的領子、別著類似鑽石飾針的領帶，以及漿過的白色襯衫，襯衫雖然堅挺卻十分僵硬，連符合歐式禮節的鞠躬他都做不出來。他戴著一個鍍金手錶鏈，底部懸掛一個墜式小盒，胸前口袋露出一條雪白麻紗手帕的邊角，手裡拿著一根手杖與一頂氈帽。他裝扮講究，是個一等一的日本年輕人。我看著他，感到有點沮喪。在接下來的三個月，根本無暇去漿襯衫領子。他穿著這般精緻的洋服，若跟我到內地遊歷，鐵定會害我們被敲竹槓。此外，要叫穿著如此講究的僕人跑腿辦事，總覺得難以啟齒。因此，當他無法用英語回答第二個問題時，我總算鬆了一口氣。

第二位是三十五歲的男子，穿著精美的和服，模樣非常體面。有人強力推薦他。他剛說幾個英文字時，感覺是很有希望的人選。他曾擔任一位富有英國官員的廚子，這位官員出巡時會帶一大批隨從，同時會派僕人先行出發打點。他只懂幾個英文單字，而且聽到此行既「沒有主人」也沒有女僕之後，感到非常詫異。我不清楚到底是他回絕了我，還是我拒絕了他。

威爾金森先生推薦了第三個人選。他穿著樸實的和服，表情坦率聰明。赫本博士用日語和他對話，但是他認為自己比其他人懂更多英語，只要他不緊張，便能展現他知道的東西。他顯然聽得懂我說的話，而我雖然擔心他有可能「反客為主」，但是我對他太有好感，差點當場就聘用他。至於其他應聘者，都不值得討論。

然而，當我決定聘用他時，另一個傢伙卻突然出現。沒人推薦這個人，只有赫本博士的其中一位僕人認得他。他只有十八歲，卻相當於我們這邊的二十三或二十四歲，身高只有四尺十寸。他有一雙弓形腿，但身材勻稱，強壯結實。他有一張素淨的圓臉，牙齒齊整，眼睛細長，眼瞼下垂，典型的日本人長相。他是我見過樣貌最愚蠢的日本人，但他偶爾會閃現鬼靈精怪的眼神，因此我認為他在裝模作樣。他說他曾在美國公使館服務，也曾在大阪鐵道擔任事務員，甚至曾經沿著東日本的路線前往日本北部，在蝦夷與植物採集家瑪里埃什先生（Maries）相伴，知道如何製作乾燥植物。他能煮點飯菜與寫點英語，一天能走二十五英里，而且完全知道該如何穿越日本內陸！這個男孩非常合適，但沒有任何推薦信，而他辯稱因父親家裡最近發生火災，推薦信均付之一炬。瑪里埃什先生不在附近，我無從打探詳情。此外，我對他有戒心，不太喜歡他。然而，他聽得懂我的英文，我也聽得懂他說的話，況且我急於動身，於是決定聘用他，每個月工資為十二塊美金。不久之後，他拿來一份合約，宣稱他將合約視為神聖之物，會依照議定工資忠心服侍我。他在這份合約上蓋章，我則在上頭簽字。隔天，他向我預支一個月的工資，我如數給了他，但是赫本博士建議我不該再跟這傢伙見面！

自從慎重簽訂合約那晚之後，我一直覺得壓力沉重，而且他昨天準時現身，讓我感覺自己彷彿肩膀扛著「大海老人」[3]。他像貓一樣，無聲無息奔上樓梯和走廊，查探了我所有物品的置放之處。沒有什麼會讓他驚訝或尷尬。他遇見巴夏禮爵士或夫人時會深深一鞠躬，但是他在公館顯然「相當自在」，只有為了我去請教一位護衛如何安置墨西哥式馬鞍[4]與英國式馬勒。他看似非常聰穎或「聰明」，已經安排好前三天的旅程事宜。他的名字是伊藤，在未來三個月，他會跟神仙一樣護佑我，又會如同惡魔一般折磨我，因此在後頭會經常提起他。

由於未曾有英國女士隻身遊歷日本內陸，朋友無不擔心我的安危。許多人警告與勸阻我，僅有少數人鼓勵我。赫本博士理由充分，最為賣力勸阻我，認為我不該單獨旅行，也絕對無法抵達津輕海峽（Tsugaru Strait）。倘若我接受眾人的建議，要帶罐頭肉與湯、紅葡萄酒與一位日本女僕，我至少需要一列至少有六匹馱馬的行伍！至於跳蚤，眾人都很悲觀，無不認為夏季時在日本旅行，總得忍受跳蚤。有人建議我睡在袋子裡，將袋口緊緊束於喉嚨，也有人建議我將除蟲粉灑在床鋪，還有人建議我用酚油（carbolic oil）塗抹皮膚，甚至有人要我大量使用乾燥的除跳蚤粉。話雖如此，大家皆認為，這些只是權宜之計，可惜不能在日式住宅使用吊床。

對所有旅客而言，最重要的是「飲食問題」。眾人都熱烈討論這點，而且不只針對我的旅程。有些人即便對其他話題興趣缺缺，只要一提到食物，馬上便興致昂然。所有人或多或少都曾吃過苦頭，無不希望傳授自身經驗，或者從別人那裡汲取教訓。眾外交官、教授、傳教士與商人皆認為食物攸關生死，人人都認真商討。其實，除了在外國人流連的渡假勝地的某些旅館，別處根本無法吃到麵包、奶油、牛奶、肉類、雞肉、咖啡、葡萄酒與啤酒，連新鮮的魚都甚為罕見。除非習慣吃米飯、雞蛋或喝茶，甚至偶爾願意嚐點無味道的新鮮蔬菜，否則出外旅行必須自行攜帶食物。所謂的「日本食品」，乃是魚與蔬菜等難以下嚥的可憎之物，唯有少數外國人長期訓練之後方能勉強下肚。[5]

另一個問題雖然次要，卻也讓人倍感壓力，就是日本僕人每從事一筆交易，都會設法「擠點」油水，旅費往往會因此翻倍，偶爾甚至會漲到三倍，而這得看僕人訛詐欺瞞的技倆。曾經四處旅遊的三位紳士替我列了一張表，說明我該支付的價格，價格隨地區不同而有差異，遊客愈多之地，物價愈發昂貴。威爾金森先生將這些價格唸給伊藤聽，伊藤偶爾會提出抗議。威爾金森先生結束這段日語交談之後，認為我應該「多留意錢財」。我這輩子未曾管過任何人，頓時覺得前途黯淡，而且這個日本年輕人聰明狡猾，應該會把我騙得團團轉，我鐵定管不了他。

回到旅館之後，我發現巴夏禮夫人已替我打點好一切，包括兩個油紙包裹的輕籃子、旅行床或擔架床、折疊椅與橡膠浴槽。她知道我體弱多病，若要長途旅行，非得攜帶這些物品。這個禮拜行程忙碌，我在東京結識了朋友，遊歷了有特色的景點，以及討論旅遊時該注意的事宜。然而，我們這些外國人幾乎不清楚日本北部的情形。我曾向某個日本政府機關照會過，結果他們回覆了一份行程表，上頭將我想遊歷的一百四十英里的路線留白，理由是「資訊不足」。巴夏禮爵士面露微笑，說道：「你必須邊走邊收集資料，這樣會更有趣。」天啊！我該如何是好？

I. L. B.

1 譯註：在明治時期，靠海的山手是日本的外國人居留地，洋人稱此地為Bluff，意指「峭壁」。

2 譯註：應指瓜皮帽。

3 譯註：《一千零一夜》中辛巴達揹負的老人。

4 譯註：最早的牛仔可以追溯到在墨西哥的西班牙人，在美國西南部開了許多牧場，那時所使用的墨西哥風格的馬鞍則成為了現代西部馬鞍的原型。

5 原註：我在日本內地最艱困的地區遊歷數個月之後，我想建議身體大致健康的人（其他人最好別到日本旅行）要輕裝簡便，只需帶李比希（Liebig）公司生產的萃取肉，別攜帶其他重物，好比罐頭肉與湯、紅葡萄酒或任何食物或飲料。

第五封信

觀音寺（淺草寺）——樣貌雷同的寺廟建築——乘人力車逛街——永不間斷的祭日——仁王——虛榮的枷鎖——異教的祈禱者——賓頭盧尊者——四大天王——射箭場——新世代日本——高雅的夫人

江戶，英國公使館
六月九日

我只想描述一座佛寺，以後不再贅述。這座佛寺就是著名的淺草寺，供奉慈悲的千手觀音，一年之中不停舉辦祭典。總體而言，日本佛寺在設計、屋頂與其他層面都極為類似。神聖的建築理念總以幾近相同的型式呈現。寺門屋頂或單或雙，兩側設置壁龕，裡頭安置五彩雕像。寺院中庭以石塊鋪地，間或有石製或青銅燈塔。石台上站立著石雕「天犬」（amainu）。裝滿聖水的石棺[1]，或有頂蓋，或暴露於外。步上一道階梯之後會抵達柱廊，柱廊連接著環繞寺廟的遊廊。然後會看到一個比例失調的沉重屋頂，模樣甚為奇特。接著是一處方形或長方形廳堂，「祭壇」的欄杆將廳堂一分為二，「祭壇」有高低疊置的祭台與安置佛陀或祭祀神像的正殿（內陣）。另有一個香爐與數個宗教裝飾品。佛寺會根據所屬宗派，或者信眾財力，甚至僧侶喜好而擺設不同象徵物、偶像與裝飾品。某些寺廟擠滿了佛像、祭壇、橫幅、青銅與黃銅器、牌位以及裝飾品，其他也有如極為簡樸的門徒宗寺院，無需大幅更動，隔天便可舉行基督教禮拜。

基座由方形石塊組成，其上有直柱。直柱為榆材，間隔設置，以縱向木材連結。巨型的厚實屋頂以桁架（斗拱）支撐，桁架則以重型骨架為基礎，疊架逐漸縮減的方形木構，一直延伸到頂端，而主樑是保持原樣的巨木。屋頂不是極為沉重且飾以彩瓦，便是貼附飾金銅片。有些寺廟甚至覆蓋一到三英尺的板子或樹皮。寺廟外牆通常是厚榆木板，或塗覆漆，或未上漆。寺內則以細薄松木板覆面，松木板仔細刨平，斜紋歷歷在目。天井由平板構成，樑柱支撐之處環繞圓形板，此乃細緻的松木直木紋板。簷下突出的頂樑若非雕工細緻、塗成暗紅色，便是使用跟樑柱接合處相同的銅板覆面。甚少使用錨釘，木樑全靠鳩尾榫與榫眼來完美接合，另外也運用其他不知名的接合技法。

張伯倫先生（Chamberlain）和我搭了一輛人力車，三名苦力拉著車子，飛奔穿越公使館與淺草之間的三英里擁擠街道，而淺草昔日只是個村落，如今已被納入這個巨大的東京。人力車進入的這條大街，通往橫跨隅田川（Sumida river）的吾妻橋（Adzuma Bridge）。吾妻橋是東京少數的石橋，連接城市的東西兩側，東京東側是不起眼的地區，有許多運河、倉庫、木材場與破敗的房舍。這條街上交織眾多行人與人力車，乃是東京某些「公共馬車」的終點站。二十輛破舊的有頂蓋馬車，還有更多孱弱的馬匹，通通被拉到路中央等著載客。從淺草可一窺東京諸多的真實面貌，因為在信眾參拜的寺院附近，總會有各種單純或墮落的娛樂場所。這間寺廟附近充斥餐館、茶館與小型劇院，另有藝妓唱歌跳舞的聲色場館。

有一條行人專用的寬闊鋪石參道[2]連接這條大街，然後通往寺廟的龐大入口。入口處有巨形雙層重簷門，漆上美麗的暗紅色。參道兩側有成排店鋪，好比玩具店與菸草用品店，販售各色物品，應有盡有。此外大多是販賣髮飾的商家。大門附近有各種佛具店，販賣念珠、置於小神龕的黃銅與木製神像（可藏在袖中或揣在懷裡）、護身符、最受日本家庭喜愛且笑容滿面的大黑天（Daikoku）財神像、佛壇、牌位、廉價的奠祭物（奉納物）、祈禱鈴鐺、燭台、香爐，以及各類公開或私下使用的佛具。淺草天天都有祭日。這座寺廟供奉最受歡迎的神祇，乃是人氣最旺的宗教勝地。無論佛教徒、神道教徒或基督教徒，只要來到東京，必定得逛逛此處擁擠的廣場，或者在誘人的商店購買物品。我也不例外，買了幾束煙花，五十根煙花只要二錢（或一便士）。煙花點火之後會緩慢燃燒，散發雪花般的燦爛火花。我也買了好幾個小盒子，一個二錢，盒內裝著類似枯木髓的小片狀物，倒在水裡，會鼓脹成樹木或花朵。

　　沿著右側人行道而行，會遇到一條骯髒的人造河，河上橫跨一條石造曲橋。行過橋上階梯，便會看見一間小寺廟，寺內有座宏偉銅鐘。入口處有幾名正在祈禱的婦女。另有兩尊青銅坐佛，面朝同一個方向，額頭皆印著「世界之光」[3]，一尊雙手合十，另一尊手握蓮花。寺廟中庭的紅色大門雄偉壯觀，通往我首次見過最宏偉的

大黑天。

異教寺廟。這令我想起另一座寺院，其中庭也擠滿商販與顧客。昔日耶穌曾宣稱耶路撒冷的聖殿是他「父親的殿」，便以「繩子作成鞭子」，驅趕作買賣之人[4]。然而，佛教創始者性情溫和，不易動怒，應該不會想淨化淺草寺廟不聖潔的中庭。一年之中，在白晝的任何時辰，數百名男女老少會川流不息穿越大門。平日已是如此，到了大祭日，更有數萬名信眾聚集於此，那時載著祭神的「神輿」（mikoshi，神轎）會現身，在神聖的啞劇與舞蹈表演之後，「神輿」會被一群壯觀古式的遊行隊伍抬到岸邊，爾後折返回寺。大門下方的兩側有仁王（Ni-o），此乃兩尊金剛力士，長袍飄垂，一尊為張口的紅色金剛，代表中國哲學的「陽」，另一尊為閉嘴的綠色金剛，代表中國哲學的「陰」。兩大護法長相醜陋，雙眼突出，面容古怪，身體扭曲，動作誇張。仁王雕像會守護大廟山門，家家戶戶的門楣則貼上仁王小畫像以禦盜防賊。前面的窗櫺掛著一些草鞋，那是祈禱自己能像仁王一樣健壯的信徒所掛。

我們穿過這個大門，走到了中庭，眼前的暗紅色寺廟雄奇壯麗，殿頂以厚實灰黑色瓦片覆蓋，簷牙高啄，既優雅又宏偉。寺內樑柱紛立，巨大結實。然而，日本神社或佛寺有其共通點，亦即整棟建築皆為木造。一大排狹窄陡峭的黃銅飾邊階梯通向本堂，只見諸多圓柱支撐高聳的天井，而天井懸掛著十英尺長的紙燈籠。寺廟周圍施設迴廊，迴廊有簷頂遮蔽。外殿不置疊薦，窗櫺後方為內殿，信徒若願意添香油錢，便可在內殿安靜祈禱，或者煩請僧侶代為祈求。

外側神殿吵雜混亂，人影騷動，令人眼花撩亂。信眾穿著木屐進進出出，喀喀聲不絕於耳。殿堂棲息數百隻鴿子，不時從頭頂飛越，呼呼的振翅聲伴隨著叮噹的鈴聲、沉悶的鼓聲、響亮的鑼聲、僧侶尖銳的誦經聲、香客低沉的喃喃祈禱、女孩蕩漾的笑聲、男人刺耳難聽的吼聲，以及民眾的鬧哄哄的聲響。初見這番場景，鐵定會感到荒誕怪異。男人蹲在地板上賣護身符、念珠、免災符、線香與其他物品。各色奠祭物懸掛於牆壁與大圓柱。多數奠祭物繪著樸素的日本圖案。其中一張描述造成百人死亡的品川沖輪船爆炸事件，寄贈者受觀音護佑而幸免於難，乃奉納此物。某些紀念物是祈求健康與發財的信徒提供，其他則是討海維生的漁民所奉獻。另有一些男人的髮髻與女人的辮子，這些人獻上「血餘」（頭髮），通常是為了祈求神明醫治患病的親屬。左手邊是一面大鏡子，有俗氣的燙金鑲邊，還有一幅鑲框的中國號郵務船圖片！在這堆不協調的奠祭物之上，有精美的木雕與天使壁畫，群鴿安住該處，避開騷動的善男信女。

入口附近有座高大的古式青銅器香爐，上頭雕刻神獸，且有日本十二生肖高浮雕，包括鼠、牛、虎、兔、龍、蛇、馬、羊、猴、雞、狗、豬。香煙裊裊，從爐緣孔洞升起。有個染黑齒的女人[5]在延續著香火，不停從香客手中接過小錢幣。香客納錢之後，便走到祭壇前面祈願。高壇（我認為此乃寺廟的本體）以粗鐵絲網包圍保護。這個至聖所充滿神龕和神祇、大型燭台、鍍銀巨蓮、供品、洋燈、漆器、連禱書、鑼鼓、鈴鐺，以及各種神祕符號。在受教育者與信徒眼中，這是一種道德與玄學的宗教體系，但對香客而言，這就是偶像崇拜。殿堂內昏暗不明，燭光微弱，香煙繚繞，氣氛凝重，馨香滿溢。高壇供奉觀音聖像，剃度的僧侶穿著祭服，肩披及膝法衣，悄無聲息，在高壇四周軟席上來回走動，不時點燃蠟燭、敲響銅鈴與喃喃祈禱。鐵絲網前有個木製「賽錢箱」，長十四英尺，寬十英尺，箱上有道深溝，參拜者不斷將銅幣塞入錢箱，叮噹聲不絕於耳。

僧侶。

眾香客也在喃喃有詞，向神明祈禱，但通常只是重複難解的異域靈語。他們鞠躬、雙手上舉搓揉、低語喃喃、數念珠、擊掌、再鞠躬，然後退出殿堂，或者換到另一座神龕，重複相同的敬拜儀式。身穿絲綢華服的商賈、穿著破爛法國軍服的士兵、農民、衣衫襤褸的苦力、婦女、少女、身穿洋服的時髦人士，甚至狀似武士的警察，無不在慈悲女神（觀音）面前鞠躬磕頭。多數人祈禱時只是簡短說出幾句，猶如長篇閒談中的短暫插曲，不會刻意裝出崇敬之情。然而，某些祈禱者顯然想依靠簡單的「信仰」來解決現實生活的煩惱。

在某個殿堂中，有一尊巨大的神像，全身貼滿小紙片，另有數百張是貼在保護它的鐵絲網上。某位參拜者在紙上寫下心願，應該說是請僧侶幫他寫下願望，接著把紙條放入口中咀嚼，然後朝神像吐去。倘若瞄準得當，紙片會穿越鐵絲網與棍桿，此乃吉兆。倘若紙片黏到鐵網，神明可能就沒有聽到他的祈求。寺廟外的仁王與其他神祇也如同這般慘遭毀容。左側有一個殿堂，橫木上繫著許多祈求紙條。人人皆可進入右側，該處坐著佛陀十六個弟子之中的賓頭盧尊者（Binzuru）。

他面容寧靜祥和，散發喬治三世（George III）統治時期老派鄉紳的肅穆威嚴。然而，他已經遭受磨損，猶如埃及的獅身人面，眼、鼻、嘴皆模糊難辨，手腳的拋光紅漆也已褪色。

賓頭盧是偉大的醫病神明，數百年來，病患不斷來此搓揉它的臉頰與四肢，然後再搓揉自己的臉頰四肢以求身體康復。我看見一名年輕女子走上前去，揉了揉賓頭盧的後頸，然後又揉了自己的頸子。然後，一位端莊的女孩領著一位眼皮嚴重潰爛且手臂癱瘓的老婦人，先揉了揉賓頭盧的眼瞼，然後輕輕撫摸老婆婆閉合的眼瞼。然後，一名膝蓋腫脹的苦力奮力去觸摸賓頭盧的膝蓋，接著輕輕觸碰自己的膝蓋。此乃普羅大眾喜歡的寺廟，沒有多少富翁、貴族、權威者會踏入那些昏暗、骯髒與擁擠的殿堂。[6]

然而，這座觀音廟並非淺草唯一的著名景點。寺廟外有無數的神廟寺院、巨型的天然石雕天犬，以及有頂篷或沒頂篷的石製與青銅水槽（手水舍），槽內盛滿提供敬拜者漱口或潔淨身體的水。還有切石基座上矗立的鑄鐵天犬（近期的敬奉物）、青銅和石造燈塔、石柱上的石造後生車（有轉輪的佛塔）。另有佛陀雕像，面容寧靜安詳，彷彿辛勤務事後正在歇息，更有石造神像，信奉者在其上貼滿禱詞紙張，神像前方插著線香，香煙裊裊，燃畢的數百支線香，餘燼仍在悶燒。此外，可見到刻著漢字與梵語的石碑、內有佛陀「五百羅漢」雕像的八角亭以及一座寺廟；寺廟屋頂與牆壁頂端彩繪斑斕，內殿有圓形神道鏡，外頭則有銅製賽錢箱，箱上繫鈴，鳴鈴便可吸引神明注意。此外，我還看見塗紅漆的五層樓佛塔，壯觀醒目，寺廟簷牙高啄，厚實屋簷裝飾著風鈴，屋頂頂端高聳銅製螺旋塔，塔頂裝飾火焰環繞的「聖珠」。附近（多數寺廟亦是如此）立著一片白木板，上頭刻著捐獻者名字及奉獻金額。

主殿東南有一間石塊鋪地的美麗寺廟，我們是唯一的參訪者。這棟建築巍峨高聳，裝飾華麗，中央是八角形的迴轉神龕，漆著紅漆，富麗堂皇，以塗覆黑漆的精雕結構為基座，塗漆的迴廊環繞其上，有幾扇裝飾華麗的門敞開著。迴廊是沿著繞著神龕的肩角而環繞。神龕實乃迴轉式佛經書架（轉輪藏），環繞一圈，等同於虔誠研讀一遍經文。這是一座奢華的古式裝飾漆器。寺廟內側有一尊莊嚴肅穆的鑄造物，乃是身披袈裟、一手上舉的銅製佛陀像。佛陀像皆帶有印度特徵，身披優雅的垂摺，露出東方特有的寧靜神態，一派印度作風，相較於日本本土的怪誕神祇，構成了鮮明的對比。在同一間寺廟裡，有四尊精緻華麗的木雕（四天王），真人大小，腳趾為勾爪，長著獠牙，頭部環繞火焰，背後藏有金輪，身穿華服，衣角狂舞，彷彿置身於旋風之中。祂們戴頭盔，披戰甲，右手持物，該物既像君王權杖，又如祭司錫杖。祂們怒目而視，張嘴大吼，面容扭曲，動作誇張。一尊鮮紅色的雕像腳踩鬼怪，惡鬼塗覆鮮粉紅色，痛苦地扭動翻滾。另一尊雕像為鮮綠色，踩踏一隻海綠色妖魔。第三尊為藍色雕像，腳踩天青色精怪，而最後一尊為粉色雕像，其勾爪之下匍匐肉色惡魔。這些木雕面容醜陋，令人生厭，實難描述，讓遭虐的惡魔更顯無辜，令我深感同情。佛寺常見這些龐然怪物，據說祂們是閻魔（Yemma，閻羅王）的鬼卒，專門懲罰下地獄的眾生，人們將其稱為「掌管四方的神祇」（四天王）。

寺院境內展現一片非凡景象。最盛大的英國市集也不如這般吸引人。寺廟後面有幾處射箭場，該處女孩不像一般所見到的那樣端莊，她們不時微笑或傻笑，替你奉上以精製茶碗盛裝的淡黃色茶水，以及置於漆盤的無味菓子。她們吸著小煙管，邊為你奉上細竹製作的弓，弓為兩英尺長，設有箭座。箭極為細小，以櫻木製成，箭頭為骨材，箭尾為紅、藍、白三色羽毛。她們面露微笑，不張揚作勢，只會輕聲邀請你大展身手或試試運氣，朝掛在方鼓前面且兩側包覆紅色蒲團的標靶射箭。只要喀噠放箭，咻的一聲，箭便會「噗」聲插入靶子，但聲響太微，難以聽聞，而射擊結果便可立即揭曉。來此射箭者，幾為成年男子，許多人會花好幾個小時玩這種幼稚遊戲。

寺院周圍聚集各類攤販，商家皆使用木炭火爐、銅製鍋爐、奇特的鐵壺與精巧的茶碗，沖泡香氣四溢的茶。惹人憐愛、姿態優雅的女孩會請路人休憩喝茶，招呼客人品嚐口感較平淡的茶點。攤販皆裝飾著成排漂亮的紙燈籠。另有照相館、小型茶室庭園以及木偶舞台，吱嘎作響的大型輪子轉動時，真人大小的人偶與相襯的背景會不斷出現來搬演故事。我還看見鋪疊蓆的休息所，以及販售米飯、豆類和豌豆碟的攤販，此乃供奉神明的祭品，另有兩匹白色聖馬，眼睛與鼻子為粉紅色，鎮日吃個不停卻需索無度，貪婪無恥，令人生厭。此處也有唱歌跳舞的攤位，有位說書人，妙語如珠，向聽眾講述一齣廣受歡迎的古老犯罪佚事。另有一些攤位，只要花數厘（rin）[7]，便能去飼餵醜陋和貪婪的猿猴，或者觀看一群骯髒猴子的表演，牠們曾受過訓練，會以日式姿態俯伏於地來取悅大眾。

這封信寫得太長了。我想要趁著對淺草及其新奇事物仍記憶深刻時便記錄所見所思。倘若要刪減什麼，只能省略不提日本最奇特的一種景象。我們回程時與幾輛倫敦可見的紅色郵務車擦身而過，也看見了一列騎兵隊，他們身穿歐式制服，騎著安置歐式馬鞍的馬匹。我們還瞥見海軍卿的馬車，那是一輛英式四輪馬車，由披戴英國配具的馬匹拉著，兩旁有六名騎馬的護衛兵護送。三週之前，內務卿大久保（利通）遭人暗殺，因此不得不採取這種預防措施。因此，這座大都市新舊格局交替變換，新舊勢力相互抗衡。天皇與大臣、陸海軍將士、文官與武官以及警官皆身穿洋服，某些渴望代表「新世代日本」的年輕人也會穿著洋服。英式馬車以及有地毯桌椅的英式住宅愈來愈多，但是購買外國家具被視為品味低俗，而以純粹日式風格裝飾家庭則被視為品味高尚。幸好，這類昂貴卻不合時宜的創新幾乎沒有影響女性服飾。某些日本女性曾試穿洋服，但礙於不適與不便，最終只好放棄。

日本皇后若出席國務場合，會穿著鮮紅的綢緞褶裙（袴）與飄垂的長袍。然而，皇后和女官通常會穿和服。我只在某個晚宴上見過兩位穿著歐洲服飾的女士，她們是進取的外務次官森有禮的夫人，以及日本香港領事的夫人。這兩位夫人長期旅居海外，習慣穿著洋裝。某日，文部卿西鄉（從道）夫人身穿精美和服造訪。那件和服有淡灰色的縐綢，淡粉紅色的縐綢貼身內衣只在頸部與袖口露出一截。腰帶是淡灰色的絲綢，裝飾淺粉紅色花朵。夫人的和服沒有飾邊，她也沒配戴昂貴飾品，只插了一根髮髻。然而，她笑容可掬，優雅高貴，倘若換穿洋裝，或許會盡失魅力。和服與洋裝相比，有一大優勢。女士只要穿一件和服，配上一條腰帶，便能裝扮得體。若能搭配兩件和服，更是完美無缺。生於高貴家庭的日本女性與中下階層婦女相比，五官特徵差異極大，而日本藝術家總愛誇大這點。我不喜歡胖臉、團鼻、厚唇、鳳眼（眼角上翹）與白粉厚抹的容貌。日本女人習慣用紅黃色顏料塗抹嘴唇，用珍珠粉塗抹臉部和喉嚨，總讓我厭惡反感。然而，那些婦女端莊優雅，很難開口批評她們。

I. L. B.

1 譯註：手水舍，設有淨手池讓參拜者洗手與漱口的亭子。

2 譯註：通往神社或寺院的步道。

3 譯註：白毫。《法華經》指出：「爾時佛放眉間白毫相光，照東方萬八千世界，靡不周遍。」

4 譯註：《約翰福音》第二章記載耶穌潔淨聖殿。

5 譯註：早在平安時代，日本便有染齒習俗，一直延續到江戶時代。

6 原註：我之後又多次造訪這座寺廟，每回都加深了我的第一印象。我總能發現各種變化與新奇之事，讓我對它興趣盎然，而此廟最能展現日本溫和淡雅卻極度迷信的異教風俗。

7 譯註：一日円的千分之一。

第六封信

心懷恐懼——旅行裝備——護照——苦力服裝——江戶的西洋鏡——稻田——茶屋——接待旅者——粕壁宿屋——缺乏隱私——吵雜的廳堂——更夫巡夜——警察探訪——來自江戶的書信

粕壁
六月十日

從即日起，你將看到我展開了漫長的旅程，但我遊歷的不是離開日光後希望走的「人煙罕見之地」。此外，在這個擁擠的亞洲，我獨自度過的首個夜晚陌生而古怪，甚至幾近可怕。我鎮日惶恐，害怕受驚，也怕遭人搶劫（英國艾拉島出身的坎貝爾先生〔Mr. Campbell〕曾如此警告），更害怕違反日本禮儀而冒犯他人，因為我對日本禮俗一概不知！我唯一能依靠的，就是伊藤，但他或許是「折斷的蘆葦」（broken reed）[1]。我常有放棄的念頭，但聽聞權威人士拍胸脯保證旅途鐵定平安時，我又因曾心生怯懦而感到羞愧。

我昨日便備妥一切，攜帶的衣物重達一百一十磅，而伊藤的體重是九十磅，兩者總重是普通日本馬匹的馱負極限。我用兩個塗漆柳木行李箱裝衣物，箱子以紙張作襯裡，外頭包覆防水套，恰好分別置於馱馬兩側。我攜帶一張折疊椅，因為進到日式家庭，只能坐地板，連牆壁都沒法靠。我還帶坐人力車時可用的充氣枕頭、橡膠浴槽、被單與毯子。最重要的，我帶了帆布擔架床，可用輕盈的桿柱支撐，兩分鐘內便可組裝完畢；這張床高二點五英尺，足以防範跳蚤侵襲。我委婉拒絕眾人的熱心建議，解決了「飲食問題」！只攜帶四磅李比希公司生產的萃取肉，還有葡萄乾與巧克力，以及些許應急的白蘭地。我還攜帶自己的墨西哥馬鞍和馬勒、數量合適的衣物（包括晚上穿的寬鬆圍裹式服裝）、幾根蠟燭、布倫頓先生（Mr. Brunton）製作的日本大地圖、數冊英文版的「日本亞洲協會」會刊，以及薩道義先生編纂的英和辭典。[2]

我旅行時身穿灰色條紋粗花呢短服，腳穿繫緊帶子的淺色硬皮靴，頭戴日本斗笠，斗笠形狀像個粗大倒碗，以輕竹編織而成，有白色棉質套子，內有輕盈骨架，沿著前額環繞，斗笠與頭部之間有一點五英寸的間隙，可讓空氣流通。斗笠只有二點五盎司重，遠勝於厚重的木製頭盔。斗笠雖然輕盈，卻足以遮陽，即便鎮日烈日當空，氣溫飆到華氏八十六度（攝氏三十度），都無需使用其他保護措施。我也帶了幾捆五十円、五十錢、二十錢與十錢的紙幣，以及幾捲銅幣。我還繫了一個腰包，裡頭存放護照。除了（當作腳凳的）馬鞍，我的行李都堆放於一台人力車，伊藤則自提十二磅以內的行李。

我雇用三台人力車前往日光，三日之內要走九十英里，中途不換車伕，每台人力車約索價十一先令。

護照通常會規定外國人的旅行路線，但是巴夏禮爵士替我申請到無限制的護照，上頭沒標註路線，讓我得以行遍東京以北地區與蝦夷。這份護照極為珍貴，若沒有它，我應該會遭到逮捕並移交給領事館。護照當然以日文註記，但封面卻用英文記載核發護照的法令。申請護照時必須基於「健康、植物研究或科學調查」的理由。持護照者不得在森林點火、邊騎馬邊持火把、恣意踐踏田野、進入圍欄地或禁獵區。此外，也不可在寺院、神社或牆壁上塗鴉，於狹窄巷弄上橫衝直撞，或者無視「通行止」（禁止通行）的告示牌。持護照者必須「遵守秩序，和善對待日本當局與日本人民」，也「必須向檢查官員出示護照」。倘若抗命不從，將遭到逮捕；持護照者進入內地時，「不可狩獵和交易、不得與日本人簽訂商業合約，房舍租期也不能超過旅行期限」。

日光

六月十三日

此地乃日本的天堂！俗諺云：「未曾造訪日光，勿言風景秀麗。」（日光を見ずして結構と言うなかれ。）然而，我得在後頭描述此地景緻。我無法從粕壁寫信給你，因為大批跳蚤來襲，迫使我瑟縮於擔架床上。礙於種種原因，我這兩晚無法提筆寫信。

我們星期一上午十一點離開公使館，下午五點抵達粕壁。車伕跑了二十三英里，腳步輕盈飛快卻頻頻休憩，以便吸煙與進食。

這些車伕穿著短藍色襯褲，腰間繫著煙袋與煙管，上身穿著寬袖藍色短棉襯衫，衣衫敞開，直達腰際，頭上綁著藍色棉手帕。倘若烈陽高照，他們會戴圓盤狀斗笠遮陽，直徑為兩英尺，總是掛在人力車後頭。遇到烈日或下雨，車伕便會把斗笠繫在頭上。他們穿著草鞋，必須在路上更換兩次鞋子。藍色和白色的毛巾懸掛於拉桿，用來拭去沿著他們棕色精瘦身軀流淌的汗水。車伕上衣總是在身後飄揚，露出紋著精緻神龍與魚類圖案的前胸後背。日本政府最近禁止紋身，但紋身不僅是廣受歡迎的彩飾習俗，也可以替代容易破敗的衣服。

下層階級庶民皆以極為醜陋之法梳理頭髮。他們剃光前面與頂部頭髮，將後頭與側面長髮拉起打結，塗油後再打結，然後剪短，最後把僵硬的髮髻往前拉，方向朝前，置於頭頂後半部。這個髮髻極像短粘土管。專業理髮師得技巧孰練，方能這般剃除與梳理頭髮。昔日的武士為了戴頭盔而留這種髮式，但這種髮髻現今卻流行於下層庶民之間。然而，並非人人皆如此打扮。

苦力步伐輕快，迅速拉著我們離開公使館門口的送別友人。我們一路穿越內護城河，沿著城內道路奔馳，穿過大門，行經大別墅護牆，然後越過第二個護城河，沿著兩旁為灰色棚屋與店鋪的街道奔馳了數英里，與隨處可見的行人和人力車擦身而過。馱馬揹負著兩到三英尺高的物品，弓形的馬鞍塗覆紅漆與金漆，額飾為紅色皮帶。馬匹穿的「鞋子」是草鞋，頭部兩側緊繫鞍帶，繪製神獸的藍布垂落至身軀之下。街頭苦力拉著重物，呼吼著「哈會達」。

童稚也剃髮，但模樣醜陋。偶爾，猶如旋轉西洋鏡透露的寓意教訓，一列喪葬隊伍通過市街人群，身著華服的僧侶念經誦咒，領著裝死者的棺桶，後頭跟著一列身穿藍衣白袖的送葬者。然後，我們來到了江戶郊區，該處屋舍不再連綿不斷，但每戶之間幾乎沒有間隔空地。家家戶戶皆敞開前門，清晰可見住戶從事的工作，亦即「居家生活」。許多房舍是路旁茶屋（chaya，簡陋茶館），販售菓子、魚干、漬物、餅（mochi，麻糬）、干柿、雨笠、供人或馬穿著的草鞋等物品。道路夠寬，可供兩輛馬車並行（沒瞧見任何馬車），但路況不佳，兩邊溝渠既髒且臭。我該記載這些嗎？此處房舍簡陋破舊，甚至骯髒難聞。居民勤於勞務，但醜陋破敗，貧窮潦倒。

該處地勢平坦，主要為人造泥沼或沼澤。各種水鳥在肥沃的泥沼上涉水覓食，數百名男女也在其中辛勤務農，淤泥深及膝蓋。這片關東平原多為水田地帶，而此時正是插秧的農忙期；由此看來，日本人種稻時，並非如西方認為的「將糧食灑在水面。」[3]日本栽種的稻子主要有八到九種，除了高地品種，其他皆需以泥水栽種，還得勞煩農民經常涉水翻土照料。稻米是日本人的主要糧食，也是他們的財產，因為日本的收入是以稻米估算。凡能灌溉之地，無不栽種稻米。

稻田通常極為狹小且形狀各異。四分之一英畝是大小適中的田地。六月插秧，十一月便可收成，但期間必須「翻土」三次，亦即要涉入稻田，拔除雜草與糾結的水生植物（這些植物會叢聚生長，連綿不斷），以及重新替稻根周圍翻土。水稻生長於水中，田地乾涸後便成熟。土質最好的稻田，一英畝一年大約可生產五十四蒲式耳（bushel）[4]的稻米，最差的稻田大約生產三十蒲式耳。

關東平原堤道邊有幾乎連綿不斷的村莊，另有樹木圍繞的村莊，稱之為「島」，以及數百處宜人綠地，其上栽種待收割的小麥，而洋蔥、黍類、豆類和豌豆也蓬勃生長。蓮花池隨處可見，池中生長亮麗的蓮花，乃是種來食用，真是褻瀆神明！[5]蓮葉典雅高貴，出水達一尺高。

車伕與高采烈跑了數英里之後，把我拉進一間茶屋。他們邊吃飯邊抽菸，而我則端坐於花園。花園以泥磚建構，有光滑的踏腳石、金魚悠遊其中的小池塘、奇形怪狀的松樹與一座石造燈塔。外國人不分青紅皂白，將日本的娛樂場所統稱為「茶屋」，但這是錯誤的說法。茶屋會供應茶與茶點，提供飲茶的房間，還會替客人服務，因此有點類似提供客人住宿與餐點的「宿屋」（yadoya，旅館），許可證是不同的。茶屋形形色色，樣貌不一。在大城市與度假勝地，茶屋是三層樓建築，懸掛旗幟與燈籠，鄉下地方只有路邊茶屋，如同插圖所示，屋簷下只有三到四張深色木頭搭建的休憩室，通常可見幾名赤裸苦力，悠閒坐著或躺著歇息。地板離地約十八英寸，而這些茶屋通常有鋪疊蓆（榻榻米）的平台，中央有個凹陷區，稱為「土間」（doma）[6]，周圍鋪設拋光木頭，稱為「板間」（itama）。顧客要坐在板間上，將沾滿污泥的雙腳泡在立即送上的水裡，因為不可以光著沾滿污泥的腳，也不能穿著沾滿泥巴的靴子踏進鋪疊蓆的地板。土間的一側是「台所」（daidokoro，廚房），有一、兩個火爐，苦力坐在疊蓆上，邊吃東西邊抽煙，另一側是店主家庭，人人忙著幹活。即便最小的茶屋，後頭都會有一到兩個房間，但只有開放的前半部才熱鬧有人氣。小茶屋只有一個「圍爐裏」（irori，地爐），這是地板上挖空的方形空間，擺滿了沙子或白灰，上面擺放烹煮料理的炭火、放置食物的小架子以及餐具。大型茶屋會有

路旁的茶屋。

一排炭火爐，牆上掛滿供客人使用的架子、塗漆桌子、漆器與瓷器。大型茶屋還有稱為「襖」（fusuma，拉門）的糊紙隔扇或拉門。沿著地板或天花板的溝槽或大樑拉動隔扇，可隨意隔出不同數量的房間。

我們停在路旁茶屋時，車伕洗腳、漱口、吃米飯、漬物、鹹魚和「噁心的湯」（味噌湯）。他們吃飽後會抽小煙斗，每吸一口便吐三口煙。當我伸手拿煙管時，一位小女孩面帶微笑，給我遞上煙草盆（tabako-bon）。煙草盆是方形木製或塗漆盤子，上頭放著一支瓷器或竹製木炭夾與煙灰罐。另一位小女孩則送上膳（zen），那是六英寸高的小型塗漆食桌，上頭有個小茶壺，把手中空，與壺嘴垂直，壺內裝著份量為一個英國茶杯的茶水。另有兩個沒有把手的茶杯，茶杯也沒放在碟子上，可以盛足以啜飲十到二十口的茶水。茶葉只能浸泡於熱水中一會兒，茶湯是清澈的稻草色，香氣濃郁，柔順回甘。每回飲用，總覺口感清新，令人神清氣爽。日本茶葉若泡太久，茶水會苦澀且有礙健康。日本人喝茶時不配牛奶和糖。所有茶屋皆有一個乾淨的木製或塗漆飯桶，桶子上有蓋子遮蓋。除非事先預訂，茶屋每天只供應三回熱飯。飯桶總是盛著冷飯，苦力會在上頭澆熱茶來熱飯。用餐時，一位茶屋女侍蹲在前面地板上，旁邊擱著飯桶。她不斷幫客人添飯，直到客人說：「這樣夠了！」若在這條街道休憩飲茶一到兩個小時，茶資應該在三到四錢。

我們整天都在熙來攘往的街道上沿著水田前行，一直走到粕壁。粕壁是個大城鎮卻殘破不堪，大街猶如東京最貧困的街道。我們在一間很大的宿屋落腳，準備歇息一晚。這間宿屋有上下兩層客房，入住許多旅客，多數人身上散發惡臭。我們進入宿屋時，亭主（teishi，旅館店主）雙手合攏，俯伏於地，額頭觸地三次。這是一棟大而凌亂的老朽建築，三十多名侍者在大台所（daidokoro，大廚房）忙上忙下。我住在樓上的客房（要爬一段深色拋光木頭的陡峭樓梯），屋簷下有個陽台。這棟建築的二樓正面有一長排房間，房間只有側面與正面。只要沿著正確的溝槽拉動不透明壁紙糊貼的隔扇或拉門，便可將空間隔分四個小房間。房間背面是臨時建構的，乃是由半透明紙糊貼的拉門隔出空間。拉門上的半透明紙猶如我們的衛生紙，隨處可見破洞。隔出空間之後，我便佔據了一個大約十六平方英尺的房間，房內沒有掛鉤、架子、欄杆或任何可以吊掛或擺放物品的傢俱。總之是空無一物，只有一個鋪疊蓆的地板。我用疊蓆這個字眼，但你可別誤解。日式疊蓆（榻榻米）整潔精緻，舒適柔軟，猶如最棒的阿克斯明斯特地毯（Axminster carpet）[7]。疊蓆長五尺九寸，寬三尺，厚二點五寸，由粗糙禾稈編織，上頭覆蓋幾近雪白的精緻「疊表」（草織墊子表面），每塊疊表通常用深藍色的布綁住邊緣。廟宇與房舍是根據包含的疊蓆數量來衡量大小。疊蓆無法切割，因此隔開房間時必須符合疊蓆數。疊蓆永遠與地板四周抛光的凹槽或橫檔齊平，柔軟且富有彈性。精緻的疊蓆非常優美，與上等的布魯塞爾地毯（Brussels carpet）[8]同等昂貴。日本人對疊蓆無比自豪，看到粗心的外國人穿著骯髒靴子踩踏疊蓆時會非常憤怒。只可惜，疊蓆內會藏匿許多跳蚤。

我的房外是開放陽台。陽台邊有許多類似的房間，上頭遮蓋破舊屋頂以及擺放集雨桶（天水桶）[9]。房間都客滿。伊藤此時問我有何需求，爾後他便不再詢問。他架好我的擔架床，掛上大蚊帳，蚊帳由綠色粗帆布製成，散發一股溼霉味。然後，他替我放好洗澡水，幫我拿了些茶水、米飯和雞蛋，接著取了我的護照，拿給亭主抄寫。最後，伊藤離開房間，不知去處。我想給你寫信，但跳蚤和蚊子不時侵擾，因此難以落筆。此外，我的右邊房間住著兩個日本家庭，左邊則住著五個人，有人經常悄悄拉開拉門，幾雙深色的細長眼睛透過縫隙打探我。我只好關上半透明紙糊拉門，然後上床睡覺。然而，缺乏隱私非常可怕。我還不信任兩旁旅人，但此處既沒有鎖也沒有牆，連門都付之闕如！不斷有眼睛貼著房間的兩側拉門暗中窺探。有個女孩把房間和走道之間的拉門拉開兩次，還有一個男人（我後來發現他眼盲）進門，想替我按摩。當然，我壓根聽不懂他說什麼。這些聲響令我分神，讓我不堪其擾。此外，一側有個男人以尖嗓誦經念佛，另一側則有一位女孩彈著三味線（samisen，日本弦樂器）。整間旅館人聲鼎沸，潑水聲不絕於耳，外頭更有鼓聲咚咚作響。樓下街頭哭喊聲不斷，盲眼的按摩師也在吹笛尋客，夜間巡邏的更夫（夜番）敲打兩片拍子木，提醒民眾小心火燭，聲響迴盪於巷弄，著實難忍。我對這種生活方式一無所知，令我警醒，也令我著迷，更讓我感到神祕莫測。我將錢財放在身旁，但只要拉開拉門，便能偷竊我的財物。伊藤告訴我，水井遭到嚴重污染，因此散發惡臭。我不懂得擔心被搶，還得避免染病。搞不懂這是何等景況！[10]

我的床只是一片釘在兩根木條上的帆布。當我躺下時，帆布從下排釘子拉開，露出一排裂縫，然後逐漸下沉，直到我發現自己躺在連接兩對支架的鋒利桿子上，飽受跳蚤與蚊子侵擾，卻莫可奈何。我躺了三個小時，不敢隨意亂動，以免把帆布整個拉下去，然後愈來愈緊張。後來，伊藤在房外叫喚：「博兒小姐，小的有事稟告。」我自忖，難道又有何恐怖之事嗎？我尚未回話，伊藤便道：「公使館派來一位使者。有兩位警官也想與你說話。」我抵達時便辦了該辦之事，將護照交給亭主。亭主也根據規定，在宿帳（登記簿）上抄寫了護照資料，然後將備份遞交警察署。然而，此刻時值午夜，卻有警官前來叨擾，這不僅難以解釋，也不應該發生。然而，我起身後見到兩名身穿歐洲制服的矮小警官。他們手拿眼熟的警棍與提燈，畢恭畢敬，我頓時感到寬心。我應該歡迎查訪的二十多人才對。他們前來查探，表示我已登記入冊，警方已知道有我這個人；此外，日本政府因為特殊原因，想讓外國人印象深刻，因此急於表現強大實力與全知全能，以此證明他們會維護我的人身安全。

當警官透過昏暗燈火翻閱我的護照時，我打開來自江戶的包裹，發現裡頭有一罐檸檬糖、一封巴夏禮爵士的問候信，以及一包你寄來的信。我正要拆信之際，警官和伊藤卻提著燈悄悄離開，我只好躺在床上，內心忐忑不安，直到東方漸白。期待六個星期的信件和電報雖已到來，竟然放在床上尚未拆封！

日本的郵差。

我已經能自嘲內心恐懼與不幸遭遇。行旅者必須累積經驗，而旅途順遂與否，取決於個人特質。只要累積更多經驗，許多事情便能迎刃而解，我也能逐漸感到安穩。話雖如此，缺乏之隱私、難聞的氣味、跳蚤和蚊子的折磨，這些困擾恐怕難以解決。

I. L. B.

---

1 譯註：不可依恃之人。

2 原註：列出旅行裝備乃是供日後旅人參考，尤其是打算遊歷日本內地的女士。我後來發現，攜帶一個柳木籃便已足夠。

3 譯註：語出《聖經．傳道書》第十一章：「當將你的糧食撒在水面，因為日久必能得著。」

4 譯註：穀物容量單位，相當於八加侖。

5 譯註：蓮花象徵純潔高雅，《華嚴經》云：「一切諸佛世界悉，見如來坐蓮花。」因此，佛國為「蓮花國」，佛寺稱為「蓮剎」。

6 譯註：日式住宅地板懸空，不鋪設地板的區塊便是「土間」。

7 譯註：發源於英國，以英國地名命名的地毯，十九世紀後期在英美兩地機械化生產。

8 譯註：起源於比利時布魯塞爾的地毯，其編織技藝盛行於十九世紀，英國的威爾頓絨毯亦採用類似編法。

9 譯註：平日儲存雨水，火災時可滅火。金剛峯寺的屋頂是數層檜皮葺所建，在屋頂上之水桶被稱為天水桶。平時為儲存雨水之用，在發生火災屋頂著火時，桶內的水即可達到滅火的效果。

10 原註：我是莫名其妙心生恐懼，不過對單獨旅遊的女士而言，恐懼是很自然的。我已經在日本內地與蝦夷旅行了一千二百英里，沿途非常安全，無需提心吊膽。我認為，沒有哪個國家可以像日本一樣，婦女單獨旅行時極為安全，也不會被人粗魯對待。

第六封信（續）

苦力生病——農民服裝——各種打穀場——櫪木的宿屋——農村——美麗的鄉野——印象深刻的大街——「玩偶」街道——日光——旅途終結——善良的苦力

翌日早晨七點，旅客用膳完畢，紛紛散去。宿屋空蕩蕩，彷彿未曾有人入住。我們付了八十錢的房錢，店家與侍者皆俯伏在地，不斷說「莎喲娜啦」。我們踏入人力車，由苦力拉著疾行而去。在第一次歇息時，某位面惡心善的苦力感到身體不適並嘔吐。他說自己喝了粕壁的髒水才會生病，我們只好撇下他。這位苦力非常誠實，為了確實遵守契約，便尋了人替代他，也未假藉罹病多索車資，讓我甚感欣慰。他非常親切，幫了不少忙，眼看他病倒，卻得棄他而去，著實於心不忍。他只是一名苦力，屬於日本帝國三千四百萬人口中的一份子，但在天父眼中，他跟其他人同等珍貴。

那天風和日麗，林蔭處為華氏八十六度（攝氏三十度），炎熱歸炎熱，卻乾爽不悶熱。我們中午抵達利根川（Tonegawa），我抓住一名苦力紋身的肩膀，渡過淺灘，然後與數輛人力車、病懨懨的馱馬與一些旅人，共同搭乘平底船渡河。船夫、旅人與農民幾乎赤裸全身；較富裕的農夫戴著雨傘大小的竹製圓斗笠，穿著袖子龐大且沒有束腰的「着物」（kimono，衣物或和服），腰間還繫著大團扇。我們遇到許多旅人，多數不戴帽子，而是拿著一把扇子，置於頭前遮陽。對勞動者來說，穿著和服有礙工作，因此他們通常不穿衣服。穿著和服連走路都礙事，許多人乾脆拉起衣物底部摺邊的中央，把它塞進腰際，「準備辛勤工作」（have their loins girded up）。因此，常見有人露出彈性的緊身白色棉質編織內褲，褲子會延伸到腳踝。

我們抵達一個有輪船前往東京的村莊，然後搭乘渡船過了另一條河。此時，鄉間景緻更加優美，稻田變少了，樹木、房屋與穀倉變大了。遠處高山掩映於薄霧之中。人們忙著運送小麥，但小麥不是拿來做麵包，而是做麵條。只見十英尺高的小麥堆緩緩移動，當我仍在琢磨眼前景象時，突然看見麥堆下方有四條腿。這些穀物若非「由人揹負」，便是由馬匹馱著。

我去看了幾處打穀場，此乃穀倉外頭的乾淨空地。人們將穀物鋪在草蓆上，二到四個男人用沉重的旋轉連枷（flail）[1]來脫殼。另有一種脫殼法，亦即婦女在縱向放置的竹架台上敲擊麥子。我還看見有人在田地或穀倉空地上使用第三種方法：婦女手持一把麥束，讓麥束穿過一種尖銳鐵齒斜置的梳理器械，鐵齒會將麥穗剪斷，留下完好的莖桿。這或許是先知以賽亞提到的「快齒打糧的新器具」（the sharp threshing instrument having teeth）[2]。然後，婦女會用手磨麥穗以脫殼。在此區，小麥完全靠手脫殼。當風揚去麥殼之後，麥粒便會留在草蓆上風乾。收割者不使用鐮刀，而是手握一把麥束，用刀刃與握柄成直角的短小直刀，從接近地面處割下麥束。

小麥是成排栽種，麥穗的間隔很寬，這些間隔地會種植大豆或他種穀類。小麥收割之後，農夫會立即補種「大根」（daikon，蘿蔔）、黃瓜或其他種類的蔬菜。因此，農地只要悉心耕種，大量施肥，一年可有兩穫、甚至三穫。農田掘土後，種植小麥與各種穀類，但是不種稻米。放眼望去，不見一根雜草，整個鄉村儼然齊整，猶如妥善管理的花園。

此區穀倉迷人漂亮，許多設置巨大屋頂，流露內凹曲線，猶如眼熟的寶塔外觀。屋簷通常有八英尺深，茅草屋頂則有三英尺厚。幾個農場設置亮麗大門，如同英國教堂的古式「停柩門」（lychgate）[3]，但是更為宏偉壯觀。

生產牛奶、搬運物品[4]或供人食用，這裡的動物不做為以上用途，因此看不到任何牧場。此地田園與農場一派寧靜，與世無爭，唯一能感受的村野氣息，便是一條齜牙裂嘴的惡犬與數隻遊走的家禽。我期望能看到低哞的牛隻與咩咩叫的羊群。

我們六點時抵達櫪木（Tochigi），此乃大城鎮，昔日為大名（領主）的城下町（城堡鎮）。本地特產是各種繩索，周邊地區栽植許多大麻。許多房舍的屋頂覆蓋瓦片，這個城鎮比我們先前路經的城鎮更美。然而，從粕壁往櫪木時，情況愈來愈糟糕。我原本打算放棄遊歷日本。倘若昨晚情況沒有重大改善，我想我應該會灰頭土臉地返回東京。

雖然宿屋非常大，但已有六十個客人比我提前入內休息，因此我無法挑選房間，只能將就湊合，住在四面不是用「襖」、而是用「障子」隔開的房間。掛上散發溼霉味的蚊帳之後，根本沒有空間可擺放我的擔架床、浴槽與椅子，而且蚊帳溼臭，正好滋生跳蚤。房間一側緊臨人來人往的走道，另一側面對一個小庭院，庭院對面有三個敞開的房間，裡頭擠滿不甚清醒或得體的旅客。拉門上滿是破洞，我老是看見一隻眼睛透過孔洞瞄我。隱私可謂一種奢侈，我根本不敢奢望。除了隔牆有眼，老是有人不斷透過拉門窺探我，侍者也非常粗魯無禮，不斷無故進入我的房間。旅館老闆誠懇親切，也跟侍者一樣，不時入內叨擾。雜耍藝人、三味線彈奏者、盲眼按摩師以及賣藝女孩，更是恣意推開拉門。

坎貝爾先生說得沒錯，女士不該在日本獨自旅行。伊藤住在隔壁，他認為可能會有人搶劫，於是請求代管錢財。不過，他保證絕不會趁夜捲款而逃！我在八點之前，一直躺在不穩固的擔架床上。然而，夜更加深沉，旅店卻益發喧囂吵雜，厭煩至極，如此鬧鬧嚷嚷，直至一時過後方休。

有人擊打太鼓、桶子鼓（tom-tom）與鐃鈸（cymbal），也有人彈奏日本箏（koto）[5]與撥弄三味線，尖銳的樂聲不時響起。藝者配合著樂曲翩翩起舞，可惜旋律不甚協調，頗為滑稽。說書人拉起嗓門，高談軼聞趣事，而我房間附近的跑步聲與潑水聲未嘗半刻停歇。時至深夜，危危顫顫的拉門意外倒場，露出一幅狂歡景象，只見數人正在泡澡，不時相互潑水。早晨七點之後，眾人鬧哄哄地散去。我很高興能在七點離開宿屋。在客人離開之前，拉門會被拉回原位，房間立馬消失，融入鋪設疊蓆的巨大開放空間，這種規劃可有效防止黴臭味。

後續旅途只有稍微上坡，眾車伕卻過於疲累，無法快速奔行。我們走了九個小時，只行了三十英里。這些苦力不僅對我友善禮貌，也這般彼此相待，常令我感到愉悅。看見這些僅戴斗笠與穿著兜襠布的男人恭謙有禮，相互問好，我甚覺有趣。苦力聊天時，總會摘下斗笠，也不忘深深鞠躬三次。

離開宿屋不久，我們便穿過一條寬闊的街道，兩旁矗立大宅院，我未曾見過這等豪華建築。宅院皆敞開正門，拋光地板與通道明亮似水，懸掛於側牆的繪畫甚是美麗，雪白疊蓆亦精緻萬分。宅院後頭有座大花園，噴泉花卉，應有盡有，輕盈石橋橫跨溪流，溪水潺潺流經房舍。我從掛在外面的看板推測，這些宅院應是宿屋，於是詢問伊藤為何前晚不來此投宿。伊藤回答，這些宅院皆是「貸付屋」（kashitsukeya）[6]，亦即聲名狼藉的茶屋。我聽聞之後，感到一陣悲哀。[7]

車伕。

我們一路前行，景色益發美麗。平野連綿廣闊，山林青蔥茂密，倏忽拔地而起，層疊起伏而上，遠處群峰掩映於雲霧繚繞之中。農村圍繞著樹林，富裕的住戶以修剪齊整的緊密樹籬隔開宅院。確切而言，這種樹籬是一種圍屏，寬有兩英尺，高度經常達二十英尺。每家附近幾乎皆栽種茶葉。茶葉摘取後，會置於蓆子上曬乾。爾後出現叢叢桑樹，足見當地有養蠶業。沿路可見白色和硫黃色的蠶繭，置於平盤上曝曬。有些婦女坐在家門口編織十五英寸寬的棉布，村莊四處都有人在染棉紗（多數棉紗從英國進口），染料是當地生產的靛藍，亦即蓼藍（Polygonum tinctorium）[8]製成的染料。

老邁婦女忙著紡織。無論年輕或年老的婦女在務勞時，都會將樣貌精明的嬰兒塞進衣服背後，而這些嬰孩會張著靈巧雙眼，從肩膀後方抬起頭向外窺探。即便七、八歲的小女孩都會揹著嬰兒玩遊戲，某些女孩身形嬌小，尚無法揹嬰兒，但也會在身上繫著大娃娃。此處有無數村莊、擁擠屋舍與許多嬰兒，令人感覺日本人口眾多。

白晝逐漸遞嬗，景緻更多樣而美麗。高山點綴殘雪，俯瞰山麓。陡坡上遍佈松樹與柳杉，藍綠相映，深沉陰鬱。落葉樹春季發的新葉，色澤鮮綠，平添一抹亮麗色彩。某些小丘長滿柳杉，氣派的石梯逐級而上，通往矗立於山頂的神社。收割的田地呈現赤金色，大麻精緻的葉子鮮綠可人，兩相映照，形成鮮明對比。玫瑰和白杜鵑點亮了雜木林。寬闊的道路連著柳杉遮蔭的大道，通往日光的神社（東照宮）。陽光危危顫顫，直瀉而下，光影斑斕，灑在鮮綠草地。日本真是美麗，先前路過的江戶平原田地只是醜陋的噩夢！

有兩條路通往日光。我避開眾人經常從宇都宮（Utsunomiya）前往日光的路線，錯過了其中最壯麗的大道，這條大道沿著「奧州街道」（Oshiu-kaido）延伸近五十英里。我沿著三十英里長的「例幣使街道」（Reiheishi-kaido）前行。這兩條街道穿過許多村落，最終在離日光八英里之地，亦即稱為「今市」（Imaichi）的村落匯集，終止於該小鎮的入口處。街道兩旁樹木林蔭，據說是某位男子栽種，因為他過於貧窮，無法替將軍家的靈廟奉納青銅燈塔，只好栽種杉木。這些杉木可能是全球最壯麗的奉納物，毋能出其右。

「例幣使街道」適合車馬行經，兩旁有八英尺高的邊坡堤防，坡上覆蓋雜草與蕨類。邊坡頂上有柳杉，後頭有兩條綠草掩映的步道。這些與耕地之間有一排樹苗與灌木叢。許多樹木在離地四英尺高之處一分為二。許多樹木有二十七英尺的幹圍。樹身長到五十到六十公尺之前，不會變細或長出分枝。紅色的樹皮縱向分裂，裂成二英寸寬的條帶，讓樹身看似更加高聳。樹木外觀猶如金字塔，稍微離遠點望去，會覺得它們像雪松。

這條大道光輝燦爛，沉浸於濃濃的莊嚴氣氛中。林蔭大片灑落，陽光流瀉跳躍，偶爾可瞥見遠處山峰。行在路上，總覺這條大道必定通向與它同等壯闊美麗之地。我們有時路經小村莊，看見兩根柱子之間懸掛著巨鐘[9]。我們也經過供奉布匹與鮮花的路邊神社，甚至看到佛陀及其弟子的石像，多數不是面部磨損，便是傾倒於地。這些石像皆露出同樣的表情，安詳靜謐，不問俗事。我們也行經一些寺廟，其塗漆木材已逐漸腐朽。悅耳的鐘聲響起，於夕空中遠揚而去。

今市是前述兩條大道的交匯點。這個城鎮有一條長長的上坡路，清澈的山澗流瀉於石溝內，路中央鋪設石板。有個建物架於山澗上方，可從中仰望或俯瞰街道，只見兩名警官端坐其中，低頭抄寫文字。此地人車稀少，死寂沉沉，彷彿遭到下方大道與上方神社壓抑。然而，這裡有間寧靜的宿屋。即便我的帆布床幾乎碰觸地面，我也一夜好眠。

今朝細雨濛濛，我們很早便動身，於杉木遮蔭下一路上坡，行走了八英里。時值盛夏，潮濕炎熱，山間落雨頻繁，草木鮮綠茂盛。石塊皆覆蓋青苔，路旁青蔥鮮綠，應是藻類與錢苔之類的植物。我們站在男體山（Nantaizan）的山麓，海拔一千英尺，嶙峋突兀，林木繁茂，延綿至頂峰，更有千溪奔流，嘩嘩直瀉。鉢石（Hachiishi）有條長街，街旁屋舍林立，屋頂陡峭，簷牙深邃，色彩溫心暖目。此鎮街道陡峭，間或鋪設階梯，景色優美，洋溢瑞士風情。入鎮之後，車伕必須抬起人力車上階梯，因此我得下車步行。尖聳屋頂、高大松木、松柏茂密的山脈，像極了瑞士的明媚景緻。然而，要走上這條陡峭街道，實無閒情欣賞四周風景。

我看到路旁有人販售木雕與古樸的木簍草筐。這條古樸街道沉悶乏味，村民皆出戶打探我這位洋人，彷彿從一八七〇年（明治三年）之後，便再沒有外國人來此。遙想當年，巴夏禮爵士伉儷首度獲得許可，得以造訪日光，住在此地的「御本坊」（Imperial Hombo）[10]。這像一條「玩偶」街道，房舍嬌小低矮，鋪設精美的疊蓆，極為乾淨細膩且輕盈精緻。我脫靴入內之後，感覺自己如同「進了瓷器店的公牛」（bull in a china shop）般龐大笨重，足以砸毀屋內器具。此處街道非常乾淨，我覺得不應該穿著沾滿泥巴的靴子走路，因為如此便像穿靴子踩踏鋪絨氈的客廳。此地優雅寧靜，籠罩於一股山野氛圍，多數商店販售特產、漆器、盒裝黑豆與砂糖蜜餞、各種樣式的箱子、托盤、茶碗，以及拋光的白木小桌，還有以樹根製成的奇形怪狀物件。

鉢石有間接待洋人的漂亮宿屋，但我不打算入宿那裡。我請伊藤再往前走半里路，將一張日語書寫的信紙交給我要投宿旅館的老闆。伊藤外出辦事時，我坐在街頂的石塊高地，不受任何人打擾，仰望遠方莊嚴的山林，聽說日本兩位最偉大的將軍「光榮安眠」於該處[11]。經過一夜大雨，下方的大谷川（Daiyagawa）暴漲，洪流滾滾，穿越狹谷，勢如奔雷。巨型石梯蜿蜒其上，遊走於叢叢杉木之間，杉木之上高聳著日光山（Nikkosan）。兩道石壁阻擋了浩浩洪流，一座橋橫跨該處，臥波行空，長八十四英尺，寬十八英尺，橋身塗覆暗沉紅漆，兩端各有石墩，靠兩個石製橫梁連接。這座橋樑並不顯眼，但暗紅橋身掩映於深綠色樹林與柔和灰暗的石塊，平添些許迷人的色澤。據說這是一座「御橋」（Mihashi，神聖之橋），建於一六三六年，昔日專供將軍與天皇使節使用，一年只對外開放兩回，供巡禮者使用。兩扇橋門皆上鎖。日光宏偉孤高，乃是雲霧之鄉。可行走人力車的道路終止於此。若想繼續前行，必須步行、騎馬或乘轎。

伊藤離去甚久，苦力不斷用日語對我說話，讓我倍感無助和孤獨。他們最終揹起我的包袱，我們下了一段台階，走過橋樑。不久，我們遇到宿屋老闆金谷（Kanaya）先生。他非常活潑，對我們深深磕頭，頭幾乎碰著地面。逐級而上的道路往四方延伸，穿過杉林之後會通向各個神社。然而，我們走的路卻經過許多宏偉的圍牆，逐漸遠離寺院，通往巡禮聖地中禪寺（Chiuzenjii）、著名的溫泉勝地湯元（Yumoto）與其他村落。道路非常崎嶇，每隔一段路便有一段石階，唯有馬匹與行人方可通行。

我們抵達宿屋時，我看了一眼便深覺滿意。可惜，我必須跟苦力告別。過去那段時日，他們待我親切且忠誠服侍。如今要與他們告別，內心萬般不捨。他們不時悉心關照我，會隨時替我拍去衣服灰塵、替我吹飽氣枕、摘鮮花送我，以及當我下車走路上坡時對我表達感激之情。他們上山遊玩之後，為我摘了好幾束杜鵑花，最後道別再見，並祝我一路順風。

I. L. B.

1 譯註：舊時長柄脫殼農具。

2 譯註：語出《聖經．以賽亞書》第四十一章第十五節。

3 譯註：教堂墓地入口的有頂蓋人門。

4 譯註：似乎有所誤解。

5 譯註：日本箏，日語寫為「箏」，偶爾寫作「琴」，是日本傳統音樂中一項重要的樂器，一般認為源自於中國的古箏。

6 譯註：借貸女性被迫賣淫的場所。

7 原註：在北行旅途中，我經常得入住粗糙骯髒的旅店，因為高級宿屋皆是這類煙花場所。若說是否還有其他令旅客震驚的景象，便是檯面上可見的諸多污辱與奴役日本人的惡習。

8 譯註：蓼科一年生的草本植物。

9 譯註：「火の見櫓」，即火警瞭望塔。

10 譯註：本坊指僧侶住所。

11 譯註：德川家康與德川家光。前者葬於日光東照宮，後者葬於日光山輪王寺。

第七封信

恬靜的日式田園風光——寧靜詳和——我的房間——花卉裝飾——金谷和他的家庭——餐桌上器皿

日光，金谷家
六月十五日

我不知該如何描述今晚下榻的屋舍。這棟日式田園建築，恬靜自然，屋內屋外，處處賞心悅目。前幾日入住城鎮宿屋，人聲鼎沸，吵雜煩人。眼下寧靜詳和，流水潺潺，鳥鳴啾啾，令人心曠神怡。這棟雙層建築，形式簡單卻不對稱，構築於石台之上，對外連著一道石階。花園佈置得宜，牡丹、鳶尾花、杜鵑花盛開，鮮花朵朵，光燦亮麗。屋後矗立一座高山，山腰之下覆蓋豔紅杜鵑，只見一條溪水翻騰而下，清澈冷冽，供應屋舍用水，另一條溪水則逐級傾瀉而下，流經屋舍下方，穿越點綴岩石小島的魚塘，最終匯入下方河流。馬路另一側有個灰色村落，名為入町（Irimichi），四周環繞奔流的大谷川，其上高峰聳立，怪石嶙峋，林木蓊鬱，溝壑縱橫，飛瀑流泉，最為幽勝。

金谷先生的妹妹，長相甜美，五官精緻，前來玄關迎客，悉心替我脫去長靴。兩道側廊拋光精緻，光鮮亮麗，入口與通往我房間的樓梯也是如此。疊蓆雪白精美，我即便穿著長襪，也不敢踏足其上。拋光樓梯又通向另一處精緻拋光的寬敞側廊，可由此眺望戶外景緻，穿過側廊後，可進入一間寬敞客房。房間過於龐大，立即被一分為二。由此踏上四個亮麗台階，可進入後方的精緻客房，此乃伊藤入宿之處。另一道拋光樓梯則通往浴室與花園。我房間的正面皆由拉門組成，白天時拉門會推

金谷家。

開。天花板以輕木建構，深色木樑橫跨而過。支撐天花板的則是拋光的深色條柱。鏡板（天花板的鑲板）是以帶皺褶的天藍色紙糊成，紙上噴灑金粉。房間一端有兩處拋光木地板的壁凹，稱為「床之間」（tokonoma，日語：床の間）[1]。其中一個凹間有「掛物」（掛於牆壁的繪畫），這是一幅於白絹上描繪盛開櫻花的完美藝術品，讓凹間洋溢清新亮麗之感。藝術家只在上頭繪製櫻花，聽說他在（維新）革命中戰死沙場。另一個凹間有個架子，架上放置一個有拉門的珍貴櫃子，其上繪製映襯金底的牡丹。某根拋光柱子上懸掛一尊純白花瓶，瓶中插了一支粉紅杜鵑花，另一尊花瓶則插了一支鳶尾花，僅有的裝飾便是這些。疊蓆雪白精緻，唯一的家具是摺疊屏風，其上繪有潑墨山水畫。我不希望房間這般精緻，深怕一不小心會弄髒書畫、壓凹疊蓆或撕破紙窗。樓下有一間同等美麗的房間，以及處理大小家事的寬敞場所。房屋右手邊有一間稱為「藏」（kura）的防火倉庫，其上覆蓋屋瓦。

金谷先生是神社雜音（雅樂）演奏的指揮，但是負責的要事不多，老忙著裝修自家房舍與花園。金谷的母親業已年邁，乃是受人尊敬的長者，妹妹則是我見過最甜美優雅的日本女性，三人同住一個屋簷底下。他的妹妹美若仙女，不時來回走動，舉止纖細輕盈，聲音悅耳動聽，有如黃鶯出谷，而且她育有一對兒女，屋內另有一位平庸的僕人。金谷先生是村裡的重要人物，為人聰明，顯然受過良好教育，他和妹妹都離了婚。為了增加收入，金谷先生近來便將這些美麗房間租給持有介紹狀的外國人。他急於迎合外國人的口味，幸好品味高雅，沒有將美麗的宅院改裝得充滿歐洲風。

晚餐置放於稱為「膳」（zen）的老式金色漆器。這張六英寸高的小桌子擺著一個金漆碗，碗裡盛米飯，另有茶壺與茶碗，皆是精緻的加賀（Kaga）瓷器[2]。我租了兩間客房外加用膳與喝茶，一天要付兩先令。伊藤替我尋糧覓食，偶爾能以十便士的價格買到一隻雞，以六便士買到一盤鱒魚，以及一顆一便士的價碼買到雞蛋。投宿於私人宅院，至少能從表面觀察日本中產階級的居家生活，感覺非常有趣。

I. L. B.

1 譯註：和室角落的小型內凹空間，經常裝飾掛軸或盆栽。

2 譯註：九谷燒。

第八封信

日光之美——德川家康的葬禮——通往偉大神社的道路——陽明門——華麗的裝飾——樸素的陵墓——德川家光的神社——日本和印度的宗教藝術——地震——木雕之美

日光，金谷家
六月二十一日

我已經在日光停留九天了，應該有資格使用日語「結構！」（優秀、完美之意）這個詞。日光代表「陽光燦爛」，日本各地的詩歌與藝術作品無不盛讚美麗的日光。此地山脈綿延不絕，一年之中通常覆蓋白雪或點綴殘雪，主峰男體山（Nantaizan）被奉為神祇供人膜拜。日光林木參天，峽谷與山道人跡罕至，暗綠色的湖水，亙古沉睡於寂靜之中。中禪寺湖

（Chiuzenjii）的湖水從二百五十英尺的高度直瀉而下，衝入華嚴（Kegon）瀑布的深淵。霧降（Kiri Furi）瀑布明亮優美，大日堂（Dainichido）的庭園亮麗可愛。大谷川從上游奔流而下，劈開山脈，切割出氣勢磅礴的峽谷。杜鵑花和木蘭花雍容華麗，草木鬱鬱蔥蔥，繁茂之盛，冠絕日本。眼前這般繁花盛景與山嶺碧波，僅是在供奉兩位偉大將軍神社四周的部分景點。

公元七六七年，名為勝道上人（Shodo Shonin）的佛教聖者參訪仏岩（Hotoke Iwa），宣稱當地山脈的神道神祇乃是佛陀唯一的顯現，此後，當地便被視為神聖之地[1]。公元一六一七年，德川二代將軍秀忠將其父家康（Iyeyasu）的遺骸遷移至該處山坡的光榮安息地。這場遷葬儀式極為盛大，參加者包括擔任皇族特使的僧侶、遠自京都的眾公卿、數百位大名（領主）、武將與武士。眾僧身穿華麗長袍，三日內誦念了一萬遍佛經。奉天皇諭令，家康被奉為神明來祭祀，賜名「東照大權現」，代表「東方之光，佛陀偉大化身」。其他的德川家將軍因地位不如家康，則安葬於江戶的上野（Uyeno）與芝（Shiba）。自從王政復古[2]與所謂的廢佛毀釋[3]之後，家康的神社（東照宮）已經被廢除光榮儀式與華麗的佛教設施。撐起這等華麗場面的二百名僧侶被驅散四方，改由六名神道神官執勤，接管僧侶職務並販售入場券。

此地的道路、橋樑與大道皆通向這些神社，但最宏偉的道路是通過「紅橋」（御橋），然後踏上一段寬闊的道路，每隔一段路便有階梯，兩旁皆為石頭築堤，其上栽植成排柳杉。上坡路頂端有一座精緻的花崗岩鳥居（torii）[4]，高二十七英尺六英寸，樑柱直徑為三英尺六英寸，此乃筑前町（Chikuzen）大名（筑前侯）於一六一八年從自家採石場敬獻的牌坊建築。鳥居後方有一百一十八座銅製燈塔，塔基為石台，每座燈塔皆篆刻家康的諡號（東照大權現）、寄贈者名稱，以及奉納銘文（皆由大名提供）。此外，還可見到堅固花崗岩打造的聖水棺（手水舍），有頂蓋遮罩，以二十根四角花崗岩柱支撐；另有朝鮮王與琉球王敬獻的青銅鐘、燈籠與枝狀大燭台，無不精工細作。左手邊有五重寶塔，高一〇四英尺，木雕細緻精美，鍍金彩繪華麗，下層環繞黃道十二宮圖。

從鳥居步上一段四十碼的美觀石階之後，便可抵達宏偉的大門（仁王門）。只見一片輪形白幕，其上印製黑色皇室紋章，半遮半掩著大門。大門內側雖然精美，參訪者卻不會駐足觀看壁龕內鍍金的「天犬」，或者欣賞簷下虎虎生風的虎雕，因為人們的目光會被壯觀的美麗中庭吸引。整體建築風格、佈局配置、各類藝術品，以及營造建物的靈感，全然源自於日本。從仁王門望去，可見形式優雅的建築散發繽紛亮麗的色彩，著實美得難以想像。鋪設鵝卵石的中庭井然有序，四周圍合著明亮的紅色木牆。有三座華麗建築環繞庭院，內藏寺廟寶藏。

另有一間豪華馬廄，飼養著三匹供神驅遣的白色聖馬。盛裝聖水的花崗岩棺（御手水舍），從素麵瀑布（Somendaki）接引清水。更有一棟裝飾華麗的建築，內藏佛經全集。由此步上一段石階，可進入一處較小的中庭，該處有「細工裝飾」的鐘樓、與鐘樓同等美麗的太鼓樓、一間神社、枝狀大燭台、鐵鐘、先前提到的燈籠，以及極為宏偉的青銅燈塔。

從這個庭院踏上另一段階梯之後，便會抵達陽明門（Yomeimon）。我每日忖度這扇華麗門戶，愈思考愈震驚於其精工細作。支撐門戶的白柱，柱頂雕刻張著赤紅喉嚨麒麟的大頭。拱門上方有突出且環繞大門的露台，雕塑的龍頭支撐著欄杆。中央有一對永世相爭的白龍。下方有一群高浮雕的嬉戲孩童，然後有彩漆的木柱網格，以及中國的七賢人[5]。高懸的屋頂以有紅喉的金色龍頭支撐。陽明門內部有漆成白色的側壁龕，壁龕內裝飾「唐草模樣」[6]的植物或牡丹圖案，清新優雅，匠心獨具。門後有一處迴廊，圍繞的外牆分成二十一個區塊，上有花鳥樹木雕飾。迴廊左右延伸，從三邊包圍著另一處中庭，第四邊是底端石壁，緊靠山腹建構。右手邊有兩座裝飾華麗的建物，一是表演神聖舞蹈[7]的舞台，二是焚燒杉木香的祭壇[8]。左手邊的建築用來接納祭日時出巡的三座神轎[9]。從中庭進入另一個中庭，猶如接連歷經輝煌盛景。你會希望眼前所見的是最後一個中庭，終於不必再目眩神迷於富麗堂皇的景象。

中央是神聖的禁區，上下邊緣皆塗彩漆，以金色網格建構，形成四角形圈圍區，每邊為一百五十英尺，中央為「拜殿」（haiden，祭拜堂）。網格下方為一群木雕鳥群，背景為草皮，刻工大器且鍍金塗漆。若從雄偉的入口穿過兩排杉木夾邊的通道，會看到各個中庭、大門、寺廟、神社、寶塔，巨大銅鐘，以及鑲嵌黃金的燈籠，最終會穿越最後一個中庭，壯觀景象令人嘆為觀止。通過黃金門之後，你會踏入另一個昏暗幽閉的世界，看見一間黃金寺院，院內只有一張黑色桌子，其上擺放著一面金屬圓鏡。

內部是舖設精緻疊蓆的大廳，寬四十二英尺，長二十七英尺，兩側房間挑高極高。一間供將軍使用，一間則供住持使用。當然，這兩間房皆空無一物。大廳屋頂鑲嵌鏡板，裝飾各種壁畫。將軍房間有精緻的拉門，上頭繪製麒麟，背景為純金色，房頂有四塊橡木鏡板，寬英尺，長六英尺，其上有鳳凰淺浮雕，姿態樣貌各異，刻工極為細膩。住持房間有類似的鏡

日光的陽明門。

板，雕飾兇猛老鷹。在這個陰暗的祭拜堂中，唯一的宗教裝飾是金色的「御幣」（gohei）[10]。後面的階梯通向另一個鋪設石頭的祭拜堂，鏡板上繪製神龍，底色為深藍色。此外，有一些塗金色的門通往主要的祭拜堂，該處有四個房間，但無法入內參觀。房間外側拋光精緻且塗覆黑漆，間或點綴金漆。這些房間若內外呼應，內部裝飾必定極為華麗。

然而，家康並未下令將自己的遺骸安葬於這些華麗的神社。重新踏入最後一個中庭，必須繞過神聖的圈圍區，穿過東邊迴廊有頂蓋的大門，進入一處覆蓋鮮綠苔蘚的石造迴廊。內部富麗堂皇，藝術裝飾繁多，猶如金光滿目的七彩仙境。外頭是浩瀚的大自然，包圍著偉大將軍的墳墓，宏偉華麗卻顯得肅穆哀戚。踏上二百四十級階梯之後可抵達山丘頂端，該處高據一方，俯瞰替家康興建的宏偉神社。此處是他的長眠之地，墳墓碩大無比卻樸實無華，以石頭與青銅打造，四周包圍青銅甕。墓前擺著石桌，裝飾青銅香爐、一尊雕飾黃銅蓮花與蓮葉的花瓶，以及一隻嘴巴叼著青銅燭台的青銅鶴。環繞著一道欄杆的高聳石牆，其中是簡單而莊嚴的圈圍區（神聖禁區）。山丘後方有巨大杉木林，鎮日遮掩墳墓，營造昏暗景象，唯有縷縷斜陽，方能穿透杉木，灑落於地。沒有盛開的花朵，沒有啁啾的鳥鳴，只有寂靜與哀戚包圍這座墳墓，墓內安息日本歷來最幹練的偉人。

我對精雕細作的木雕、銅器與漆器印象深刻，也同樣讚嘆石造建築。巨大的石垣、石廊、階梯與欄杆，全然不用砂漿或水泥便能拼湊起來，組裝精準，嚴絲合縫。二百六十年以來，歷經風霜侵襲與蔓草破壞，依舊昂然挺立，毫不動搖。階梯台階皆以精緻巨石鋪設，側邊扶手、巨大欄杆與頂部圍欄，都是用十到十八英尺長的石塊切割而成。盛裝聖水的花崗岩棺（御手水舍）也毫不遜色，展現精緻工藝。石床精心調整，從鄰近瀑布引入的清水會平均傾瀉至每個角落，漣漪不興，誠如薩道義先生所云：「看似一方堅實清水，而非一塊堅硬石頭。」

家光的寺院鄰近家康的神社。前者不如後者壯麗，卻更撲朔迷離，因為至今仍仰賴僧侶管理。家光的寺院擺滿佛教諸神以及豪華的佛教敬拜道具，與金黃與五彩中單獨擺放的神道鏡相比，兩者形成鮮明的對比。大門口有巨大的仁王（佛教的歌革〔Gog〕和瑪各〔Magog〕）[11]，塗覆朱紅色，身披猶如絲綢的垂摺，其上繪製花卉。另一對仁王則漆成紅綠兩色，從家康的神社遷移至此，安坐於設置門戶的壁龕裡。有一道階梯通向另一道門，其華麗壁龕安置人形恐怖怪獸，代表風雷之神。風神漆成綠色，有對水晶眼，似笑非笑，面目猙獰，揹著長長的風袋。風袋兩端繫緊，繞過風神肩膀，緊握於祂的雙手。雷神則塗成紅色，披著紫色頭髮，騰雲駕霧，手持雷電。多踏上數個階梯之後，會見到另一扇門，門內有四天王，雕工大膽，鳳眼獠牙，姿態誇張。最終，總算抵達了主要社殿。我初來乍到，一名老僧替我引路。我們通過風神與雷神時，老僧說道：「我們以前相信這些，現在不信了。」他提到其他神祇時，態度相當輕蔑。然而，他要求我進入寺院時脫掉鞋帽。內有一座華麗神龕。一名小僧拉開金色布簾，只見龕內同等富麗堂皇，安放佛像與兩尊鍍金銅像。神像猶如路邊常見的佛雕，面容寧靜祥和，皆盤腿坐於蓮花之上，旁有成排重覆堆疊的蓮花瓣。在祭壇前面，有幾根燃燒的蠟燭與祈願者供奉的祭品。兩盞燈火微弱，照亮著整個殿堂。祭壇階梯上有一尊惡魔，身形扭曲，不安地蹲伏著，被迫扛著一個巨大香爐，神情陰森卻荒謬可笑。這座寺院有上百尊成排並列的偶像[12]，個個樣貌醜陋，塗著鮮綠色、朱紅色與藍色，多為真人大小，有些腳踩魔鬼。這些偶像皆身型魁梧，肌肉發達，身軀或表情無不扭曲，誇張噁心，猶如從事劇烈活動。

我們穿過中庭時感受到兩次地震，屋簷的金色風鈴輕皆輕聲響起。一些僧侶奔進寺院內擊打各種鼓，鼓聲持續了半個鐘頭。踏上寺院右手邊的階梯，便可抵達家光的陵墓。這座陵墓與家康的墓地雷同，但前門以青銅打造，其上雕刻碩大的黃銅梵文，字跡明亮清晰。從寺院最頂端的門向外眺望，可飽覽最亮麗的景色。我第二次造訪此地時，艷陽高照，仏岩樹林閃亮著翠綠，周遭環繞一群暗沉柳杉。

有些建築以銅板覆頂，但多數是鋪設屋瓦。然而，日本人已經將蓋瓦提升為藝術。屋瓦本身是銅灰色，隱隱散發金屬光澤。瓦片稍微內凹，連接處覆蓋凸面瓦，猶如大量的管子，從屋脊層疊而下，止於屋簷。前端的碟盤（瓦當）[13]刻著金飾德川家紋章。如同其他神社內隨處可見的裝飾，這種紋章不會顯得突兀。屋頂沉重龐大，其下須以粗重雕飾木樑支撐。這些樑柱猶如其他結構，覆蓋金子或仿金之物而閃閃發光。

這些神社是日本最精緻的社殿，置身於高聳的柳杉之間。杉木從離地三英尺起，幹圍甚少低於二十英尺。神社美不勝收，毫不遵循西洋美術的規則，卻深深令人著迷。這些建築形式美麗，搭配我迄今未知的色澤，令人讚嘆不已，而漆器亦能展現高度的藝術創作風格。金色大量出現，黑色、暗紅與白色也廣泛運用，各自展現特色。青銅裝飾的物品得悉心製作，木雕則需花費數週琢磨，方能展現巧思，勾勒出細節。拉門或圍欄有六十個鏡板，每個長四英尺，裝飾細工透雕，造型大膽，頗具深度，描繪孔雀、雉雞、鵲鳥、蓮花、牡丹、竹子與草葉。雕飾的鳥類栩栩如生，無論形式色彩或身姿律動，皆堪稱上等，萬難出其右。

然而，我更喜愛雕飾花朵。藝術家透過作品展現愉悅之情，想必創作時也開心喜悅。蓮葉上露水滾滾，晶瑩剔透；奶白色牡丹風姿綽約，濃淡別緻，層次繁複；竹葉彷彿於優雅竹莖上搖曳多姿，與堅硬松針相映成趣，形成對比；花冠無數，生氣勃勃，完美色澤，綻放於襯托的精美群葉之中。這些雕刻深達十到十五英寸，雉雞與牡丹等深，其尾羽突出於牡丹前方六英寸之處。

我離開神社之後，其裝飾細節逐日從我的記憶中漸漸消逝。遺留腦海的是黑漆、紅漆與金漆的美麗建築；推開時毫無聲響的金色門戶；廳堂鋪著柔軟的疊蓆，耳聞不到任何腳步聲；斜陽穿越廳堂，灑落於「唐草模樣」的牆壁與雕飾花鳥的面板；天花板以羽目板覆面，精工細作，優美雅緻；金色的正殿（內陣）富麗堂皇，有六英尺高的金色百合、錦緞簾幕、裊裊香煙、巨鐘與金色棟樑；此外，我還能憶起傳說中的動物，譬如麒麟、神龍與鳳凰，另有象、猿、虎之屬，夾雜於花草樹木之中；尚有金色的網格細膩圖案、以金色為底的菱形圖飾、塗漆的屏幕、寶塔、柱列的青銅燈塔、身穿金色袈裟的僧侶、頭戴尖頂黑帽的神官[14]、隨處閃現的縷縷金色陽光、樸素的陵墓，以及遍佈柳杉的山坡，其莊嚴的陰蔭點綴亮麗的粉紅色杜鵑花。

I. L. B.

1 譯註：日本人昔日常將神道與佛教合一，是為「神佛習合」。

2 譯註：江戶時代末期，宣告廢止江戶幕府，成立明治新政府。

3 譯註：明治政府頒布「神佛分離令」（神佛判然令），造成佛教浩劫，大量佛寺、佛像與佛經被焚毀，僧侶亦遭強制還俗。

4 譯註：日本神社的建築，傳聞是連接神域與俗世的通道，屬於一種「結界」。

5 譯註：應指竹林七賢。

6 譯註：在繪畫、雕刻與織物上，表現蔓草交互捲曲蜿蜒之形，謂之「唐草」。

7 譯註：神樂。

8 譯註：護摩堂。

9 譯註：御輿堂，迎接神道教祭典的神輿（神轎）。

10 譯註：紙製驅邪幡。

11 譯註：《聖經》或其他神話民俗中的巨人或惡魔。

12 譯註：基督教反對偶像崇拜。

13 譯註：屋簷最前端的片瓦稱為瓦當，上頭有圓形花紋擋片，用來蔽護檐頭與遮住兩瓦行的縫隙。

14 譯註：神社祭司，神道教的神職人員。

第九封信

日本馱馬與荷鞍——宿屋與侍者——當地湯治場——硫磺蒸氣浴——「擠油水」

日光山，湯元，屋島屋
六月二十二日

我今天試騎馬匹，連續騎八小時，跑了十五英里，途中首度遇到日本馱馬。坊間有許多關於這種動物的不好傳聞，但迄今為止，牠對我猶如麒麟或神龍一樣神祕。然而，我還未曾被牠踢咬或甩飛出去，因為這個地區只用雌馬。雌馬非常溫馴，大約高十四個「一手之寬」（hand）[1]，臀部軟弱，頭部幾乎被雜亂的鬃毛與額毛遮掩。馬匹是靠鼻緣繩索控制，通常馬蹄赤裸前行。除非馱馬要走石頭路，「馬子」（mago，引導馬匹的馬伕）才會替牠穿上草鞋。

荷鞍（馱物用的馬鞍）是由兩包八英寸厚的稻草組成，鋪上紅布，以塗漆的彩色弓形橡木前後連接。腹帶（girth）[2]鬆垮垮地繫於馬身，使馱載穩固是靠尾鞦（crupper），通常是一根竹子，利用繫於馬前胸木架的繩子來連結。有另一條環繞馬頸的繩索，方便腳踩繩索上馬，跨上堆疊馱載物品的前方。必須悉心處理馱載以維持平衡，否則物品會傾倒翻覆。馬伕首先會將全部事情處理妥當。倘若無法精確分配重量，便會在一側添加一塊石頭以求取平衡。此地女人會戴大雨笠，將衣物束於藍褲之上，把物品裝於馬背並引領馬匹。我從牆壁頂端跳上我那匹已經承載物品的馬，而馬鞍的背部、橫木、懸垂物與索具都包覆著摺疊的蒲團（futon，棉被）。因此，我坐在馬背上方十四英寸高之處，雙腳懸垂於馬脖子上方。我必須努力平衡身體，才不會弄翻整批堆疊的馱載；然而，我很快便習慣成自然，得以輕鬆保持平衡。如果馬匹不顛躓，在平地是可以忍受荷鞍；上坡時，我

馱馬。

的背脊會受到嚴重撞擊，但下坡時，我忍受不了荷鞍，因此當我滑過馬頭而掉進泥坑時，頓時鬆了一口氣。我感到十分無助，因為無法用馬勒（倘若有的話）來控制馬，牠只會盲目跟隨在前方六英尺步履蹣跚的馬伕。

我們辛苦跋涉一天之後，投宿於一間豪華宿屋。這間宿屋內外俱美，適合仙女居住，不適合沾染俗塵的凡人寄居。輕板拉門散發馨香，疊蓆幾近雪白，陽台以拋光松木打造。入住之後，一名女孩面帶微笑，奉上杏仁味的梅花茶，以及一種豆子與糖製作的菓子（甜食）。塗漆茶碗如冰雪般潔白無瑕。我食畢以老雞肉烹煮的料理，晚上便出外閒逛，因為我覺得日本的湯治場[3]非常新奇有趣。

此村風景如畫，湖山緊密相連。屋舍皆以新刨平的紅杉木建造，整齊有序，一間接一間層疊而上。入冬之後，此地積雪深達十英尺。一到十月十日，村民會用粗蓆包覆美麗的屋舍，連屋頂

茶屋的女人。

都會顧到，然後前往海拔較低的村莊居住，直到隔年五月十日才返家。在此期間，只留守一人看家，每週輪班一次。我若是擁有這些房舍，應該連下雨時也會將它們包覆起來！我騎馬來此，根本自討苦吃，搭乘駕籠（kago，有頂蓋的轎子）便可上到此處。

此村有兩條寬八英尺的短街，兩旁坐落各色宿屋，門面華麗，屋簷深邃，陽台優美，懸掛成排的中式燈籠，樓下玄關對外敞開。此處人滿為患，四間浴場擠滿了民眾。某些精力充沛的病人，一天要入湯（泡溫泉）二十回！行人的胳膊都掛著一塊藍毛巾，陽台欄杆掛滿要晾乾的藍毛巾。此地似乎沒有其他的娛樂。山脈樹林茂密，緊鄰村落拔地而起，只能沿著短街或我先前來此的小路步行。湖上停泊一艘屋形船，可乘船瀏覽湖光山色。另有數名藝者（geisha）[4]在彈奏三味線；然而，賭博是違法的。除了浴場，此地沒有公共場所，村民幾乎鎮日都在洗澡、睡覺、抽菸與吃飯。溫泉源頭在村莊之外，位於一處山崗的方形槽內。泉水不斷冒泡，聲勢驚人，不時發出惡臭煙氣。槽上每隔一段距離便擺置寬木板，風濕患者可以躺在木板上數個小時，利用硫磺蒸氣浴以求療效。溫泉為華氏一百三十度（攝氏五十四度），泉水會沿著一根開放的木管流到村莊，抵達湯治場時溫度會降到華氏八十四度（攝氏二十九度）。湯元（Yumoto）海拔超過四千英尺，極為寒冷。

入町（日光）

離開湯元之前，我見識了何謂「揩油水」。我要付帳時，亭主沒有把帳單交給我，反而跑到樓上去問伊藤該收多少錢。這兩個傢伙打算把多收的錢拆帳。我的僕人會從購物費或旅館開支「揩油水」，行事機敏熟練，根本防不勝防。只要他別太過份，我最好裝作沒這回事。

I. L. B.

1 譯註：一手之寬，約四英寸或十點一六公分，用來測量馬匹高度。

2 譯註：用來固定馬鞍或馱載。

3 譯註：所謂「湯治」，就是泡溫泉治病，而佛教獎勵入浴、僧侶進行施浴，湯治於是普及於日本。

4 譯註：日本各地對藝妓的稱呼略有不同：關東地區稱為藝者，關西地區則稱為藝妓。

第十封信

寧靜單調的生活——一間日本學校——憂鬱的詩歌——體罰學生——孩童派對——美麗女童——女性名字——女童遊戲——針線活——書法——插花——金谷先生——每日例行公事——傍晚娛樂——規劃路線——神壇

日光，入町
六月二十三日

在此寧靜單調的生活已接近尾聲。居民極為安靜善良，但過於沉默寡言。我也見識了村外事物，而且相當喜歡此地。

入町是目前日本村野生活的縮影。這個村莊大約有三百間沿著三條道路建構的屋舍，沿路每隔一段距離，便有三段到四段的階梯。每條路中央的下方都有一條沿著石溝湍流的山澗，給孩童帶來無盡的歡樂，男孩尤其會做許多巧妙的模型與機械玩具，靠著水車移動或轉動。然而，一到早晨七點，鼓聲便會響起，招喚孩童上學。學校建築，是那種絕對不會讓英國任何地方的教育董事會[1]名聲掃地的外觀。我覺得建築太洋化了，孩童不採日本式蹲坐，而是坐在桌前的高長椅上，顯得很不自然。學校設備極佳，牆上掛著精美地圖。老師年約二十五歲，在黑板上振筆疾書，同時飛快向台下學生發問。與我們一樣，回答最棒的學生就成為班上的首席（第一名）。服從是日本社會秩序的基礎。學童在家習慣默默服從，教師不費力氣便能讓學生保持安靜、認真聽課與順從聽話。學童顯得老派保守，緊盯著教科書，熱心向學卻神情痛苦。即便我這位洋人闖入教室，也難以讓他們分心。年幼學生主要接受實物教育（直觀教學），年長學生則大聲朗讀地理與歷史書籍，口誦漢字與假名，聲調極高，刺耳難聽。老師也教授算術與自然科學。孩童吟誦了一首詩，內含完整的五十音[2]。文意如下：

花雖芬芳終須落
塵世誰可常駐留

有為深山今日越
不戀夢境不沉醉

文句呼應了厭倦耽於聲色者的呼喊：「虛空的虛空，凡事都是虛空。」[3]這首詩也反映出東方人對生命特有的虛無感。雖然詩句供幼童學習，字裡行間卻充滿憂鬱。中國的古典文學曾是日本教育的基礎，現在僅當作學習漢字的手段。然而，孩童要初淺習得古文，也得耗費精力，經常徒勞無功。

老師若發現學生品性不良，以往會用藤條抽打學生前腿，或者用火點燃「艾」（moxa，艾葉）來燙其食指。這些依然是家庭內常見的懲罰方式。然而，根據老師的講法，現在唯一的懲罰方式是留校察看。當我們打算再多叨擾時，他卻十分反對。到了十二點鐘，學童列隊排好，男女各分一隊，依序走出校園，然後悄然散去。

孩子回家後會用餐。到了傍晚，幾乎家家戶戶都會傳出孩童溫習功課的單調嗡嗡聲。晚飯之後，孩童會出門遊玩。然而，大多數女孩經常只能在家附近逗留，整個下午一邊揹著嬰兒，一邊照顧玩具娃娃。有一天傍晚，我遇到有六十位男孩和女孩的遊行隊伍，除了領頭者手拿鍍金球的白旗，其他人則手拿頂著黑球的白旗。這些孩童邊走邊歌唱（應該在吼叫）。其他的娛樂都是固定的。靠著水車推動的機械玩具最有趣。

這間房子正要舉行兒童派對，屋主是以十二歲女兒的名義發出正式邀請。下午三點左右，客人紛紛抵達，身旁通常會帶著服侍的僕人。名叫「春」（ハル，Haru）的女孩站在石階頂端迎客，領著客人進到接待室，依照熟知的席順規則安排入座。「春」將前額頭髮豎起，把頭髮向後拉，束成一個雙迴圈，然後結上紅色的縐綢（縮緬）[4]。她的臉和脖子塗得非常白，白色脂粉在頸後髮際下的三分（point）處終止，所有短髮皆以鉗子小心翼翼地拔除。她的嘴唇塗上些許口紅，面容猶如廉價娃娃的臉頰，身穿帶有花紋的藍色絲綢和服，袖子觸著地面，繫著鑲紅邊的藍色腰帶，頸項與和服之間披著紅色的縐綢。「春」的腳很小，穿著白足帶（tabi，布襪）。足帶有拇指專用的套頭，她才能用姆指和較小的腳趾夾住漆繪精美木屐的紅色繩帶，站在石階上迎接客人。其他的小女孩也穿著相同款式的和服，個個都像製作粗糙的娃娃。「春」迎客時，以正式的禮儀鞠躬，姿態優雅。

客人聚齊之後，「春」和她優雅的母親跪坐在每個人面前，用塗漆的盤子端茶水與菓子招呼客人。然後，她們便非常安靜有禮地玩遊戲，一直玩到黃昏。她們彼此稱呼時會先加

上「オ」（O）的敬語（只用於稱呼女性），然後在語尾加上「サン」（San）的敬語；因此，「春」（ハル，Haru）就變成「オハルサン」（O-Haru-San），相當於英語的 Miss（小姐）。女主人被稱為「オカミサン」（O-Kami-San，御上さん），而「オくサマ」（O-Kusama，奥様）類似於英語的 my lady（夫人），用來稱呼已婚婦女。女人沒有姓，因此不可說「佐口夫人」，只能說「佐口先生的夫人」（佐口さんの奥さん），而你必須稱她為「奥様」。女孩的名稱有「春」、「雪」（Yuki）、「花」（Hana）、「菊」（Kiku）和「銀」（Gin）。

女童們玩了一場非常有趣的遊戲。她們遊玩時精神奕奕且極為優雅。其中一位小孩扮演病患，另一位則演醫生；後者面容嚴肅、架式十足，前者則表情痛苦、身體虛弱，兩者都演得很到位。可惜，醫生把病患醫死了。演病患的女童塗著白妝，假扮沉睡的死者，模樣逼真；然後，她們就舉辦喪禮致哀。這些孩童還演了結婚典禮、晚餐聚會和其他活動。她們舉止莊重、沉著穩定，令人驚訝。其實，她們牙牙學語時便學習禮法，十歲便知何種言行舉止合乎禮儀。她們臨走之前，主人又送上茶水與菓子。由於拒絕遞上的茶點不禮貌，遺留吃剩之物也不符禮儀，幾位女童索性把菓子塞進寬大的袖子。客人離開時，迎客禮節又行了一遍。「春」的母親「雪」說話迷人，舉止優雅。除非入夜之後，或者朋友前來喝下午茶（他們經常如此），「雪」總是忙著家務，打掃屋內、縫紉、做飯、種蔬菜或除草。日本女孩都得學習縫紉，但縫紉課程並不神祕或困難，足以讓英國婦女望之卻步。日式衣著、羽織（haori）[5]與腰帶，甚至和服長袖，都只有平行接縫，而且只用粗線或長針腳縫製，因為日式衣服在洗過之後，人們會將布料一段一段拆卸下來，等到每段布料稍微僵硬時，便將其置於板子上晾乾。日本沒有縫著條紋、褶邊、襯料和鈕扣孔的內衣；貧窮婦女不穿內衣，上層社會的女性跟「雪」一樣，和服內穿著精巧的縐綢，而縐綢製法簡單，猶如上衣。如同多數村莊，此地也有可借書的圖書館，到了傍晚，「春」與「雪」會閱讀戀愛小說或講述昔日英雄女傑的故事，這些皆是迎合大眾喜愛的圖書，以最淺顯易懂的文體撰寫。伊藤在房間大約藏有十冊小說，夜晚大都埋首閱讀。

「雪」的兒子十三歲，經常來我的房間寫寫書法。他極為聰明，有極高的繪畫天賦。其實，從書法轉換到繪畫只有一步之遙。喬托（Giotto）[6]描繪圓形時，都沒有像他寫漢字那般力透紙背。這位少年寫書法時不用筆，而用駱駝毛筆沾墨書寫，隨手揮毫兩到三筆，便能寫出一英尺長的文字，猶如懸掛於各種商店招牌上的漢字。「雪」會彈奏三味線，此乃號稱日本女性彈奏的國民樂器，「春」每日都得向音樂老師習藝。

插花是按照手冊學習，屬於日本女孩教育的一部分。我的房間幾乎每天都會換上新插的花卉。對我而言，這是一種教育；我開始愛上孤芳自賞的裝飾花朵。床之間有一幅極為美麗的掛物，上頭繪製一株盛開的櫻花。某扇屏風上描繪一朵鳶尾花。拋光柱子皆懸掛花瓶，細緻典雅，每尊花瓶皆插上一朵牡丹、一朵鳶尾花與一朵杜鵑花，另有花莖、花葉與花冠，個個嬌豔美麗。還有什麼能比英國「花店的花束」更加怪誕和蠻橫？你瞧，各色花朵一圈圈束在一起，周邊插著鐵線蕨（maidenhair）與一張僵硬的花邊紙（lace paper），花莖、花葉與花瓣都被狠狠壓擠成一團，破壞了每朵花的優雅與個性。

金谷先生不僅是神社祭典時雜音（雅樂）演奏的指揮，還擔任本地村長。他會在隱密的場所調藥與賣藥。自從我前來此處，金谷先生通常都在裝飾自家庭院。他打造了一座壯觀的瀑布、一條急流、一片小湖、一座質樸的竹橋與幾處綠意盎然的草堤；此外，他還移植了幾棵大樹。金谷先生非常親切，經常陪我出門。他非常聰明，伊藤的口譯也做得不錯，我如魚得水，過得非常愜意。

他們拂曉便起床，先將棉被或蒲團折疊好，連同木枕一起塞進有拉門的壁櫥。木枕是立體的，上頭放置小張卷紙或襯墊。然後，他們會悉心清掃疊蓆、擦拭木器與「緣側」

（engawa，緣廊）、打開「雨戶」（amado），這是一種門板，可沿著緣廊邊緣溝槽拉動，入夜後用來封閉屋舍，白晝時則收納於稱為「戶袋」（tobukuro）的裝飾用突出物，然後再拉回「障子」（shoji，拉門）。他們接著會吃早餐、處理家事、一點時吃午餐、裁縫、做園藝、出門訪客，六點時返家用膳。

客人通常很早造訪，大約待到十一或十二點。在傍晚的前半段，他們會玩「將棋」（日本象棋）、講述「昔話」（傳說或故事）與彈奏三味線取樂；到了後半段，他們會開始「唱歌」（謠），聲調苦悶，充滿異教氛圍，主要包含一個綿長震顫的「No」（ノー）音。我一聽到這種曲調，會恍然以為置身於野蠻人之間。客人離開之前，主人必定會傳遞清酒，裝酒的小酒杯底部描繪福神圖案。清酒加熱之後，粗野的僕人馬上將其高舉至頭部。他只喝了一小杯酒便樂不可支，不停唱歌跳舞，醜態百出。我如此描述他，感到很抱歉，但是他的男主人和女主人似乎樂於見他出糗。伊藤滴酒不沾，看到這個景象也捧腹大笑。

某天晚上，我被邀請加入家庭聚會。他們給我看圖片與指南手冊。多數的日本省份都有自己的指南手冊，上頭印著精美的木刻版畫，同時提供行程、宿屋名稱與地輿知識。有一本超過百年歷史的繪本，其精美圖案印於絲綢之上。他們也讓我欣賞古老的漆器泥金畫（蒔絵）、瓷器與古風錦織。我還看到數把美麗樂器，據說有兩百多年歷史。這些寶物並未存放於屋內，而是收藏於附近的「藏」（防火倉庫）。房間沒有擺設礙手礙腳的裝飾物；他們會將一張掛物、一個漆器或一尊瓷器擺上數日，爾後不時更換裝飾；因此，房間裝飾簡單多變，物件得以依序展示，供人細細品味。

金谷先生和他的妹妹經常晚上來拜訪我。我們會將布倫頓先生的日本大地圖擺在地板上，規劃前往新潟（Niigata）的路線。這條路線經常會無故中斷，一道山脈便擋在前方，根本沒路通行。這些人似乎安貧樂道，但是金谷先生慨歎金錢不足；他夢想要致富，打算開一間專供外國人住宿的旅館。

他家裡唯一的宗教物品便是「神棚」（kamidana，神壇），上頭有一尊木製神社，猶如一般的神道廟宇，裡頭擺放去世親人的牌位。每天早上，他們會在牌位前擺上一枝常綠樹的枝葉、一小撮米與清酒。到了晚上，則在牌位前點一盞燈。

1 譯註：負責監督地方公立學校。

2 譯註：《伊呂波歌》，平安時代的和歌，以七五調格律寫成，內容歌頌佛教的無常觀。全詩以四十七個不重複的假名組成，後世將其當作字母歌讓孩童學習假名。

3 譯註：語出《聖經．傳道書》，作者為所羅門王。他奢淫墮落而背叛神，因此懊悔與批判昔日的價值觀與作為。

4 譯註：以平織技巧織成的紡織品，布料的表面有凹凸的細小花紋。

5 譯註：罩在和服外面的外掛。

6 譯註：義大利畫家，有「西方繪畫之父」的美譽。

第十封信（續）

暗淡的燈火——日光店鋪——女孩與中年婦女——夜晚就寢——父母的愛——孩童的溫順——髮式——皮膚病

日本人習慣早起，此乃夜晚照明不佳，生活無趣之故。此地屋舍的燈火，乃是方形或圓形的漆座，其上直立四面高二點五英尺的白紙板。燈內懸掛一面扁平鐵盤，盛滿了燈油，中央置放一根燈芯草，重量平均分布於四週，突出的一端點上燈火。這種簡陋器具稱為「行燈」（andon），日本家族的成員會圍坐於這種「暗淡燈火」的四周，小孩嬉戲或讀書，婦女則做針線活；日本的日照極短，屋內非常漆黑。更粗陋的是與行燈等高的燭台，其頂端突出一根釘子，木臘製小蠟燭底部的孔要插入這根釘子。這種蠟燭的燈芯很粗，以卷紙製成，會經常悶滅。它短暫發出黯淡搖曳的火光之後會熄滅，散發一陣惡臭。大規模生產的燈具是燃燒國產或外國製的石油。然而，行燈不僅危險，將石油運送到鄉下也所費不貲，因此日本人不會整晚點著這種燈具睡覺。

村莊到處可見店鋪，家家戶戶都在販賣商品。我想不透買家從何而來，店家又如何營利。商品大都是食物，例如：一點五英寸長的串刺乾魚；由米、麵粉與少量砂糖製作的甜菓子；稱為「餅」的圓形麻糬；鹽水烹煮的蘿蔔；豆類製作的白豆腐；繩索、馬蹄草鞋、人穿的草鞋、簑衣、紙傘、油紙、髮夾、牙籤、煙斗、紙手絹；另有一些竹子、稻草或木頭製作的瑣碎物品。這些物品皆置於貨架上，後頭的房間向街道敞開，大家皆忙著做家事，而婦女通常會將嬰兒塞入背後的衣服內，忙著煮水或縫紉。最近設立了一家火柴工廠，許多男人在屋前將木頭切成適合製火柴的長度。也有一些人在碾米，這種事非常耗工。男人將穀物放入石臼，站在水平槓桿的另一端，用赤腳操控槓桿，利用一根連接到槓桿的平頭木杵搗米。

某些家庭的婦女會編織器具，其他婦女則會紡紗。通常可見三到四個人成群工作，包括母親、長媳，以及一到兩位尚未出嫁的女兒。女孩子通常在十六歲結婚；不久之後，這些標緻粉嫩的健康女孩就會染黑齒與剔除眉毛，變成蒼白憔悴的中年婦女，面容呆滯無神。她們如果不是訂了婚約後立即這樣打扮，就是生下第一胎嬰兒後會如此。有些家庭的婦女忙於化妝，對著疊蓆上的折疊架（鏡台）的圓形金屬鏡染黑齒，有些人則將衣物褪至腰際來沐浴盥洗。孩童一清早都去上學去了，村裡便極為安靜。他們放學之後，村子會熱鬧一些，但孩子們玩耍時依舊非常安靜；大人會在日落時返家，一切便活躍起來。你會頻頻耳聞從浴室傳出的飛濺水聲。大人沐浴更衣之後，會抱著幼童並逗弄他們。年長的孩童會用單調的語調高聲預習功課。入夜之後，村民會拉上紙窗或關上雨戶，然後在神壇前點上燈火，接著用餐，孩童會圍著行燈，安靜玩遊戲；到了十點，人們會從壁櫥取出蒲團與木枕，閂上雨戶，一家人同睡於一個房間。就寢之後，大人伸手可及之處會擺上數小碟食物與煙草盆，因此夜間總會聽到有人敲煙斗，把煙灰敲進煙草盆。孩童會跟大人一樣很晚才入睡，不時開口和父母閒聊。

我未曾見過有人會如此喜歡下一代。日本人喜歡揹著孩童到處閒逛，或者牽著他們的手走路，看著孩子玩遊戲或索性加入他們。大人會不時給孩子添購新玩具，帶他們遠足野餐或參加祭典，盡量抽空跟小孩相處，也會適度關愛別家小孩。父母會為自己的孩子感到驕傲。最有趣的是，每天早晨六點左右，有十二到十四個男人會坐在矮牆上，每人抱著一位兩歲以下的幼兒，不時撫摸並逗弄小孩，同時互相炫耀孩子的體魄和智慧。從表面來看，大人在這種早晨聚會時，應該會將話題圍繞著小孩。入夜之後，各家都會鎖門；此時若看穿遮掩拉門的繩簾或藤簾（暖簾）[1]，會瞧見父親只穿著一條兜襠布，沉浸於「溫暖家庭的懷抱中」。他會低垂醜陋卻和藹可親的臉，溫情看著嬰兒，母親則會將衣服褪至肩膀，雙手抱著兩個沒穿衣服的嬰孩。出於某些原因，日本人較喜歡男孩，不過也會呵護女孩。從我們的角度而言，日本孩童過於溫順且守規矩，但模樣十分可愛，言行亦討人歡喜。他們溫順聽話，樂意幫忙父母，也十分愛護嬰兒。我長時間觀察這些孩童遊玩，從未聽到他們口出惡言、面露惡相，或者舉止粗魯。然而，他們長成小大人，便會穿上跟成人一樣的服裝（如同先前所述），顯得更為老成。

日本女孩的髮型有各種風格。可以根據女孩的髮式來準確推斷未婚女孩的年齡。女性結婚之後會大幅改變髮型。男孩看起來頭重腳輕，頭部異常大顆，部分原因是他們出生後的三年間得剃光頭，這種習俗真是恐怖。在此之後，男孩可以留三條髮髻（髷），一條懸掛於耳朵之上，另一條垂掛於後頸，而第三條則常長於後腦勺。男孩到了十歲，頭頂要剃光，還要留額髮。他們到了十五歲，便得承擔成年人的責任，終於能跟成年男子一樣蓄髮了。日本男孩莊重嚴肅，卻留著古怪髮式，模樣甚為有趣。

真希望這些人暴露的頭骨是光滑乾淨的！然而，許多人罹患了令人反感的疾病，好比疥瘡、頭部燙傷的疤、癬、眼睛潰爛與不衛生的疹子，看著令人心痛。百分之三十的村民都有感染天花後遺留的疤痕。

1 譯註：掛於家門口的簾幕。

第十封信（完）

店鋪與購物——理髮店——油紙——伊藤的虛榮——準備旅程——運輸和價格——錢幣與度量

我必須在日光的鉢石（Hatsuishi）買點物品以備日後旅程。這裡的店面都是敞開的，地板離地約兩英尺，有一處寬闊的緣廊供人坐下。有位婦女一直用銅製火鉢（hibachi，火盆）燒開水，拿著猶如筷子的黃銅鉗子迅速撥動餘火未盡的木炭。一個嬰兒從她的肩膀抬起頭來，靜靜向外觀望，而這位婦女就是店員。然而，除非她覺得客人有心購物，否則不會主動招呼。她察覺我們要買東西，便趨前深深一鞠躬，我也禮貌起身，向她鞠躬。然後，我和伊藤接連詢問某件物品的價格，她便出了價碼，大概原價是六便士，只賣四先令。我們說三先令，她微笑，回答六便士賣三先令；我們再說二先令，她又微笑，回答三先令，然後拿出煙草盆。討價還價之後，這件物品最終以一先令成交，她似乎非常滿意。我們相互鞠躬，不斷說「莎喲娜啦」，方才高興離開。我們付的價錢是這位勤勞女人要的兩倍，但我們卻覺得很划算！

此地有幾家理髮店，晚上似乎非常繁忙。理髮也與其他村裡活動一樣，沒有顧及隱私，客人會在店前的高台上理髮。由於不使用肥皂，所以過程很痛苦。受害者把衣服褪至腰際，左手拿著漆盤來盛接剪下的頭髮。理髮師會隨意將他的頭轉往任何方向來檢視剪出的髮型；此時，醜陋的客人會露出古怪冷漠卻順從的表情。然後理髮師會替客人刮鬍子，刮得他面容滑順光亮，而剪髮、上蠟除毛以及用紙繩結髮髻乃是日光傍晚常見的景象。

商店販售的迷人物品是漆器與細緻的木雕，但我感興趣的是日本人的日用品。這些日常用品構思巧妙、構造完美且精工細作。有一家種子店，販售非常棒的種子，我每天都想去光顧。店內販賣三十個品種，形式各異，顏色多樣，以匠心獨具的方式擺放於架上。有些種子是成包出售，包裝上裝飾根、葉與花的水彩畫。通常會有一位少年躺在後頭的疊蓆上，隨意用毛筆揮灑幾筆，便能繪出這些美麗的包裝圖案（確實精美）。他欣喜地以三錢價格把貼於屏風的牡丹圖案斷片賣給我。除了這件物品，我購買的都是必需品，包括：圓形的防水油紙外套，外黑內黃，以方形油紙接合而成。我還買了幾張用來覆蓋行李的大油紙；我順利說服伊藤，讓他把令人作嘔的廣緣中折帽換成跟我一樣的盆形帽。雖然我覺得他醜陋，他卻有很強的虛榮心，會將牙齒弄得潔白無瑕，並且照著鏡子仔細塗抹白粉，甚至害怕曬傷。他也會用白粉塗抹雙手與擦亮指甲，而且不戴手套絕不出門。我明日就得拋開這段奢華舒適的生活，前往內地旅遊，希望能夠抵達日本海。除了前往新潟的路線，我無法從此地獲得其他消息；然而，我研究過布倫頓先生的地圖之後，決定捨棄新潟，另覓他途。我很果決，說道：「我要去田島（Tajima）。」若能順利抵達田島，我便能走得更遠，但是據我所知，這條路崎嶇難行，沿路皆為山徑。伊藤貪圖安逸，試圖說服我打消念頭，說怕我會吃足苦頭。然而，親切日本友人已經用雙層帆布替我修好擔架床，將帆布繫緊於側邊支架的孔洞。[1]我過去三天都吃稻米、雞蛋以及跟蚯蚓同樣粗細、顏色也一樣的粗糙蕎麥麵，因此不會被未來可能遭遇的情況嚇到！

日本有一間稱為陸運會社（Riku-un-kaisha）的陸運公司，總部設在東京，在各處城鎮和村莊都有分社。只要支付固定價錢，他們便會幫安排馱馬與苦力來載送旅行者及其行李，事後還會開立正式收據。他們會向農民雇用馬匹，從每筆交易獲得適度利潤，替旅行者解決困難，使其不致耽誤行程，甚至免於被敲詐。不同地區的價格落差極大，因為是按照飼料價格、道路狀況與可租用馬匹數量來收費。雇用一匹馬與馬伕走一里（ri，約二點五英里）要收費六錢到十錢；倘若雇用一位苦力拉的一輛人力車，走相同的距離要收費四錢到九錢。（這間陸運公司組織完善。我行遍一千二百英里，全靠他們的服務，覺得非常有效率，而且十分可靠。）我總是想託這間公司幫忙，但是伊藤堅決反對，因為他老想趁著跟農民打交道時藉機「擠油水」。

從現在起，我將完全踏上「人煙罕見」之路，穿府過縣[2]，深入所謂的「舊日本」。往後提到金錢與距離時，自然得用日文單位。因為沒有對應的英文，底下先略加介紹。一円代表一美元鈔票，相當於我們的三先令七便士；一錢比半便士少一點；一厘是輕薄的圓形鐵或青銅硬幣，中間穿孔，十枚等於一円；天保錢（tempo）是美麗的橢圓形銅幣，中央有洞，五枚等於四錢。距離是以里、町（cho）與間（ken）來計算。六英尺等於一間，六十間等於一町，三十六町等於一里，一里約略等於二點五英里。我所寫的道路，指的是四到八英尺寬的馬道，人力車走的道路也是這般記載。

I. L. B.

1 原註：前往日本鄉野地區旅行時，最好攜帶類似的擔架床與好的蚊帳。有了這些，便可熬過各種艱困情況。

2 譯註：現今日本的制度是隨著明治政府於一八七一年實施的廢藩置縣政策而建立全國分為四十七個一級行政區：一都（東京都）、一道（北海道）、二府（大阪府、京都府）、四十三縣，其下再設立市、町、村。

第十一封信

舒適日子結束——亮麗風景——警報——農舍——奇特服飾——替馬匹套籠頭——女性服裝和醜陋景象——可憐的嬰孩——我的馬伕——美麗的鬼怒川——藤原——我的僕人——馬鞋——荒謬的錯誤

藤原
六月二十四日

告知伊藤訊息的人說得沒錯。離開日光，舒適日子便告終結！

今早六點，一位嬌小的婦女牽來病懨懨的雌馬；我坐上馬鞍，手拿韁繩，伊藤帶著行李騎另一匹。宿屋主人與我相互鞠躬示敬，互道珍重再見。我騎的那匹馬面容哀戚，女人拉著繫於牠鼻子的繩索前行，我們便沿著綿長乾淨的街道，逐漸遠離日光壯麗的神社與莊嚴的柳樹林。我們到了令人印象深刻的大街，於樹林最茂密幽暗之處左轉，走入猶如溪流河床的小徑。爾後，道路崎嶇難行，我們在大谷川的粗獷漂礫之間蜿蜒而走，常常得經過用樹枝和土壤覆蓋的臨時木造便橋。我們跨越日光山的一座低矮支脈之後，便沿著溪谷蜿蜒而行，路途陡峭，兩側山壁長滿楓木、橡樹、木蘭、榆樹、松樹與柳杉，群樹之間攀附諸多紫藤，間或可見杜鵑花與丁香花之屬，花瓣艷麗可人。放眼望去，宏偉山脈，處處聳立，瀑布飛湍，嘩嘩流淌，山間林畔，溪流潺潺。六月的陽光輝煌燦爛，此情此景，秀麗迷人，無以復加。

我們間或於岩石間緩慢前行，間或踩踏深泥而舉步維艱，每小時走不滿一里路。腳穿草鞋的女馬伕捲起衣物，勇敢緩步前行；突然間，她甩開繩索，大聲喊叫並向後奔跑，原來是被一條巨蛇驚嚇。這條灰蛇身上紅斑點點，銜著一隻巨蛙，死咬不放。牠跟同類一樣，見人靠近便有所警覺，隨即拼命吞下獵物，蠕動身軀鑽進樹叢。我們緩緩前行三小時之後，在稱為小百（Kohiaku）的山間農場下馬，此處位於稻田山谷的邊緣。女馬伕清點了自己的行李，確定沒有遺落物品，不待我打賞，便逕自牽著馬匹返家。我在一間屋舍的緣廊擺了椅子坐下，附近有幾間簡陋農舍，屋主是子女成群的農民。我下榻的房舍是某位富有釀酒商的倉院。我飢腸轆轆，苦等一個小時之後，總算吃了點粗茶與燕麥粥，接著再等一小時，然後又等一小時，因為所有馬匹都到山上吃草了。此處安靜異常，毫無半點動靜。我看見男人揹著麥捆返家，堆放屋簷底下。孩童幾乎一絲不掛，呆站著看我，時間分秒過去，依舊不減好奇。大人也不避嫌，跟著小孩一起打量我，可能他們未曾看過外國婦女，或者沒見過叉子或湯匙。你還記得麥格雷戈博士（Macgregor）最後對我們說教時說的一句話嗎？「你們必定會看見奇怪的景象！」這樣體面的中年男子面部朝下、趴在走廊上，用手肘撐地，戴著一副眼鏡，專注讀書，還有甚麼比這種景象更為怪誕？此處寧靜異常，只見女人不時從井裡打水，用的是原始裝置，桿子橫掛於直樑木柱，一端吊著水桶，另一端懸掛石頭。

馬匹到來之時，那些男人說他們無法套上馬勒，但是好說歹說之後，兩人才奮力掰開馬嘴，第三個人趁機把馬嚼子（馬銜）[1]塞進馬的嘴巴。下一次更換馬匹時，那些人都沒聽過馬勒。我告訴他們只要將馬嚼子壓在馬齒附近，馬就會自動張開嘴。旁人紛紛嘲笑，說道：「除了吃草或咬人，馬絕不會張口。」等到我親自套好馬勒，眾人才心服口服。新換的馬匹走起路來搖搖晃晃，跟駱駝沒兩樣，幸好能在稱為小佐越（Kisagoi）的小山村換掉這一批馬。該處極為貧窮，房屋簡陋不堪，孩童全身髒兮兮，個個感染嚴重的皮膚病。婦女勞動過度，受柴火煙燻，面容憔悴、身形醜陋，望似猶如雕像。

我是據實描寫。有些來日本的遊客曾經描述過東海道、中山道、琵琶湖（Lake Biwa）與箱根（Hakone）等地。倘若我的記述與其有所出入，絕非誰對誰錯。然而，這是我在日本的新體驗，沒有任何書籍曾向我揭露這些景象，而日本絕非仙境之國。男人幾乎赤身裸體，女人若非將短襯裙緊緊纏繞於身上，便是穿著棉質長褲，腿部繫緊而褲頭寬鬆，上身穿著藍色棉服，開口到腰際，塞進腰帶，頭上還綁一圈藍色棉手帕。從服裝看不出路人是男是女，光憑面容也極難判斷性別，除非那人剃眉或染黑齒。人們穿著短襯裙，乍看之下像野蠻人。當一個日本女人揹著或抱著一個赤裸的嬰兒，然後目光呆滯，站著瞧我這位外國人時，我幾乎不敢相信我身處於「文明的」日本。只見年紀夠大的嬰孩會抬起頭來，興高采烈，從母親肩膀上探頭，眺望外頭的世界；然而，我經常看到六、七歲的小孩子使勁揹著軟趴趴的嬰兒，嬰兒剃光毛髮的頭在烈陽下幾乎快被烤焦且「搖搖晃晃」，整個人幾乎跌落於地，而他們的眼睛狀態就如同護士所云「抬頭向上看」[2]。每回見到這種景象，我都會莫名悲傷。

這個地區養了許多蠶。男子會成群在開放的穀倉赤裸身體，女人則赤裸上身，忙著摘取桑葉。此地房舍簡陋不堪，居民衣衫襤褸，蓬首垢面，邋裏邋遢。某些年輕女孩若用肥皂和清水把臉洗淨，或許會容光煥發。然而，她們不用肥皂，頂多只在河裡用泥沙搓洗衣物而已。給你講個有趣的例子，看看人是如何犯下荒謬的錯誤。我聽過許多馱馬惡毒襲人的故事。有人告訴我，馱馬之所以要戴口套，乃是要避免牠們嚙咬同伴的臀部，或者防止牠們突然惡意襲人。我如今發現，給馱馬戴口套，只是不想讓牠們邊走邊吃草。

這個地區只用雌馱馬，因為牠們最溫順。假使你的行李重量被認定為一匹馬的載重，但搬運的馱馬卻過於瘦弱，無法揹負全部行李，陸運公司代理人便會將過重的行李分配給兩到三匹馬，而你只要付一匹馬的運載費用；我們從小佐越出發時，有四匹毛髮濃密的雌馬，牠們額髮茂密，遮蔽視線，幾乎看不到前方。隨行的另有三匹健壯幼馬，以及領馬的一位婦女和三位女孩。我只要付兩匹馱馬的運載費用，走一里給七錢，頗為划算。

我的馬伕滿臉風霜、性情溫和，但染了黑齒，面容恐怖駭人。她穿著草鞋和破爛的藍色棉褲，褲子塞著一件背心，頭上綁著一圈藍色棉毛巾。當天空烏雲密佈時，她會穿上雨簑與兩片相連的披肩，一片繫於脖子，一片繫於腰際，還揹著直徑二點五英尺的平頂斗笠，猶如一面盾牌。她踏著平穩的步伐，上坡下坡，走過岩石路，涉過很深的泥地，偶爾會轉過頭，用溫和卻醜陋的臉，看看女孩們是否脫隊了。她們衣著不得體，卻步伐堅定，勇往直前，我感到非常滿意。我反而不喜歡穿著緊身衣裙和高腳木屐的優雅日本女性，看著她們扭捏作態，故作蓮步。

從小百起，我們便踏上崎嶇的草地山谷，兩旁山巒林木茂密，山谷間或生長松樹和歐洲栗[3]樹幹。然而，離開小佐越之後，景色便轉換了面貌。我們經過陡峭的岩石地帶之後，抵達了鬼怒川（Kinugawa）。這條河流清澈湍急，於五顏六色的岩石間切鑿出河道，有一座橋在極高之處橫跨其上。該橋曲線陡峭，登橋可飽覽山壑美景，遠眺二荒山（Futarayama），此乃古老神道教傳說起源之地。我們前行了一段時間，鬼怒川的怒濤聲依舊充耳可聞，其壯闊身姿亦不時閃現：河水波濤洶湧，斑岩矗立兩岸，碧綠的河水流瀉於巨碩的粉綠石板，日光間或灑落，光影斑斕，偶見迷人彩虹，或橫跨於天際，或駐留於深邃水池，總是迷人炫目。另一側山脈險峻陡峭，針葉樹遍生，直至頂峰；我們這一側不那麼突兀陡峭，山道蜿蜒，沿著坡地延伸至下方圓丘，旁邊矗立歐洲栗，尚未開花。此外，可見楓樹上尚未褪去春秋之際轉變的楓紅，另有許多不知名的樹木和灌木，開滿艷麗鮮花。當然還有叢叢的紅色杜鵑花、丁香與天藍色的繡球花，以及黃色的山莓（raspberry）、蕨類植物、鐵線蓮、白色和黃色的百合花、藍色的鳶尾花，以及其他五十多種樹木和灌木，周身纏繞或吊掛紫藤。日本常有這般美麗的樹林，猶如英國眾多的美麗黑莓灌木林。此處草木深秀茂盛，如同熱帶地區。枝葉剛沐浴於新雨，鮮綠可人，樣貌繁多，洋溢蓬勃生氣，映照於午後斜陽，更顯嫵媚嬌姿。

我們路經數個小村莊，只見農舍屋頂深邃，覆蓋宅院、穀倉與馬廄。每間穀倉都有赤身裸體的人在從事各式各樣的勞務。我們遇到一列馱馬，頭尾皆以繩索繫綁，揹負著稻米與清酒，還有揹著裝滿桑葉大簍子的男男女女。我們愈向前行，峽谷益發美麗。爾後是一段上坡，我們穿越枝葉筆直如針的幽暗柳樹林之後，抵達了這個精緻的小村莊。此地有不少小峽谷，居民於坡地上辛勤開墾出層層梯田，洶湧的鬼怒川在谷地流瀉奔騰。我們跋涉了十一個小時，總共才走了十八英里！

六月二十五日

五十里（IKARI）

藤原有四十六間農舍與一間宿屋。這些通風建物皆陰暗、潮濕和骯髒，將住宅、穀倉和馬廄合為一體。宿屋有大廚房，樓下有馬廄，樓上是小閣樓，可以隔成數個房間。我出外散步返回時，竟然發現有六個一絲不掛的日本人，盤據了我必須路過的地方。解決這檔事之後，我坐下來寫信，不久便被大批跳蚤侵擾，只能狼狽逃至屋簷底下的陽台。跳蚤從疊蓆蹦出來，猶如沙蚤從沙堆裡跳出來，牠們甚至跑到陽台，跳上我的信紙。有兩面毛茸茸的泥外牆，牆上裂縫爬滿生物；沒有遮蔽的椽子佈滿蜘蛛網。泛黃的疊蓆陳舊骯髒，米飯霉味甚濃，可能只有稍微清洗而已。雞蛋似乎已擱了幾日，茶水則發出黴臭味。

此地精緻美麗，我和伊藤到屋外四處閒逛，發現居民勤勞務農。我們也瞧見居民晚間如何消遣，同時體驗寧靜單調的村野風光。爾後，我站在陽台思索這一切，朗讀亞洲協會的一篇論文引領我踏上這段旅程的句子：「鬼怒川沿岸風景如畫，恍若仙境，登臨艱辛困難，日人不知其詳，遑論異域洋人。」頭上是淡黃色的天空，腳下是一英尺深的泥濘。貫穿村莊的道路如今已成一片濕地，一條急流貫穿而過，許多地方交錯搭了木板。這條溪流成了居民的「廁所」兼「飲水處」。居民返工後會坐在木板上，脫下沾滿汙泥的衣物，用溪水清洗，擰乾後會順道洗腳。兩側農舍儼然，屋前皆有腐爛的堆肥，婦女將堆肥弄碎，用赤腳將其踩踏成爛漿。人人工作時會穿汗衫與褲子，但是在家中只穿短襯裙。我看到幾位身穿這種衣服的母親過馬路拜訪鄰舍，絲毫不覺有何不妥。幼童會赤身裸體，身上只佩戴以繩繫妥的護身符。

居民、衣服或屋舍，無不附著害蟲。這些村民獨立勤勉，卻骯髒邋遢。

入夜之後，甲蟲、蜘蛛與木蝨在我的房間大行其道，待在同一個屋簷底下的馬匹也引來不少馬蠅（虻）。我替擔架床噴灑了驅蟲粉，卻不小心讓毯子掉落於地而沾染跳蚤，因此我徹夜難眠，深覺夜晚漫長難熬。行燈熄滅後，遺留一股濃烈的腐臭油味。原生日本狗為米色，狀似野狼，體型猶如柯利狗（collie）[4]，非常吵鬧，有侵略性，但通常與惡霸一樣膽怯。藤原處處可見這種毫無用處的狗，夜晚不時狂吠、咆哮與爭吵，直至天明方才作罷。日本狗若不吵鬧，便會嚎叫。

夜晚傾盆大雨，我非得把床東挪西移來避開滲漏的雨滴。凌晨五點，伊藤來找我，央求我動身離開。他輕聲說道：「我無法入睡，有成千上萬的跳蚤！」伊藤以前是走另一條路線穿越內陸，前往津輕海峽。他說自己簡直不敢相信日本還有這種蠻荒之地，即使將此地情況與婦女服裝向橫濱人轉述，鐵定沒人會信他。伊藤說道：「讓外國人看到這種窮鄉僻壤，感覺非常羞愧。」

伊藤十分機靈，時常留意旅途狀況，而且聰慧異常，每日都會令我驚喜。他非常渴望說「標準」英語，而非「普通」英語，急切想學習新單字，熟記正確的發音與拼法。他只要聽到我說出他不懂的單字，便會用筆記本抄寫下來，晚上便拿筆記問我，記下單字的意思與拼法，然後附上日語翻譯。他的英語比許多專業口譯要好得多。倘若他沒有學到美國的粗俗俚語和擺出一副吊兒郎當的模樣，聽他說話會更順耳。找一位好的口譯陪行，對我而言非常重要，否則我不會聘用如此年輕且經驗不足的僕人。然而，伊藤非常聰慧，既能做飯、洗衣與服侍，又可身兼快遞與口譯；如果他的年紀稍長，我應對起來更能輕鬆自如。我試著去約束他，因為我發現他打算騎到我的頭上，尤其老想藉機「揩油水」。

伊藤是個日本人，懷抱拳拳愛國之心，但這如同虛榮，有好有壞。他總認為洋貨比不上日貨。在他的眼中，我們的禮儀、眼睛與飲食之道皆令人厭惡。他喜歡講述英國人的壞習慣，說英國人「在路上逢人便說『ohayo』（早安）、嚇壞茶屋女侍、用腳踹或掌摑拉車苦力、穿著沾滿泥巴的靴子踩踏雪白疊蓆、舉止猶如粗魯的薩堤爾（Satyr）[5]、毫不掩飾對質樸鄉下人的痛恨，以及讓自己和英國受到日本人的輕蔑與嘲笑。[6]他非常擔心我會舉止失當，我也非常擔心自己失禮，無論到何處都想符合日式禮節。為了不違反普通的日本禮儀，我不時請教伊藤，詢問適宜的言行舉止，因此大致上沒有犯錯。我每天都得鞠躬行禮，逐漸抓到訣竅，學得更為精闢透徹！

日本人極為親切有禮，外國人假使冷漠以待，那可是非常失禮的。我非常仰賴伊藤，不僅要他安排旅程，還得勞煩他詢問旁人獲取訊息，甚至要他陪伴解悶；我倆一起踏上這段艱辛的冒險旅程，希望彼此能夠相互體諒。伊藤名義上信仰神道教，但信仰對他毫無意義。我在日光時，曾向他誦讀《路加福音》的前幾章。當我讀到浪子的故事[7]時，伊藤便開口嘲笑，說道：「為什麼呢？這又抄襲我們佛教的故事！」

今日的旅程很艱辛卻令人相當愉快。到了正午，雨勢變小，我便徒步從藤原出發，穿著美式「登山服」與威靈頓靴（Wellington boot）[8]。女士唯有這身打扮，方能在日本享受徒步旅行或騎馱馬旅遊的樂趣。我還將輕盈的斗笠（本地的防水雨具）披掛於肩膀上。我們跟著兩匹馱著行李的馬前行，冒雨跋涉深及腳踝的泥濘地，一直走到雨勢停歇。此時，山脈雲霧圍繞，若隱若現，鬼怒川在下方奔騰怒號、勢崩雷電。我飢腸轆轆，卻仍然有閒情逸致欣賞美景。最後，我披上了馬鞍，騎馬翻越高田山（Takadayama）的支脈。該處海拔二千一百英尺，沿路規劃良好卻蜿蜒曲折，從下方仰望，可瞧見前方八處層疊彎曲的山道。該地森林不如別處茂密，低處山坡間或生長壯麗的歐洲栗。下坡路陡急濕滑，馬匹四肢孱弱，不幸絆倒而撲倒於地，我整個人飛越馬頭，撲向善良的女馬伕，真是害慘了她。

要替馱馬穿草鞋，須用繩縷將草鞋繫於馬匹腳腕，非常費事。這種「鞋帶」總是得解開，而馱馬在軟地走上二里便會磨損草鞋，若走在硬地，不到一里，草鞋便會磨破。馬穿草鞋之後腿會鬆軟無力，此後不穿鞋便無法走路。一旦草鞋磨薄，馬匹便會開始顛躓，馬伕就顯得不安，最終必須停下來，將四隻掛在馬鞍的草鞋浸泡於水中，然後邊哄誘馬匹邊替牠穿草鞋。馱馬穿好草鞋會被墊高一英寸。我想不出還有甚麼東西能比草鞋更笨拙且不耐用。馬道旁隨處可見棄置的草鞋，孩童會沿路收集，將草鞋堆在一起，令其腐爛成堆肥。一雙草鞋要價三錢到四錢，每個村莊的男人一有空閒，便會製作草鞋販賣。

到了下一個稱為「高原」（Takahara）的站點，我們得了一匹馱載行李的馬，然後渡河越谷，爬上陡坡，抵達一間孤零零的宿屋。宿屋的前門照例敞開，只見一些人圍坐於地爐，有老有少。當我抵達時，一群美麗的女孩立即拔腿狂奔。伊藤向她們的長輩通告一二之後，這些女孩才被召喚回來。巴夏禮爵士夫人喜歡側騎馬匹，沒有瞧見她的長髮時，會誤以為她是男人。我有一位女性友人，年輕貌美，膚色亮麗。她近期與丈夫出遊，被誤認為剃掉鬍子的男士。我戴了一頂帽子，如同女人在田裡勞動時頭戴的遮陽避雨斗笠，而且我沒有剃眉毛，也沒有染黑齒，因此這群女孩誤以為我是外國男人。伊藤向我解釋：「她們沒見過外國人，卻常聽聞外國人粗魯對待女孩，因此心生恐懼。」

除了米飯與雞蛋，沒什麼可吃的食物。我吃飯時，有十八對黑眼睛目不轉睛地注視我。河邊有露天溫泉，位於一段簡陋階梯的底部，許多有傷痛潰瘍的人來此泡湯療養。我不確定溫泉有多熱，因為有不少男女靜坐於溫泉中。這些人一日泡四回，每回泡一個小時。

我們從此地出發，走五英里的路程前往「五十里」。當時傾盆大雨，我們沿著新闢的路徑前行。路被瀑布般傾瀉而下的鬼怒川包圍，從岩面突出的支柱吊著道路，路面時高時低。我心想，日本再也沒有比這更加優美的場所了。

鬼怒川清澈透明，散發水晶藍或水晶綠的色澤。驟雨傾瀉而下，河水益發迅猛，閃閃發光，於亮彩岩石間奔流而過。激流不時遭岩石阻礙，卻未嘗停留半刻。兩岸高山聳立，林木茂密，山壑深邃，湍流直瀉而下，捲起千堆雪。亂石穿空，驚濤拍岸，響聲如雷，迴盪於兩岸，益發震耳欲聾。從每處山谷皆能瞥見遠處的群峰、幽壑與瀑布。樹林草木如此茂盛，若能配點灰色絕壁或裸露岩面便更迷人了。

山路沿途長滿迷人植物，品類繁多。濕暖處遍生蕨類、苔蘚、綠藻、真菌類與蔓生植物。蔭蔽的涓涓細流，或流入佈滿羽毛般柔細蕨類的洞穴，或流入山路後瀉進溪流。頭頂上有數種楓葉，銳齒形葉子精緻輕盈，濃密茂盛，篩落的陽光恍若淡綠色的薄霧。春天的繽紛色彩尚未轉換成夏季的單調色澤。粉色杜鵑花依舊點綴於山坡，而杉林蔚然深秀，平添深邃與幽暗。儘管舉目四望，景緻優美，我卻渴望能見到令人喜出望外的獨特個性與優雅身姿，好比熱帶地區的椰子、棕櫚或香蕉。楓樹叢叢挺立，枝葉輕盈飄逸，柳杉形如金字塔，枝葉筆直如針，此情此景，令我暢懷無比；我何需抱怨呢？艷陽只消照耀十分鐘，此處將幻化為迷人仙境。

此處人煙罕見。離開這條美麗的河流之後，我們翻越了一座小山，該處樹林皆纏繞著極為芬芳的白忍冬，爾後我們下行到一處開闊山谷，谷中有條寧靜的河流，連接至響聲如雷的鬼怒川。我們續行了二十英里，抵達這個美麗的小村莊，村裡有二十五戶人家。此處四面環山，鄰近一條稱為「男鹿川」（Okawa）的山澗。日本的河川名稱，上流與下流沒有連貫，光憑名稱難以得出地理訊息。一條河川若流經三十到四十英里，便會根據流經地域分開取名，河名會一變再變。過去兩天陪伴我的老友鬼怒川倘若再寬闊些，景緻會更加優美。五十里的部落群聚於山坡，街道甚短，模樣質樸，棕灰色交錯的山林暖目溫心，「天晴雨霽，耀眼發亮」，煞是迷人。

我停泊的場所是山頂的宿驛[9]，此處像間大穀倉，一端飼養馱馬，一端設置起居室，中間擺放諸多等待運送的物產，另有一群人忙著剝桑葉。昔日，鄰近的大名（領主）前往江戶時，經常在此留宿休憩。因此，有兩間稱為「大名之間」（領主房間）的客房，高十五英尺，屋頂以氣派的黝黑木頭搭建，障子精工細作，合宜搭配迴紋裝飾；此外，拉門裝飾精美，疊蓆清潔亮麗，床之間擺設金漆的古代刀架。我住在內側房間，伊藤與四位旅客則住在外側房間。房間非常陰暗，但與昨晚的住宿相比，此處可謂豪華無比。除了客房，其他房間皆用來養蠶。此處和藤原的亭主皆不識護照，而伊藤大搖大擺，以來自城鎮的年輕人自居，根據我說的話據實向亭主口譯解釋，所有村民皆聚集於此，聽他大聲覆誦。伊藤不知道如何將「scientific investigation」（科學調查）譯成日語，卻誇大我的講法，藉此自我炫耀，宣稱我是一位「學者」（gakusha，學問淵博之士）！

此處沒有警署，警察每月會來這些外圍宿屋巡邏，檢查宿帳（登記簿）。此地比昨晚留宿之處更為乾淨，但居民卻更愚蠢和冷漠。我心想他們會如何看待廢除大名制度與推倒封建體制的人。從那時起，平民獲得了權利，日本帝國也在發展西洋文明的道路上急速邁進。

由於木瓦屋頂已經替換成茅草屋頂，本村非常值得欣賞，好比陡峭的屋頂、深邃的屋簷和陽台、暖目的黃褐色屋頂與牆壁、混雜卻古樸的農舍、山茶與石榴構成的圍籬、竹叢、柿子園，以及農民心滿意足的表情（儘管他們渾身髒透且散發臭味）。

除了稻米與雞蛋，此處沒有別種食物，令我懷念起日光的可口雞肉與魚肉，更別提公使館的「肉鍋」。常言道：「悲傷時最感悲傷的，莫過於憶起更快樂之事！」（A sorrow's crown of sorrow Is remembering happier things!）[10]

入夜後，氣溫會下探至華氏七十度（攝氏二十一度），我通常會在凌晨三點冷醒。我只有蓋夏天的毯子，根本不敢加蓋或墊上被子，因為被子可能藏匿跳蚤。我通常七點半就寢，那時暮色幾乎褪去，我也不想點昏暗的蠟燭或行燈熬夜。我這一陣子騎的馱馬步履緩慢、搖搖晃晃且不時顛躓，令我痛苦難耐。倘若我樂於走路，鐵定會選擇徒步旅行。

I. L. B.

1 譯註：為了便於駕馭，放入馬口的鏈形鐵器，兩端連在韁繩，古稱「銜」。

2 譯註：嬰孩若常這樣做，容易變成鬥雞眼。

3 譯註：歐洲栗（Sweet chestnut，學名 C. sativa）。

4 譯註：蘇格蘭培育的牧羊犬，吻部長，體型大。

5 譯註：半人半獸的森林之神，嗜好飲酒與調戲女子。

6 原註：唯有通商口岸（Treaty Port）最低級的旅遊者才會這般惡形惡狀。

7 譯註：《路加福音》第十五章，浪子的比喻。

8 譯註：及膝長靴。

9 譯註：位於交通要地，提供住宿與馱馬。

10 譯註：語出英國桂冠詩人丁尼生的詩作〈洛克斯利田莊〉（Locksley Hall）。

第十二封信

思緒紛亂——窮人多如「牛毛」——分水嶺——每況愈下——農村假期——患病的民眾——業餘醫生——衛生不良——狼吞虎嚥——未老先衰

車峠

六月三十日

經過六天艱苦跋涉之後，能在星期日於寧靜的山間休憩真是愉快！山脈與山路、山谷與水田，接著是森林與水田、村莊與水田，還有貧困景象、勤勉的村民、髒亂污穢的人與地、破敗的寺廟、倒塌的佛像，一列列穿著草鞋的馱馬，以及灰色狹長的單調街道、安靜盯著我的人群，這些紛亂的思緒，無不浮現於我的腦海。從五十里到橫川（Yokokawa），沿途風和日麗，景色優美。橫川茶屋有無數的跳蚤，我甚至被迫在街道上吃午餐，幾乎全部居民圍繞著我，瞧我的一舉一動。孩童無論年紀大小，起初看見我都嚇破膽，拔腿便跑。爾後，他們依偎在母親的裙子旁邊（所謂裙子，乃是一種譬喻），怯懦地靠近我。然而，我只要瞧一眼這些孩童，他們又會四處逃逸。圍觀群眾骯髒邋遢，實難描述。這群孩童赤身裸體但溫順保守，與父執輩一樣，天生勞碌命，註定被害蟲啃食血汗，遭沉重賦稅壓榨。我看著他們的身影，不禁心生疑惑，為何窮人會這般多如「牛毛」？

我們走了一段長坡，抵達海拔二千五百英尺的山路頂端。此處是向外突出的山尖，寬三十英尺，可眺望宏偉壯麗的山壑，河水縱橫交錯，匯聚成滾滾洪流。我們順著湍流行走數小時，直到其融入另一條廣闊的寧靜河流。河流慵慵懶懶，流經一處阡陌縱橫的廣袤水田。此處在地圖上是空白的；然而，我推斷我們越過了分水嶺，先前的河流不會流入太平洋，而是流入日本海（Sea of Japan），後來證明我的推斷無誤。馱馬在糸沢（Itosawa）頻頻顛躓，令人難受，我只好在最後一段路下馬步行，一路走到川島（Kayashima）。川島是個殘缺破敗的村莊，僅五十七戶人家。我抵達時已疲累不堪，無法再向前行，只好湊合將就，入住於比藤原宿屋更糟的旅店，忍受艱辛不便的住宿環境。

宿屋簡陋駭人。廚房有一道深溝，燒著大批柴火，濃煙滾滾，四處亂竄，燻人眼目。我的房間與廚房僅以破敗拉門相隔，當然無法倖免於難。屋內椽子黝黑，卻因蒙上煙灰與濕氣而發亮。亭主跪在我的房間，因宿屋髒亂頻頻向我致歉，最後才被伊藤轟出去。我的房間陰暗，煙霧瀰漫，令人窒息，但外頭擠滿窺探的人群，我只得關上紙窗。此處既沒米飯，也沒醬油。伊藤貪圖舒適，開始對亭主與侍者大呼小叫，甚至四處棄置我的行李。我馬上制止伊藤，不許他胡亂撒野，因為最傷害外國人名聲或對人最不友善之事，莫過於隨行僕人粗魯無禮。亭主謙恭有禮，不停跪地賠罪，絲毫不敢靠近我。我照例交給亭主護照時，他用前額碰觸護照，再用額頭碰觸地面。

我能吃的唯有黑豆與煮黃瓜。房間漆黑骯髒、簡陋嘈雜，還飄著一股下水溝的惡臭。宿屋各房間無一倖免，皆奇臭無比。插秧結束之後，村民會休息兩天，向農家之神稻荷（Inari）獻上供品。眾人徹夜狂歡，擊打固定或巡遊的太鼓，鼓聲咚咚頻傳，令我輾轉難眠。

亭主年幼之子咳疾甚烈。我替他點了幾滴「哥羅丁」（chlorodyne）[1]，其咳嗽症狀竟然完全消失，隔日凌晨，這項消息便迅速傳開。到了五點，全村人幾乎聚集於我的房間外頭。我聽到許多人竊竊私語，還有赤腳來回走動的聲響，甚至看到有人透過紙窗破洞向內窺探。

我拉開拉門，眼前景象慘不忍睹：眾多村民相互推擠；父母親抱著的赤裸孩童，孩童不是有皮膚病，便是患頭癬（癩痢頭）或疥癬；女兒攙扶著幾乎失明的母親；有些男人長瘡而痛苦不已；小孩眼睛發炎，被蒼蠅侵擾而不斷眨眼。在場村民，無論患病或健康，個個皆「衣衫襤褸」（vile raiment）[2]，渾身污穢，長滿蝨蚤。患病者祈求藥物，健康者若非陪伴病者，便是前來一探究竟，滿足好奇心。我面帶悲傷，告訴村民我不了解他們千奇百怪的「疾病與折磨」。即便我懂他們的苦楚，也沒有足夠藥品。我告訴村民，英國醫生會要求民眾經常清洗衣服、用清水洗淨皮膚，以及用乾淨的布摩擦皮膚，以此治療或預防皮膚病。為了安撫村民，我費了點勁，從某人的儲藏品取了動物油脂和硫黃華（flowers of sulphur），製成些許軟膏，告訴他們如何在最嚴重的情況下使用。爾後，我們動身出發，但馱馬沒有繫上（固定馬鞍或馱載）的腹帶。我們要給牠備鞍時，牠煩躁不安，嚇得人群「四散

夏季與冬季的服裝。

狂奔」，馬伕便不願再碰觸馱馬。這些馬伕很害怕溫柔的雌馬，好像牠們是兇猛的黑豹。孩子全都跟著我們，走了好長一段路，許多成年人也找藉口，跟我們朝著同一個方向前行。

這些村民不穿麻布，而且甚少洗衣服，只要衣服破爛不嚴重，就會日夜穿著同樣的衣服。此外，他們夜間會盡量把房屋密封起來，屋內瀰漫著燒木炭或煙草的煙霧，全家人擠在一間臥室，穿著骯髒的衣服並擁著填塞棉被睡覺。這些棉被白天被收納於密閉衣櫥，一年到頭甚少清洗。疊蓆外表尚稱乾淨，裡頭其實住滿昆蟲，並且藏匿灰塵與有機物質。此地村民會將頭髮塗上油或香油（髮蠟），一週才洗一次頭，偶爾更久才清理頭髮。他們這樣生活，難怪會陷入悲慘境地。我無需贅述，若要猜想其餘景況，不妨發揮想像力。此地居民（特別是兒童）都長滿蝨子，皮膚受刺激之後便紅腫搔癢。房屋地板皆鋪上疊蓆，但鋪設時粗心大意，板跟板之間遺留空隙，而且地板離底下的濕地僅十八英寸或二英尺，各種臭氣或蝨蚤便會鑽進疊蓆，然後進入屋內。

無論夏季或冬季，此地屋舍（我認為別處亦是如此）入夜後便會密封。雨戶沒有通風孔，會完全封閉屋子。除非雨戶破裂（但這甚少發生），否則空氣無法對流更新，屋內總是瀰漫眾人呼出的污穢氣體、人體與衣物散發的臭味、從地板縫隙滲入的瘴氣，以及火鉢木炭釋放的煙霧。人們也很少鍛鍊體魄。在一年之中，婦女除非下田耕作，只會整天待在家裡，忙著做飯或依偎炭火取暖，鎮日呼吸燒炭的廢氣。農民的主食是生魚或半熟鹹魚，以及難以消化的蔬菜漬物。此外，人們吃飯時狼吞虎嚥，食速驚人，彷彿生命的目標是在最短時間內用餐完畢。已婚婦女皆垂垂老矣，面容枯槁，肌膚如同鞣製皮革般粗糙，似乎未曾青春美貌。我在川島看到年約五十歲的宿屋夫人，便詢問其年齡（在日本，這並不失禮），結果她回答芳齡二十二歲。我一聽，大為吃驚。其實，令我驚訝之事多不勝數，此乃其中之一。她的男孩五歲，尚未斷奶。

以上純屬題外話，卻透露日本民眾的某些面向。[3]

1 譯註：十九世紀時，英國某些地區環境惡劣，居民常罹患瘧疾、風濕與神經痛，藥劑師或雜貨店於是販售鴉片製成的廉價哥羅丁等專賣藥，替百姓緩解症狀。

2 譯註：語出《雅各書》第二章。

3 原註：我已視情況刪除諸多令人不快的細節。我忠實記載日本北部農村的所見所聞，倘若有所冒犯，望請讀者海涵。這種寫實紀聞有助於讓外界更了解這個國家，同時指出日本政府必須解決的問題，使其戮力改善窮困百姓的生活。此乃晉升文明國度之列的首先要務。

第十二封信（完）

日本渡船——崎嶇道路——山王峠——各種植物——不迷人的灌木叢——日本男性居多

我們在田島（Tajima）換馬。此處昔日為某位大名住所，就日本小鎮而言，可謂風景如畫。本鎮生產並輸出木屐、素陶、粗製漆器與簍筐。

我們路經諸多稻田，大小不一，從三十碼見方至四分之一英畝不等，堤防頂部種植小豆。爾後，我們抵達一條稱為「荒川海」（Arakai）的大河川；過去兩天，我們一直順沿其支流跋涉前行。其後又經過幾處骯髒的村落，瞥見衣衫襤褸的村民勤勉工作，最終搭乘平底船渡河。河流兩岸的堤防打了高木桿，支撐好幾束紫藤纏繞而成的繩索。一人雙手並用拉著繩索，另一人在船尾以篙撐船，依著湍流之勢渡河。我們以此之道渡過不少河川。所有渡船皆張貼價目表，全部收費橋樑亦是如此。有一名男子坐在辦公室收取費用。

此地異常優美，景緻比前幾日更為壯闊精緻。遠山無垠，尖聳入雲，樹木成蔭，綿延至峰頂。從山王峠（pass of Sanno）[1]頂部眺望，高下之勢，岈然洼然，攢蹙累積，莫得遁隱。金色夕照，如霧如煙，縈繞群峰，幻化出仙境美景。我抵達一處位於美麗山谷的村落，名為大內村（Ouchi），便在某戶農家借住一宿。這戶人家既是養蠶場，亦是郵局、運送所與大名宿所。

翌日清晨，我們便早早動身，沿途景緻壯闊。我們路經稱為「追分」（Oyake）的美麗小湖，其形如火山錐口，接著走上一段坡路，登上壯麗的市川峠（pass of Ichikawa）。爾後，我們行至一條稱為「大街」的路。此路雖如此命名，卻顛簸起伏，崎嶇難行，路面不時橫亙著寬約一英尺的隆起處，之間的凹洞超過一英尺深，乃是馱馬不斷循前馬足跡踩踏而成。每個凹洞皆積滿泥濘，真是舉步維艱。這段二千四百英尺的上坡路非常陡峭，馬伕不斷驅策馱馬，高喊「嗨！嗨！嗨！」似乎敦促馬兒格外留心腳步。馱馬的草鞋不斷鬆脫，才走四英里路便磨壞了兩雙。

一如既往，山路頂端是狹窄的山脊，山路迢迢，遁入巨大峽谷，我們沿著峽谷下行大約一里，旁有激湍川流，響聲如雷，淹沒話語，欲交談而不得。此處風景，壯闊美麗。若向下俯瞰，可見懸崖林木繁茂，其間平野起伏，樹木蒼翠，深邃靛藍，陰鬱深幽。群山圍繞平野，峰勢相連，山頂仍覆蓋積雪！草木蔥鬱茂盛，暗喻此地氣候溫和。又可見木蘭與竹子，熱帶蕨類遍生，其間生長美麗的藍色繡球花、黃色的日本百合（Japan lily）與湛藍的風鈴草（campanula）。尚有一片樹海，其間纏繞美麗的蔓生植物（trailer，木天蓼〔Actinidia polygama〕），長滿白色葉子，遠遠眺望，猶如一叢叢雪白花朵。然而，本地森林的底下灌木叢並不迷人，夾雜許多僅能稱為雜草之物，有蓬亂的繖形花序（umbel）、粗糙的酸模屬植物（dock）、蔓延的蕁麻（nettle），以及許多我既不認識、也不想再瞧見的植物。

下坡路即將結束之際，我騎乘的雌馬牙一咬，步履笨拙地疾馳狂奔，將我帶至這個稱為「市川」（Ichikawa）的村莊。此地景色優美，地處險峻，旁有懸崖。村落中央流瀉一道瀑布，水氣氤氳，鎮日四處瀰漫。此外，樹林茂密，秀麗多姿，路旁遍生翠綠藻類（原球藻〔Protococcus viridis〕）。市川的陸運公司代理人是一位女性。女性不僅在此經營宿屋與商店，也同男性一樣耕種農作。每個村莊都會設立告示板，記載男女居民以及牛馬數目。我發現市川如同先前村落，村民以男性居多。[2]

I. L. B.

1 譯註：日文「峠」是指山頂。

2 原註：日本首都的男性比女性多三萬六千人。就整個日本帝國而言，男性多了將近五十萬人。

第十三封信

若松平原——輕裝簡從——高田人群——校長會議——膽怯的人群——崎嶇道路——凶惡的馬匹——風景如畫的宿屋——孩童誤食魚骨——貧窮與自殺——宿屋廚房——未曾耳聞英格蘭！——早餐泡湯了

車峠

六月三十日

我們從市川出發，短程騎馬後抵達一處平原。該處寬十一英里，長十八英里，名為「若松」（Wakamatsu）的大城鎮位於平原南端，其間城鎮村莊星羅棋布。不遠處為廣闊的豬苗代湖（Iniwashiro）。這片平原富饒肥沃，村落隱身於遠方樹林之間，尖聳的農舍屋頂歷歷在目，詩情畫意，美不勝收。一如既往，此處不見籬笆與門戶，或者遮掩富農房舍的高大樹籬。

沿途路況極糟，馬匹也不聽使喚，令我遊興大減。倘若馱馬健壯，一個小時便能橫越平原。我們一路顛簸，疲累不堪，足足花了七小時才走完全程。天氣逐漸轉壞，最終靜靜下起溫暖的雨水；空氣悶熱，令人窒息，而且馬鞍過大，不停滑落，草鞋也比平常更難處理。大批馬蠅肆虐，無論人馬，皆緩步前行。水田開始進行第二次除草，許多務農男人只戴斗笠，腰帶上繫著團扇。

我們抵達了一條柳杉夾道的林蔭路，瞧見兩座鍍金的亮麗佛寺，暗示前方通向重要的場所。高田（Takata）是熙來攘往的大城鎮，蠶絲、繩索與人參交易熱絡，某位縣（ken）高官的宅邸也位於此。街道長一英里，戶戶皆為商家。我概略打量了街市，只覺寒酸淒涼。外國人未曾造訪高田，當我抵達時，率先瞧見我的村民便立即轉頭，朝向街頭狂奔，邊跑邊用日語高喊：「洋人來了！」不到半刻，男男女女，不論盲眼與否、黃髮或垂髫、著衣或赤裸，無不蜂擁而至。我們抵達宿屋時，群眾愈聚愈多，亭主只好請我移步至庭園內的一間雅緻房間。然而，大人紛紛爬上可俯瞰庭園的屋頂打探我，孩童也爬上底端的木柵欄，結果柵欄承受不了重量而倒塌。眾人一見，便趁勢蜂擁而入，迫使我關上拉門。我雖能稍事休憩，卻能感受外頭鑽動的人群，果真令人疲憊。然後，五名身著黑色羊駝衫和白色長褲的警察前來叨擾，希望查驗我的護照：除了夜間入宿，我從未被如此要求過。這些警察身穿歐式制服，無法遵循日本禮節鞠躬，但他們謙恭有禮，還警告圍觀群眾別騷擾我，甚至把大家驅離。然而，這些警察才剛離開，民眾又圍攏過來。

我離開宿屋時，發現圍觀者有上千人，頓時便了解昔日來自加利利（Galilee）的「行神蹟者」[1]抵達猶太人的擁擠城市時，成千上萬的百姓群聚聽講時是何等模樣。然而，這位「救世主」得在漫長的一天向喧囂的群眾講道與行神蹟，實難想像他是何等疲憊不堪。圍觀的村民安靜溫和，未曾粗暴推擠我，我只能寫信向你抱怨，無法對這些人口出惡言。四名警察又回頭找我，將我護送至郊外。穿著木屐的一千人沿路隨行，喀喀聲不絕於耳，猶如下冰雹時的聲響。

此後，我們穿越水田，跋涉了五個小時。氣候潮濕且旅途困頓，我逐漸吃不消，脊椎日益疼痛，嚴重到不能連續騎馬或步行超過二十分鐘。我們步履緩慢，抵達坂下（Bange）時已經六點。這個商業城鎮有五千居民，位於水田濕地中心，骯髒、潮濕、衰敗，水溝滿是黑泥，散發惡臭。氣溫為華氏八十四度（攝氏二十九度），落雨溫熱，打穿凝滯不動的空氣。我們在一間擺滿一捆捆乾魚的小屋前下馬，乾魚腥味濃厚，臭不可聞。淋濕的髒臭村民擠進小屋打探我這位洋人，空氣悶熱到令人無法喘息。

然而，這個地方有改善的徵兆，正在舉行為期三天的教職員會議；要遞補空缺的候選人正在接受審查；與會者不厭其煩討論教育問題，尤其辯論漢文是否值得繼續當作授課科目。此外，每間宿屋都客滿。

坂下的沼澤會散發瘴氣[2]，罹患瘧疾而發燒的居民甚多，日本政府必須提供醫療援助。山丘只有一里之遙，無論如何都必須繼續前行，但我們得等到晚上十點方能獲得一匹馬。此外，這段路況是我迄今為止遇到最糟糕的；我的背痛加劇，整個人甚為疲累，不得不停留此地。此後一個小時，我們枯等陸運公司的五位代理人替我們尋找落腳處。入夜甚久之後，我住進了一間擠滿房客的古舊宿屋。我的房間主要以樁柱支撐，高據於污濁死水之上。蚊子成群盤旋，空氣凝滯不動。我焦慮熬過一晚，終於慶幸隔日清早便能動身出發。

外頭聚集了二千人。我上馬之後，打算從掛在馬鞍鞍頭的箱子拿出望遠鏡（Dollond）[3]，不料人群卻驚慌失措，無論男女老幼，個個死命狂奔。大人匆忙之下，紛紛將孩童撞倒。伊藤說道，民眾誤以為我要掏槍射殺他們，於是我便請他代為解釋我手持之物為何。這些百姓善良溫和，不會傷害別人。給他們添了麻煩，實在過意不去。在許多歐洲國家，當然也包含某些英國地區，女子只要穿著洋服單獨旅行，即便沒有生命危險，也可能遭受無禮對待、受盡侮辱，甚至被敲詐勒索。我在日本未曾遭受無禮對待，也沒有被人敲過竹槓，甚至被人包圍時都沒有遭遇失禮之事。

馬伕非常擔心我被雨淋濕或者受驚嚇，旅途結束時還十分謹慎，留意所有革帶或沒有綁緊的物品是否完好無損。他們並未在我周圍徘徊要求賞錢，或者停下來喝酒閒聊，而是向陸運公司代理人索取單據，然後返家。昨天我們弄丟了一條革帶，當時天色已晚，馬伕依舊回頭走一里路尋找革帶，並且婉拒我想打賞他的幾文錢。他說自己得負責將所有物品送抵目的地。他們彼此應對時，非常友善禮貌，令人感到愉快。伊藤不會討好我，或者對我謙恭有禮，然而，他與同胞說話時，仍然無法擺脫禮節束縛，必須深深鞠躬，與他人一樣頻繁使用敬語。

我們花了一個小時，總算越過瘴氣瀰漫的沼澤地。此後，沿途群山環繞，路面濕滑，崎嶇難行，我的馬匹摔跤了數次。伊藤騎的馬揹負著行李，同樣跌個人仰馬翻，物品散落一地。日本確實迫切需要鋪設良好的道路。政府應該投入大量公帑鋪設道路，以利運輸國內物品，不該掏盡國庫向英國購置鐵甲戰艦，或者執著於購買昂貴的西洋物品。

道路崎嶇難行，但橫跨廣闊阿賀野川（Aganokawa）的橋樑卻極為宏偉。這條橋由十二艘大型平底船組成，每艘船固定於一條粗壯的紫藤繩索。繩索在極高處凌空橫越，讓平底船及其支撐的橋樑，在水勢落差達十二英尺之處依舊得以自由起伏，不受阻礙。

伊藤落馬之後，遲了一個小時。我便停留在名為「片門」（Katakado）的小村莊，坐在米袋上等待。尖頂房舍群聚於片門，攢擠於阿賀野川之上。此處有一大群馱馬，超過兩百頭，馬匹不停齧咬、尖叫與踢腿。我尚未下馬時，一頭凶惡畜牲便襲擊我，幸好只撞到了大片的木製馬鐙（stirrup）[4]。我找不到任何地方可以躲避馬蹄和嚙咬的馬齒。我的馱馬卸下重物後大發脾氣，不斷齧咬旁人，前腳狂踢，後腳猛踹，甚至將馬伕逼到牆邊。

我們離開這處騷亂之地，又再度穿山越嶺。山勢綿延無盡，山脊景色益發壯闊恢弘，因為我們鄰近會津山脈（Aidzu Mountains）的高峰、雙峰聳立的磐梯山（Bandaisan）、懸崖陡峭的系谷山（Itoyasan），以及位於西南的壯闊明神岳（Miyojintake），只消一眼，便能飽覽廣袤雪原與積雪峽谷。這些裸露岩石或白雪輝映的峰嶽拔地而起，傲視匍匐於下方的柔和山陵，直上亮麗的蔚藍蒼穹，強勢展現獨特的魅力，此乃日本山川景緻時常欠缺之處。我騎在頭前，率先單獨抵達名為「野澤」（Nozawa）的小鎮，結果引來好奇民眾圍觀。我們稍事休息之後，又沿著山腹行走了三英里，沿途氣氛頗為愉快。其下有湍流，遠處矗立灰色斷崖，會津巨峰宏偉莊麗，被金色夕陽渲染成紫色。

日暮時分，我們抵達名為「野尻」（Nojiri）的村莊，此地風景如畫，位於水田山谷的邊緣。我不想在週日時入住洞穴般的宿屋，而且我瞥見一千五百英尺的山丘頂有間獨立房舍。我打探了一下，發現那是一間茶屋，便動身前往。山路風光明媚，陡峭曲折，蜿蜒而上，我們花了四十五分鐘才順利登頂。夜幕低垂，閃電雷鳴四起。我們剛到達之際，一道巨大的青色閃電凌空劈下，照亮了茶屋內部，只見一大群人圍坐於柴火旁，隨即一切又陷入黑暗。此處地勢險峻，駭目驚人。這間茶屋位於車峠（pass of Kuruma）鋒刃般銳利的懸崖邊。我迄今住過不少宿屋，此處是唯一可眺望壯麗景緻的棲身之地。村莊幾乎聚集於山谷，最棒的房間位於宿屋後頭，但傳統花園的圍欄會遮住朝外的視野。若非宿屋跳蚤成群，我應該會停留更久，因為會津山的雪景迷人，而且除了宿屋，僅有兩棟房子，我可以悠閒散步而不被民眾圍觀。

某個兩歲半的孩子昨晚誤食魚骨，痛苦萬分而整日哭泣。他的母親悲痛不已，伊藤於心不忍，央求我去查探一下。當時，這位女士抱著孩子走上走下已經十八個小時，卻壓根沒想過該檢查孩子的喉嚨，而且她也非常不樂見我這樣做。我檢查了喉嚨，魚骨顯而易見，用鉤針便可輕鬆移除。一個小時後，這位母親送來一個托盤，上頭擺滿蛋糕和糕餅作為謝禮，另外還附帶曬乾的海草。入夜之前，有七位腳痛的民眾前來讓我「診察」。他們的發炎部位都位於皮膚表面，症狀皆雷同。病患的主人說道，這些人遭螞蟻嚙咬之後不斷搓摩傷口，才會導致發炎。

時值夏日，戶外風景優美，一切看似繁榮昌盛。山腳下聚集尖頂村舍，你壓根不會認為村民其實一窮二白、貧困潦倒。然而，下方一棵柳杉上，吊著兩條麻繩，揭露兩天前一名老人上吊自殺的悲慘故事，因為他窮得無法供養大家庭。宿屋女主人與伊藤轉告我：男人若是變老或體衰而無法工作，膝下又有成群幼子嗷嗷待哺，他們通常會選擇自殺。

宿屋女主人是位寡婦，脾氣甚好，像個話匣子，話說不停，鎮日忙上忙下。她的宿屋整天開張，屋內幾乎沒有牆壁。屋頂和獨立的上層房間皆以樑柱支撐，我上下房間的樓梯幾乎碰觸到廚房的火爐。白晝時，屋頂底下的寬廣疊蓆沒有分隔成房間，旅人與馬伕皆席地而躺。每個從車峠兩側艱苦登頂的人都得在此歇息喘氣，順道「喝茶兼用餐」。宿屋女主人忙碌不堪，火爐旁有一口大井。當然，宿屋沒有傢俱，但屋頂下有個棚架，上頭擺著神棚，裡頭祭祀兩尊黑色偶像，其一是廣受喜愛的財神「大黑天」。除了擺放炊具的架子，只見一個台子，上頭擺放六個販售食物的棕色大盤子：浸於黑色液體的貝類佃煮[5]、串刺乾鱒魚、海參佃煮、根菜類調製的粘稠物，以及綠色海藻製成的薄脆餅（壓製和乾燥過），每樣菜色皆味道欠佳。今日下午，一個赤裸全身的男人在疊蓆踩踏麵粉，一位穿著藍色絲質長袍的旅人躺在地板上吸煙，另有五名穿著寬鬆服裝的女人蹲在爐火旁，綁著精緻的髮束和染黑齒。在女主人的要求下，我寫了一首詩來盛讚宿屋的亮麗景緻，接著以英語朗誦。伊藤將詩譯成日語，眾人聽後，感到非常滿意。然後，我又被央求替四面團扇落款。宿屋女主人未嘗聽聞英格蘭。這裡地處偏僻，英格蘭並非村民「聯想得到的名字」。她也沒聽過美國，只知俄羅斯是個大國，當然也聽聞過中國。女主人曾前往東京與京都，但她僅知道這些而已。

七月一日

我昨晚遭到蚊子和跳蚤侵擾，卻不知不覺睡著了。當我剛入睡時，卻被喧嘩聲與雞隻的尖叫聲吵醒。伊藤抱著一隻不斷尖叫且難以制伏的母雞，還有一對伊藤千辛萬苦賄賂之後才肯割捨母雞的夫婦，他們雙雙出現在我的床邊。我虛弱地說我想把雞煮來當早餐；然而，伊藤今早面容哀戚，語帶悲傷地告訴我，當他想要殺雞時，雞卻趁機逃進樹林！倘若你想體驗我當下的感受，必須整整十天不吃魚肉、肉類或雞肉！我只好改吃雞蛋與麵條，而麵條是昨天那個男人踩踏的麵粉切製和烹煮而成！這是粗麵粉和蕎麥製作的食物。你知道嗎，我已經不再挑食了！

I. L. B.

1 譯註：耶穌。
2 譯註：羅馬人認為瘧疾是沼澤散發的濁氣所引發。濁氣類似於瘴氣，後來方知瘧疾原蟲是透過蚊子叮咬才會感染人體。
3 譯註：多倫德單筒黃銅望遠鏡。
4 譯註：位於馬鞍兩側，供騎者放置雙腳，以便坐得安穩和控制馬匹。
5 譯註：濃煮海鮮，可長期保存。

第十四封信

路途險惡——單調的綠野——髒臭村落——低賤生活——津川宿屋——富有禮貌——航運港口——蕃鬼

津川

七月二日

我昨日經歷了迄今為止最艱辛的旅程，跋涉了十個小時，卻只走完十五英里。從車峠西行的道路崎嶇難行，偶爾驛站相距不及一英里。若要將肥沃的會津平野上無數城鎮與遼闊內陸的農作物與加工品，送抵新潟尋找銷售通路，至少先得藉由這條路運抵津川。然而，這條道路毫不遵循現代的設計理念，隨著山勢直上直下，我壓根不敢揣測其坡度。眼下路面可謂一片泥潭。有人將大塊石頭扔進泥潭，有些石塊下沉後斜躺著，有些則沉入潭底，不見蹤影。這是我騎馬跋涉過最糟糕的路段，絲毫不誇張！從日光出發之後，我已行過十七處海拔兩千英尺以上的山頂，車峠乃是最後一處。在車峠與津川之間，地貌不甚寬闊恢宏，景色卻無異於迄今所見的風景：綠樹直上峰頂，峽谷峭壁夾道，不斷向外延伸，偶爾會揭露遠處山脈，層巒疊翠，柔和美麗。我只要心情不佳，便會將其稱之為「蔓生草木」（rank vegetation）。啊！陡峭斷崖、炙熱沙漠，亦或光燦醒目之物，不時映入眼簾，不分青紅皂白，不顧畫面和諧，硬生生擠入這片單調的綠野！

抵達寶澤（Hozawa）與榮山（Saikaiyama）之後，我發現該處最為髒臭。雞犬人馬擠在煙火燻黑的小屋，糞肥堆積如山，髒水溢流至井裡。幼童皆全身赤裸。成年男子只穿著兜襠布，女人則腰際以上赤裸，習慣穿著骯髒不堪的衣物。成人皆遭蚊蟲叮咬，傷口紅腫發炎，童稚也普遍滿身皮膚病。村內屋舍髒臭不堪。當村民蹲著或面朝地躺著時，望似猶如蠻荒野人。這些人穿著邋遢，習慣不佳，令人厭惡。我見過好些野蠻人，但與其相較，此地村民最為粗鄙。倘若我留在日光、箱根、宮下與其他外國人短暫參觀之地，我應該會對日本抱持迥異的印象。我經常自忖，日本人的心靈涵養是否遠遠超越物質追求？他們彬彬有禮、善良勤勞，不會犯下嚴重罪行；然而，據我和日本人的對談與所見所聞，我認為他們的基本道德標準甚低，為人既不誠實，也不純潔。

我勉為其難入住此地的一間擁擠宿屋。宿主讓我們住在庭園中兩間遠離群眾的房間。無論抵達何處，伊藤都想把我當作囚犯關在房間，直到翌日清晨出發上路。然而，我在此自我解放，自得其樂地坐在大廚房休憩。宿屋主人曾是腰佩雙刀的武士（samurai），如今該階級（士族）早已廢除。與下層階級平民相比，他的臉更長、嘴唇更薄、鼻子更為尖挺，舉止態度也異於常人。我與他交談甚歡。

在相同的廣闊開放場所裡，宿屋掌櫃在典型的漆台上寫字，這種桌子猶如低矮的工作台，兩端桌沿向上翹起。有個女人忙著裁縫，一名苦力者在板間（鋪地板的房間）洗腳，還有幾個人蹲在地爐周圍抽菸喝茶。一名苦力僕人脫掉衣服，洗了要給我當晚餐的米，負責煮飯的女僕則把衣服褪到腰際，此乃品行端正婦女的習慣動作。宿屋女主人與伊藤毫無顧忌地談論我。我詢問他們談些什麼。伊藤說道：「她說，就洋人而言，你很有禮貌。」我問此話怎講，方知我會脫掉靴子才踏入座敷（日式客廳），他們遞給我煙草盆時，我也會鞠躬致謝。

我們明日得渡河，於是上街覓糧，卻只買到蛋白與砂糖製成的薄餅、砂糖和麥粉製成的糰子（米粉糰子），以及抹上膠糖的豆子。此處不見美麗的茅草屋，津川房舍的屋頂皆以細長樹皮覆蓋，上頭覆壓巨石。然而，山牆朝向街道，屋簷底下便構成一條長廊。街道直角轉彎兩次之後，止於河堤上的寺廟廣場，景緻比多數的單調日本城鎮更顯風姿特色。本地居民有三千人，大量農產品會從此靠船運往新潟。今日四處可見馱馬，民眾紛紛前來圍觀我。日本民眾通常很有禮貌，有個孩子卻打破禮節，對我口出惡言，說出污辱洋人的字眼，猶如中文的「蕃鬼」。這個孩子被人嚴厲斥責，一名警察方才還致電道歉。我在宿屋吃了一片鮭魚生魚片，從未嚐過如此鮮美之物。我已經完成最初的陸地旅程，明早得乘船前往新潟。

I. L. B.

第十五封信

匆忙啟程——津川郵船——順沿湍流而下——風光明媚——河上生活——葡萄園——曬乾大麥——沉默的夏季——新潟郊區——教會傳道本部

新潟
七月四日

往新潟的船預計八點出發，伊藤卻在五點叫醒我，說船客滿了，馬上就要啟航，我們便匆匆收拾動身。不料，宿屋主人揹著我的大籃子跑到河邊，追上我這位辭行客人。兩條河流匯聚成大江，景緻殊勝，令人流連徘徊。晨曦繽紛柔和，逐漸轉為白晝，光線明亮卻不刺眼，氣溫暖和卻不悶熱。

這艘「郵船」（packet boat）[1]厚實牢固，長四十五英尺，寬六英尺，一名男子在船尾搖櫓，另一名男子則在船首操作一根套在紫藤輪的寬闊短槳。該處有一根約十八英寸長的槌球槌柄，每搖槳一次，槌柄便會振動。划槳或搖櫓男子頭戴傘笠，始終站立著工作。船隻前方與中央堆放米袋與數箱陶器，後頭搭設茅草屋頂。我們剛登船時，有二十五名日本人於後頭納涼，爾後陸續於沿岸村落下船。船抵達新潟時，只剩三個日本人。我將椅子置於貨物之上，坐著御風而行，深感愉悅。船行甚速，遠勝先前每日以十五到十八英里龜速跋涉泥濘地的艱辛路程。流水綿長，約莫十二英里，郵船「順沿津川湍流而下」。斷岸千尺，圍攏河面，岩石星羅棋布，或浮出水面，或沉於河底，水流數度形勢急轉，亦不時可見淺灘。郵船順流而下，迅如箭矢。據說船難頻傳，船夫需要長期磨練且頭腦冷靜，方能以高超技巧避開災禍。然而，眼前湍流直下，船身甚小，似乎不堪一擊。洪流浩瀚，郵船在八小時內行駛了四十五英里，船資只需三錢，亦即一先令三便士。然而，倘若逆流而上，恐將耗時五至七日，撐船搖槳亦甚為吃力。

郵船充滿濃濃的「本土味」，船夫有古銅色的肌膚，船尾有茅草屋頂，所有乘客皆把傘笠掛在桅杆上。我鎮日沉醉於這種歡樂時光。船行無聲，順流而下，悠然自得，空氣清新，沁人心肺。我未曾耳聞津川之美，乍然瞧見，令我喜出望外。此外，每行一英里，都讓我更接近新潟，得以收到期待已久的家書。我們一離開津川，立馬被重重山嶽阻擋，僅留岩石狹縫。船順流疾駛，險壁削面而逝，隨即於後方聚攏。此處草木繁茂，裸岩倏然突起，扣人心弦：蘇格蘭的奎雷英（Quiraing）[2]沒有如此赤裸露骨，德國萊茵河（Rhine）也沒這般荒涼，兩地之勝，遠不及此。偶見山峰相連，山脊寬度卻不及馬背，亦可見灰色巨石從山壁突出。激流劈開山勢，形成深邃峽谷，高處聳立寺廟，廟頂呈寶塔狀。陽光明媚，可見村落的尖聳茅草屋頂隱身於繁花繽紛的樹木中。從鄰近山脈的縫隙，可瞥見遠處雪峰。

從津川急速穿越這段十二英里的迷人景緻之後，便行至寬廣的河面。河水滔滔，蜿蜒穿過林木茂盛的平疇田野，後方偶爾環繞白雪皚皚的山岳。水上生活美不勝收。獨木舟比比皆是，有的裝著蔬菜，有的裝著小麥，有的則載著剛放學的男女學童。偶爾可見十幾艘白色起縐風帆的舢舨從深邃河面緩緩逆流而上，或者由一群嬉鬧叫囂的苦力拖過淺灘。然後，風景一變，成了寬闊深邃的河流，空氣中飄散沖積土植物散發的特有味道。河水靜靜流淌，兩岸竹林茂密，恰好遮掩周圍的田野。絲毫不見任何房舍，但可隱約感覺似有人煙。每隔幾百碼，就有一條通往叢林的狹窄小徑，河岸停泊一條獨木舟。猶如絞架的建物不斷出現，可見一根用來迴轉的竹竿，一端吊著水桶，一端掛著石頭，暗示岸邊住戶會在河邊取水。只要河岸出現清洗場，定能瞧見人們用長柄杓把水潑在馬背上替牠們洗澡，赤裸孩童也會在泥濘裡翻滾。雞鳴人聲與工作場所發出的聲響，從岸邊茂密樹林傳出，漾漾盪盪傳入耳中，透露河岸人口密集。午後炎熱沉悶，船夫與我獨醒，感覺如夢似幻，甜美怡人。我們順流而下，偶見葡萄園藤蔓攀緣於水平棚架，或瞧見長為四十英尺的竹竿，水平釘於二十英尺高的杉木上，其上掛滿曝曬的大麥捆。

還有更多的森林，令我墜入更多的夢境，然後森林和豐富的草木消失無蹤。河流倏然開闊，迎向低矮的平野，沿岸為卵石與沙地。到了三點，我們便抵達新潟郊外。該處房舍低矮，屋頂壓著成排石頭，沿著沙地並排而建，其後為砂丘地帶，上頭生長樅木林。河邊林立許多設置緣廊的茶屋，宴會民眾邊喝清酒邊看藝妓表演，興味十足。然而，整體而言，河邊街道破舊不堪，這個日本西岸靠海的大城市[3]著實令人失望。我很難想像這是一處通商口岸[4]，因為我既看不到海，也看不到飄揚的領事館旗幟。

此處運河眾多，乃是農產品與貨物的運輸通道。我們沿著其中一條運河擺船前進，在新潟市中心與數百艘裝滿貨物的小船擦身而過。經過多方詢問，我們總算抵達教會傳道本部

（Church Mission House）。這棟木造建築臨近日本官廳，沒有緣廊，也沒有樹木遮蔭。費森（Fyson）夫婦在此熱烈歡迎我。

這棟房舍簡單樸實，精巧卻不便；然而，門戶與牆壁卻裝飾華麗。你無法想像在歷經日本人的喋喋不休與舉止失措之後，能身處精緻的歐式家庭有多麼令人愉快。

I. L. B.

從日光至新潟的旅程表

（鬼怒川路線）

從東京啟程	戶數	里	町
日光		三六	
小百	六	二	一八
小佐越	一九	一	一八
藤原	四六	二	一九
高原	一五	二	一〇
五十里	二五	二	
中三依	一〇	一	二四
橫川	二〇	二	二一
系澤	三八	二	三四
川島	五七	一	四
田島	二五〇	一	二一
豐成	一二〇	二	一二
跡見	三四	一	
大內	二七	二	一二
市川	七	二	二二

大約二四七英里

高田	四二〇	二	一一
坂下	九一〇	三	四
片門	五〇	一	二〇
野澤	三〇六	三	二四
野尻	一一〇	一	二七
車峠	三		九
寶澤	二〇	一	一四
鳥井	二一	一	
榮山	二八		二四
津川	六一五	二	一八
新潟	五萬人	一八	
	合計	一〇一里	

1 譯註：走水路運送郵件的船隻，盛行於十九世紀與二十世紀初期。由於郵政收入不敷成本，多數郵船會順道載客與送貨。

2 譯註：亦即天空島，其鋸齒狀山峰名聞遐邇，如同夢幻的中世紀景像。

3 譯註：新潟是新潟縣的縣治，也是日本海側最大的都市，是早期開放對外通商的口岸之一。

4 譯註：一八五八年，日本與列強簽訂《安政五國條約》，被迫開放神奈川（橫濱）、長崎、神戶、新潟與函館等五處港口。

第十六封信

惡劣的天氣——蚊蟲侵擾——缺乏對外貿易——難以整治的河流——社會進步——日本城市——運輸水道——新潟花園——露絲．費森——穿棉襖的民眾

新潟
七月九日

我已在新潟停留一週以上，明日就得抱憾離開。我之所以遺憾，乃是要告別新朋友，而非留戀此地。我未嘗經歷比過去一週更為惡劣的天氣。太陽僅露臉一次，山岳近在三十英里之外，卻壓根未曾顯露身姿。褐灰色雲層密佈，空氣潮濕，氣流凝滯，白晝為華氏八十二度（攝氏二十八度），夜晚只約略降到華氏八十度（攝氏二十七度）。人人都倦怠且食慾不

振[1]。入夜之後，絲毫不覺涼意。無數蟲子取代了白天擾人的蚊子，牠們或飛、或爬、或跳、或跑，皆能叮咬肌膚。腳有斑點的惡棍畜牲，冷不防便會嚙咬或毒害人。一旦夜幕降臨，蚊子便成群飛舞，四處叮人。新潟位於沙礫之上，氣候炎熱，地貌光禿，除了街道與公園，沒有任何步道。除非爬上木造晾臺（物干し台）的頂部，否則無法綜覽這座城鎮。

新潟屬於通商口岸（開港場），卻沒有對外貿易，城內幾乎不見洋人。無論去年或今年，沒有一艘外國船隻前來造訪。此地只有兩家德國人經營的外國商社。全城只有十八名洋人，除了傳教士，其餘皆受聘於政府。新潟有日本第一長河，名為信濃（Shinano）川。信濃川及其支流水量豐沛，而日本河川通常遍佈從山頂沖刷而下的砂礫與鵝卵石，淤塞嚴重。除了堅硬石壁夾道的河川，多數河床充滿砂礫、巨石與鵝卵石，水流會在沙堤與淺灘之間蜿蜒迂迴。日本每年或多或少會爆發山洪，大量洪水奔流而下，沖刷河床沉積物，將砂礫與岩屑帶至河口，最終堆積於沙洲邊。在這類河流中，信濃川是最大的一條河，因此最難治理，其河口沙洲淤積嚴重，只有一條穿越其中的水道，僅七英尺深，仍在不斷淤積變淺。工程師耗費了不少心思治理信濃川，因為日本政府急於挖深這條水道，意欲讓西日本成為一處港口（此地並非天然港口）；然而，這項工程得耗費巨資，新潟的海上交通，目前只能仰賴帆船與在外側停泊的少數小型日本汽船。[2]本地雖有英國副領事館，但各國只會將此地當作跳板，根本不願意在這個沉悶的偏遠城鎮設置前哨站。

然而，新潟是繁榮的美麗城鎮，居民有五萬人，乃是富裕的越後地方（Echigo）首府。越後有一百五十萬人口，而新潟是縣令（Kenrei，縣知事，類似中國省長）的住所，首席法院所在地，更有優良的學校、醫院與兵營。我非常好奇，不知能否在這個與世隔絕的城鎮找到足以號稱大學的學校，因為此地有中學、小學、師範學校、一間英國和美國老師籌辦的英語學校（有一百五十名學生）、工業學校，以及地質博物館，館內有裝備精良的實驗室以及被認可的最新科學與教育設備。費森先生家附近聚集的日本官廳皆為漆成白色的木造建築，量體龐大，窗戶甚多，雄偉壯觀。新潟有間歐洲醫生指導的大醫院，[3]附設一所醫學院。這間醫院、縣廳（Kencho）、法院（Saibancho，裁判所）、各所學校、兵營，以及一間最宏偉的大型銀行，無不展現前衛進取的歐式風格，外觀大膽炫目，格調卻顯低俗。另有大型公園，規劃得當，鋪設精緻的碎石步道。有三百盞街燈，燃燒本地出產的礦油（mineral oil）。

然而，惡名昭彰的信濃川不斷阻斷新潟的對外海路（本地的天然公路），使得這個日本最富有省份之一的首府「遭到冷落」。後越國[4]不僅出產大量白米、絲綢、茶葉、大麻，人參與靛藍染料，也有金、銅、煤和石油等礦產，但多數物產必須仰賴馱馬穿山越嶺，方能送至江戶，其中途道路崎嶇難行，與我前來的坑坑窪窪路段相比，實在不遑多讓。

新潟官廳街展現邁向西洋文明的開化姿態，但與純日式的舊街市相比，則明顯遜色不少。舊街市乾淨整齊，可謂我迄今見過最為舒適的城鎮景象，絲毫沒有洋人居留地擁擠不堪的模樣。此地素以美麗的茶屋聞名於世，吸引來自遙遠異域的遊客，還有卓越的劇場，乃是這廣袤地區的休閒娛樂中心。新潟如同日光，街道整齊乾淨，我實在不敢穿著泥靴在這般潔淨的街道上步行。愛丁堡（Edinburgh）當局不妨以此為借鏡，此地無用的稻草、木桿或紙張會立即被清理乾淨，除了有蓋的箱子或垃圾桶，垃圾絕不落地。整個城鎮劃分為方形區塊，儼然齊整，有五條長為一英里的主幹道，各種短街橫切而過，運河也縱橫交錯，此乃新潟真正的交通路線。街上不見馱馬，物資皆靠

運河。

船隻運送，城內幾乎不見民房，因為靠運河運送物品，無法將物品送至家門口附近。這些運河鎮日壅擠忙碌。清晨之際，船隻裝滿蔬菜，人聲鼎沸，喧鬧情景難以描摩。本地居民要過活，非得仰賴這些蔬菜不可。眼前隨處可見滿載黃瓜的船隻。運河通常位於街道中央，兩側道路甚為寬闊。此外，運河遠低於路面，幾近垂直的堤面釘著整齊的木材，偶有間隔空隙，會設置供人上下的樓梯。運河邊緣有成排樹木，以隨風搖曳的楊柳居多。河水在楊柳間緩緩流淌，洋溢寧靜安詳之氛圍，偶見迷人曲橋，彼此相隔不遠，輕盈臥波而過。此情此景，誠屬新潟魅力之所在。

此地房舍有陡峭的岩板屋頂，上頭壓覆石塊。每戶住宅高矮不一，上方樓層的陡峭山牆皆面向街道。新潟街道展現迥異於普通日本城鎮的亮麗風光。房舍遊廊深邃，無不與街衢相連，寒冬飄雪之際，可形成一道有屋簷遮蔽的長廊。運河沿岸有成排的樹木、精緻的公園與乾淨亮麗的街道，這個城鎮果真魅力十足。然而，新潟是近期才有長足的進步，此乃現今擔任東京府知事的楠本正隆（Masakata Kusumoto）[5]所主導完成。無論哪個角落，全然不見貧窮景象，居民也樸實低調，深知財不露白之理。本鎮有個特色，就是街旁許多住家有突出的木板條窗戶，從屋內向外眺望時不會被路人瞧見。然而，當我們於夜幕低垂時從帕姆博士（Dr.

Palm）住處步行返家時，會瞧見多數住戶點燃行燈，民眾幾乎赤身露體，圍坐於火鉢旁。

房舍正面異常狹窄，卻會向後頭極度延伸，令人驚訝。屋內常設置花園，種植花卉與灌木，當然也會引來蚊子。偶見數道曲橋，從街道望去，恍若迷人仙境。日式房屋的主臥房皆位於後頭，因此可眺望精緻的迷你造景。稱其為迷你，乃是各類景緻都巧妙濃縮至不到三十平方英尺的空間。池子、岩石、曲橋、石造燈塔、斜拖曲結的松樹，皆為造景要素。只要環境許可且技藝可及，還會納入各類古樸建物，譬如小型亭閣；供品茗、讀書與休憩的幽靜之處；有頂篷的垂釣處與飲酒作樂的休閒場所；青銅打造的寶塔；口中流瀉瀑布的銅雕神龍；岩石洞穴，池裡悠游著金色與銀色魚兒；點綴小島的池子；橫臥溪流之上的綠橋，橋高僅容老鼠或青蛙穿越；青翠草坪與石板，雨天可踩踏石板而過；另有石窟、小山、山谷、小型棕櫚、蘇鐵與竹子。此外，可見各種紫色與深綠色樹木，被形塑成駭人的走獸模樣，亦或從小湖上方伸出扭曲的枝枒。

我曾數度與新潟當地唯一的歐洲女士費森夫人一起出門閒逛，陪同的還有她三歲的美麗撒克遜女兒露絲（Ruth）。一大群民眾看見我這位金色捲髮及肩的白人，甚感著迷，於是尾隨我們。無論男女，人人皆如同對待嬰兒般溫和對待我們，露絲非但不害怕，還對民眾微笑並以日式禮節鞠躬，甚至以日語同他們聊天，似乎遺棄了我們這兩位洋人同胞。要讓露絲緊隨在旁甚為困難，有兩到三次，她甚至脫離了我們的視線，害我們得回頭找她。不料，她卻在數百人圍觀下以日式姿態端坐，接受人們的歡呼與讚賞，絲毫不容脫身。日本人熱愛兒童，但歐洲兒童不宜常接觸他們，因為日本人會敗壞童稚的道德，並且教他們說謊。

新潟及越後的多數地區與山脈和對側地區相比，氣候顯然不佳。對側受北太平洋黑潮影響，氣候溫暖，每到秋冬，大氣穩定，溫度宜人，豔陽高掛於湛藍蒼穹，乃是一年中最舒適的季節。反觀此地，平均降雪日達到三十二日。運河與河川都會凍結，甚至平日洪流滔滔的信濃川偶爾也會結冰，馬匹便可在河面行走。一月與二月時，積雪深達三到四英尺，烏雲遮天蔽日，人們會聚在上方樓層曬太陽。此時，馱馬運輸會中斷，行人得穿著笨重雪靴四處跋涉，而有半年時間，此地沿岸飽受強勁的寒冷西北風吹襲，船隻難以航行。居民穿著厚重棉襖，只露出雙眼，沿著街邊長廊緩慢前行。民眾不出門時，便會圍坐於火缽旁打顫，因為此地夏季溫度雖可達華氏九十二度（攝氏三十三度），冬季卻會驟降到華氏十五度（攝氏零下九度）。然而，新潟位於北緯三七度五五分，比義大利那不勒斯（Naples）[6]更偏南三度！

I. L. B.

1 譯註：新潟屬於典型的日本海側氣候，冬季會降大雪，夏季偶有焚風，空氣乾燥，氣溫會急遽上升。

2 原註：這些汽船不適合載客，而我曾經將行李利用汽船托運至函館（Hakodate），不料卻遇上了令人惱火之事。允許外國人將私人行李從某個通商口岸寄送到另一個通商口岸應是天經地義，根本就不該辦一些瑣碎的手續。我只能請伊藤用他的名字，替我將行李寄給一位住在函館的日本人，但他根本不熟識此人。

3 原註：這家醫院很大，通風良好，住院病患雖不多，但求診病人特多，特別是眼炎患者。日本主任醫師認為，眼炎之所以盛行，乃是因為本地濕氣重、砂地與雪會強烈反射陽光，以及民眾燒木炭卻通風不足。

4 譯註：日本古代的令制國，屬北陸道，其領域相當於今日的新潟縣。

5 譯註：前任的新潟縣知事。

6 譯註：那不勒斯冬季的溫度不會低於攝氏零度。

第十七封信

新潟運河邊——可怕的孤寂——禮貌——帕姆博士雙苦力拉動的人力車——喧鬧的祭典——顛簸的旅途——山區村莊——淒冷的冬季——與世隔絕的小村莊——擁擠的住宅——騎牛前行——酒後亂性——被迫休憩——當地人不給予鼓勵——揹負重荷的苦力——不見乞丐——前行緩慢

市野野

七月十二日

我要離開新潟時，一大群溫和的居民聚在運河邊圍觀。我們一行人有兩位西洋女士、兩名金髮兒童、一頭長毛洋狗，以及一名外國紳士（倘若沒有與前面的人狗隨行，可能沒人會注意他）。本地人把孩子扛在肩上，費森夫婦在運河盡頭向我辭行。

我搭乘一艘舢舨，急速衝向信濃川，水面寬廣，渦流湍急，行險之際，一股可怕的孤獨感襲上心頭。舢舨橫越信濃川之後，船夫以篙撐船，逆流而上，渡過築堤狹窄的新川（Shinkawa），在洪流滔滔的阿賀野川上奮力前行，爾後抵達狹窄污穢的加治川（Kajikawa），此時受阻於一長串運載臭不可聞的糞肥船隻，然後又在無止盡的西瓜與黃瓜田中前行，這種奇妙的河上風光令我驚嘆不已。船夫辛苦撐船六個小時，總算抵達了木崎（Kisaki）。算一算，恰好完成十英里的旅程。我們接著搭乘三輛人力車，苦力拉著車子疾奔二十英里，每里路程僅收四錢五厘，車資非常便宜。我們在途中還曾發現道路被板子封閉，隨行人向村長報告我是出外旅遊的洋人，他便准許我們通行。陸運公司代理人陪我走這一段路，只想確定我能「一路通行無阻」。

在今天的旅程中，沿路人口稠密卻不擁擠，農村接連出現，有築地（Tsuiji）、笠柳（Kasayanage）、真野（Mono）與真里（Mari）。這些村落清潔整齊，許多農家設置竹圍籬防止路人窺探。總體而言，此區是優美的村野，居民雖赤身裸體，但看起來既不顯貧窮，也不骯髒。本地土壤細緻輕盈，放眼望去，盡是沙地。老實說，此地乃貧瘠不毛之地，僅容松樹生長，四處沙丘連綿，只見細長的歐洲赤松與樅木林；然而，丘陵之間的低地卻充分施肥與悉心耕作，隨處可見作物茂盛的菜園，栽種猶如豌豆的黃瓜、西瓜、菜南瓜（vegetable marrow）、芋頭、地瓜、玉蜀黍、茶葉、卷丹（tiger-lilies）、大豆與洋蔥；尚有廣闊的果園，園內有蘋果與梨子，圍繞著八英尺高的棚架生長，呈現一幅奇特景觀。

我們整日都朝著東方綠樹盤據的山岳邁進，但沿途草木稀疏，稻田亦屬罕見，而且空氣乾燥，令人頗感不適。當拉車苦力愉悅奔跑於松林沙丘，我巧遇了帕姆博士，他剛出完醫療兼傳道任務，兩名赤裸苦力正拉著他的車疾速奔馳。我當時心想，愛丁堡醫療傳道會（Edinburgh Medical Missionary Society）最古板的理事若見到帕姆博士搭人力車的模樣，可能會非常震驚！我自忖，未來幾週，我恐怕再也看不到任何歐洲人了。我們在名為「簗地」的乾淨小村莊換了人力車，接著在碎石道上一路顛簸前往中條（Nakajo）。中條是個大城鎮，根據條約規定，外國人可在新潟與此地之間的範圍活動。那裡的日本醫生與他處的日本醫生一樣，皆是帕姆博士的得力助手。帕姆博士認為，在這些醫生之中，有五、六位真誠熱心，專心一致，研讀過英國醫學著作。他們合開了一間醫療院（診所），在帕姆博士的指導下，甚至順利完成了無菌治療，即便他們先前曾灰頭土臉地失敗過幾次！

拉車苦力總愛快速衝過城鎮與鄉村，我們的車伕當然也疾馳過中條。出鎮時，天下著毛毛細雨，沿途樅木夾道，樹林甚深，有三到四棵樅木的縱深，一路從中條延伸到黑川（Kurokawa）。有幾英里的路段，人力車搖搖晃晃，行經潮濕的山谷，其間茶樹與稻田交互出現。我們行經數條危險橋樑，跨越了兩條遍佈沙石的黑川支流，然後騎馬喀噠作響地進入黑川。

該鎮掛滿旗幟與燈籠，居民齊聚於神社，殿內傳出咚咚作響的鼓聲。數名女孩濃妝豔抹，在有頂篷的高架舞台上跳舞或擺弄身姿迎神，此乃黑川的祭典。爾後，我們又出了城鎮，於黃昏中在樅木遮蔭下顛簸前行，最終抵達一間屋舍。屋主告知，其營業許可隔天才能生效，恕難接待我們，但他最後仍然妥協，允許我入住樓上客房。房間挑高僅五英尺，我戴著帽子入內時，幾乎無法站直。然後，屋主關上雨戶，房間頓時令人窒息。為何要封閉房子，理由稀鬆平常：倘若沒關雨戶，萬一遭小偷，警察不僅會嚴厲責備他，也不會費心替他找回失物。他沒有米飯，我於是改吃美味的黃瓜。我從未見過比本區居民更愛吃黃瓜的人。孩童鎮日都在啃咬黃瓜，甚至母親揹著的嬰兒都用力吸吮它們。眼下十幾條黃瓜只賣一錢。

天黑後才抵達宿屋，實屬不明智之舉。即使最好的房間仍空著，亭主也得花一個小時才能備妥食物和房間，而我也會遭蚊子侵擾而無法善用空閒時間。整晚傾盆大雨，伴隨著我登陸以來首度聽到的颼颼風聲；松樹斷斷續續沙沙作響，神社鼓聲亦遠揚而來，我在日出時（或日照下）歡欣起床，因為自我造訪此地，尚未見過日出或日落。

那日，我們搭乘人力車從關（Sekki）前往川口（Kawaguchi），時而在碎石路上顛簸前進，時而路經泥濘濕地，辛苦跋涉而過。此外，我偶爾得下車，沿著荒川（Arai）河上方惡名昭彰的馬道步行二到三英里。這段山道極為陡峭，兩名苦力聯手也很難推動空的人力車。此外，苦力得經常抬著人力車走一段距離。當我們抵達稱為川口的村莊時，他們已無法繼續前行。然而，我們只獲得一匹馱馬，我只好披著單薄的油紙防水斗篷，冒著傾盆大雨走最後一段路。

我們如今置身於日本巨大山岳地帶的中央，這片連綿不斷的中央山系縱橫九百英里，寬度介於四十英里到一百英里，分成無數的山脈，唯有跨越一千到五千英尺的險峻山頂才能橫越山脈。山岳峰峰相連，有無數的河流、峽谷與山谷。高聳峭壁與深邃峽谷林木茂密蓊鬱，川流湍急，偶爾會匯聚成山洪，山谷總見拾級而上的梯田。此區村莊皆群聚於山谷，我未嘗見過比這更為孤立之地，對外道路崎嶇難行，自絕於日本的其他地區。房舍破敗，男人夏季時只穿著兜襠布，女人則穿褲子，上身襯衫是敞開的。我們昨晚抵達黑澤（Kurosawa），發現婦女僅穿著褲子。此地罕見車馬交通，馱馬也不多，大村莊的牲畜頂多一到三頭。所謂的商店，只賣基本的生活必需品。居民主食不是稻米，而是黍類和蕎麥，加上日本隨處可見的蘿蔔。

此區夏季氣候潮濕，冬季異常寒冷。時值夏季，人們若被雨淋濕，返家後得坐在暖爐旁烤火來暖和指尖。烤火時往往會被燻得睜不開眼睛，淒風冷雨會拍打著破裂的紙窗。潮濕的冷風會將灰燼吹到疊蓆上，除非房子入夜後密封，颼颼冷風才不會繼續灌入屋內。這些居民從來不知舒適為何物。在漫長的冬季，崎嶇不堪的馬道被大雪封阻，刺骨寒風強烈吹襲，行燈發出微顫的火光，冒著煙燻，一家人瑟縮於燈火周圍，既不工作，也不讀書或遊玩，只會打寒顫，無聊度過漫長寒冷的夜晚。他們如同動物，聚在一起取暖，雖不至於落入赤貧，生活卻可謂悲慘至極。

當我那晚進入名為「沼」（Numa）的村落時，看到了當地最慘的生活狀態。村子的斜坡道路上流瀉著一條漫溢的河流，居民正忙著阻擋河水流入家中。我被雨淋濕且疲累，前往一間破敗的宿屋，出門遇見我的女人說道：「非常抱歉，此處很骯髒，不適合招待您這位貴客。」她說得沒錯，這間宿屋得攀爬梯子才能上去，而且窗戶破爛不堪，火鉢裡沒有木炭，也沒有雞蛋，米飯很骯髒，佈滿了黑色小種子，似乎不適合吃下肚。最慘的是，這個小村落沒有運輸廳（Transport Office，駅〔驛舍〕），連馱馬都沒有。我只好在翌日早晨前往五英里外的一處農家，與其討價還價之後才取得馬匹。

倘若要估算日本的居民人數，通常只要將房舍數目乘以五即可。然而，我懷著好奇心，穿越過「沼」時便請伊藤翻譯掛在屋舍外頭的名札（姓名牌）內容，其上記載住戶的名稱、人數與性別，沒想到二十四戶人家竟然擠了三百零七人！某些家庭甚至四代同堂，包括祖父母、父母、長男及其妻小，另有一到兩名女兒與她們的丈夫和孩子。長子繼承了房屋與土地，幾乎會讓妻子住進父親的房子，而妻子經常就會變成婆婆的奴隸。礙於嚴苛的習俗，女子婚後得放棄本家的親人，將「孝順」從母親轉移到婆婆，然而，婆婆通常會討厭媳婦，假使媳婦沒生個一男半女，婆婆便會叫兒子把媳婦休掉。我入住宿屋的女亭主便要求兒子與妻子離婚，藉口很糟，只說媳婦好吃懶做。

女亭主指出，「沼」的村民沒見過洋人。因此，即便隔日清晨仍下著傾盆大雨，大批村民仍聚在宿屋外頭圍觀。他們想聽我說話，我便在眾目睽睽之下指示伊藤辦事。昨日旅途艱辛，我們沿著名為二井（Futai）、鷹之巢（Takanasu）與榎（Yenoiki）的巨大山頂艱苦上山下坡。峽谷林木茂密，劈裂森林覆蓋的山脈，偶然能見到會津的冰山雪峰，白雪皚皚，銀光奪目，打破眼前單調的森林綠海。每隔幾分鐘，就得為馱馬解開並重新繫上草鞋，我們一小時只能走一英里！

最後，我們只能前往名為玉川（Tamagawa）的小村落，住在一間很糟糕的房子。然後有人告知我們，先前有一位米商在此等候三天，將當地馱馬悉數取走。我們討價還價了兩個小時，總算雇到了一位搬運行李的苦力，但有些行李還得讓搬米的馱馬幫忙馱運。他們還替我準備了一匹掛著馬鞍的馬，那匹馬猶如一頭臃腫的牝牛。我騎著牠安穩翻越了風光明媚的大里峠（pass of Ori），下坡後抵達名為「小國」（Okimi）的城鎮。鎮內皆是稻田，我很高興能與數名苦力一起圍著炭火躲避傾盆大雨。我們後來又找到另一頭馱載行李的牛，便接著步行過稻田，走上坡前往黑澤，打算在那裡打尖投宿。可惜，當地沒有宿屋，只有一間讓旅人投宿的農舍。這間農舍位於污穢池子旁邊，屋內漆黑，充滿刺眼的煙霧，而且骯髒不堪，住著一大堆蚊蟲。我雖然非常疲憊，仍想繼續前進。然而，天色漸暗，此地沒有驛舍，村民又想藉機敲詐勒索，使得伊藤智窮計盡，不知所措。當地農民害怕鬼魂與各類魔鬼，入夜後不願意外出，很難誘使他們在晚上動身出發。

沒有乾淨的房子可供我們休息，我便坐在一塊石頭上，思考了一個多小時，想著這個村子的人。孩童頭上長著疥癬，眼睛發紅腫脹。每個女人都揹著一個嬰兒，每個腳步踉蹌的孩童也都揹著一個嬰兒。女人只穿著棉褲。一名婦女喝醉酒，步履蹣跚，搖搖晃晃，醜態百出。伊藤坐在一塊石頭上，把臉埋在手裡。我問他是否不舒服，他語帶悲傷回答：「我不知該怎麼辦。讓你看到這種景象，我感到非常羞愧！」伊藤只有十八歲，我十分同情他。我問他日本女人是否經常喝醉，他說在橫濱，女人確實會喝醉，但通常都在家裡喝酒。伊藤指出，當女人的丈夫在月底給她們錢去付帳單時，女人經常就會把錢拿去買清酒。她們偶爾去商店買清酒時，會叫老闆把帳記成買白米或茶葉。「真是老掉牙的故事！」我看著這些不當行為與野蠻行徑，心想這是否確實是我從書本認識的日本。然而，這位穿著不得體的女人不願意收下我付的二錢或三錢休息費，她說我只喝水，沒有喝茶。當我強迫女人收下後，她又把錢退給伊藤。我看到這種美德，稍微扭轉了對日本的看法，動身出發時頗感欣慰。

此地距離「沼」[1]只有一里半，我們卻已翻越朴之木峠（pass of Honoki）[2]，步上步下數百個粗石階。在暗夜之中，此路並不好走。我在這處山頂首度看見樺樹，下山之後，我們經過一座精緻橋樑，然後抵達山形縣（Yamagata ken），不久便來到這個村莊，此地只有一間破舊農舍可借住。除了兩個房間，其餘房間都用來養蠶，但這兩個房間都很棒，可以俯視庭院中的小湖和假山。唯一不便的是，我無論進出房間，都得先經過另一個房間。有五名菸草商人住在那裡，等待著去運送菸草。他們閒暇時，不停撥弄三味線，奏出憂鬱樂調，令人煩心。由於無法雇到馬匹或牛隻，我只好在此安靜度過一日。我早已筋疲力盡，很慶幸可以好好歇息一番。當我的脊椎異常疼痛時，伊藤總是擔心害怕，誤以為我會死掉。當我病況好轉時，他曾這般告訴我。然而，他只是暫時掛心，而且態度冷淡，令我感到不悅。

伊藤認為，我們永遠無法穿越日本內陸！布倫頓先生的日本大地圖很棒，卻沒有記載這個地區，只有標記著名的山形市，以及畫出我們抵達此地的路線。我們大半個晚上都在研究能取得的日本地圖，或者詢問宿屋主人、驛舍人員或任何偶遇的旅人。只是這些人對於數里外之地根本一無所知，而驛舍人員也不會告知下一個驛舍的資訊。當我詢問我打算踏上的「人煙罕至路線」時，人們總是如此回答：「這條路崎嶇難行，需得翻山越嶺」、「要越過許多洶湧的河流」或者「只能寄宿於百姓的農舍」。他們不會鼓勵我們，但我們只能埋首前行，而我也確信自己能繼續旅程，雖然我目前身體不佳，最好別踏上艱險的路途。

此地幾乎不豢養馬匹。牛隻和苦力得揹負多數商品，男男女女也都得揹負重物。一名苦力大約可揹五十磅的行李，但商人從山形前來時，其實會要求苦力揹負九十到一百四十磅以上的貨物。我見到這些可憐苦力氣喘噓噓地揹負重物翻越山頂，著實替他們難過。昨晚，有五名苦力坐在山脊上喘息。他們搬運時，眼睛都向外突出，而且身形消瘦，青筋突起，全身肌肉都在顫抖，顯然非常痛苦。蟲子成群，難以驅趕，紛紛囓咬他們，只見他們赤裸的身軀流出細細的血絲。他們汗流浹背，又把血跡沖刷掉。此乃真正的「汗流滿面（才得餬口）」（in the sweat of their brows）[3]，這些苦力為了家人溫飽而辛勤勞動！他們受苦受難，努力工作，是真正自食其力的人。

我在這個奇特的地區，從未見過一個乞丐。女性苦力會揹負七十磅的貨物。這些苦力會在背上披著一層厚厚的編織稻草。稻草上有個梯子，底端如同雪橇向上翹起。高聳的貨物會仔細堆疊於梯子上，從苦力的腰際一直堆到頭部上方。貨物會用防水紙覆蓋，以繩索牢牢繫住，上頭覆蓋稻草，並且由苦力鎖骨下方的寬闊襯墊帶支撐著。當然，苦力幾乎要彎腰走路，但這種姿勢會令人非常痛苦，所以他們必須經常停下來挺直身軀。除非能遇到高度恰好的土堤，否則他們只能拿出隨身攜帶且頂部為 L 字形的粗壯短桿，將貨物底端放在桿子上來休息。本地常見苦力揹負重物前行，另有大批會叮咬肌膚的紅螞蟻，以及不斷騷擾苦力的牛虻或馬蠅。

我們昨天花了十二個小時才走了十八英里！市野野（Ichinono）是非常美麗的村落。村民勤奮工作，與別處村落一樣，專門飼養蠶，四處可見草薦上擺著要曬乾的純白色和硫黃色的蠶繭。

I. L. B.

1 譯註：應指黑澤。

2 譯註：黑澤峠。

3 譯註：字義是「通過眉毛上的汗水」，引申為「透過辛勤勞動或出賣血汗」。語出《聖經．創世紀》，亞當偷食禁果而受罰時，耶和華對他說了這句話。

第十八封信

美麗的牛隻——日本人對洋人習慣的批評——愉悅的休憩——待人禮貌——米澤平原——遭人誤認——紀念難產而死的母親——抵達小松——宏偉的宿屋——兇惡的馱馬——亞洲的阿卡迪亞——美麗的溫泉地——美女——倉庫

山之上

我們在深山跋涉數日，抵達了別處地區。清晨風和日麗，我們一早便帶著三頭搬運行李的牛隻從市野野出發。這些牲畜（連同小牛）非常美麗，有小鼻子和短角，背骨筆直，身軀厚實，我騎著其中一頭牛向前行。我原先打算擠點新鮮的牛奶。但旁人只知小牛會吸母牛的奶水，渾然不知人也能喝牛乳，我話一說出口，立即引發哄堂大笑。伊藤告訴我，村民認為這種事「非常噁心」，而且日本人認為，洋人把「如此腥臭之物」加入茶中「最為噁心」！

此地牛隻皆披覆棉布，布上印著青色神龍。棉布懸於牛肚下方，可阻擋濺起的泥土與避免牛隻遭昆蟲囓咬。牛隻穿著草鞋，靠著穿過牠們鼻子軟骨的繩索來驅使。是日天氣晴朗，眾人忙著運送白米與清酒。我們遇到了數百頭馱負貨物的牛隻，這些牲畜皆屬同種，身軀美麗，平均四頭成一批運貨隊伍。

我們越過了櫻峠（Sakuratoge），該處遠眺的景色美麗迷人。我們接著在名為「白子澤」（Shirakasawa）的山村雇到馬匹，隨即翻越更多的山頂，午後便抵達名為「手之子」（Tenoko）的村莊。我一如既往，坐在驛舍緣廊，等著雇用一匹閒置的馱馬。那是一間大店鋪，不過沒有販售任何歐洲商品。一群婦女和孩童聚在一個房間，圍著柴火坐著，代理人像往常一樣，坐在一張高一英尺的桌子前，桌面擺著數本帳簿，他的孫子則躺在桌上的蒲團上。伊藤吃了七盤噁心的食物，他們則給我送上清酒、茶水、米飯與黑豆，黑豆尤其美味可口。我與代理人聊了一下日本，他便請我用英文在一本帳簿上寫下他和我的名字。此時，門外聚集了大批民眾，前排人盤坐於地，以免阻擋後排人的視線。圍觀人群渾身髒兮兮，擠得非常靠近。驛舍女人發現我感到悶熱，便拿出團扇替我搧涼，搧了整整一個小時。我詢問收費價格，她們不想報償，亦不願收取金錢。這些人說道，她們沒見過洋人，收了錢便覺得可恥，而且我已經在帳簿上留下「尊名」。不僅如此，她們還送我一包蜜餞，代理人甚至在一把團扇上寫下他的名字，堅持要我當禮物收下。遺憾的是，我沒有物品可回贈，只能送幾根英國製飾針。村民沒瞧過這等飾品，立即爭相傳遞欣賞。我告訴他們，我日後若回憶起日本，必定會想起他們，又說她們親切萬分，令我銘感於心。

此區山脈險阻難行，層巒疊翠，峰峰相連，頂峰眾多，高聳的宇津峠（pass of Utsu）乃是最後一處山頂，沿路舖設供人上下的石階。我站在這座高峰，沐浴於和煦暖陽，俯視腳下著名的米澤（Yonezawa）平原，心情愉悅舒爽。米澤平原號稱日本花園之一，長約三十英里，寬約十至十八英里，林木茂密蔥鬱，灌溉設施齊備，富庶城鎮與村落星羅棋布，周圍環繞崇山峻嶺，但群山並非全然披覆森林。即使時值盛夏，平原南端的山脈依舊覆蓋著白雪。

我們抵達名為「松原」（Matsuhara）的農村之後，走在一條長長的街道上。一名男子跑到我的前面對我說話，令我飽受驚訝。伊藤迎上前去大聲斥喝他。原來這個人誤以為我是愛奴人（Aino），此乃被日本人征服的蝦夷（Yezo）[1]原住民。我還曾被誤認為中國人！

我走遍整個越後地方，偶爾會看到安靜小溪上方懸掛著一張四角綁在四根竹棒的棉布。

後面通常有一片窄長的木牌（木札），頂部有切口，類似於墓碑，其上書寫文字。有時可見竹棒的空心頂部插著花束，棉布上也會書寫文字。棉布中總會置放一把木製杓柄。我們從手之子下行之際，看到路旁有這種物件。當時，一名和尚拿著盛滿水的杓柄澆水，緩緩弄濕棉布。和尚離去時與我們同行，便向我們解釋箇中含義。

據他所言，木牌刻著一名女子的「戒名」（kaimiyo），亦即她死後的稱號。這些花朵與墳墓的獻花意義相同。倘若棉布上書寫著文字，便代表著名的日蓮宗（Nichiren sect）祈禱文《南無妙法蓮華經》。往棉布倒水時，通常會一起數念珠祈禱。整個過程稱為「流れ灌頂」（The Flowing Invocation，流水灌頂）。我未曾看過比這更令人傷悲之事，這代表某位欣喜於為人母的女子不幸難產而死，被打入稱為「血池」（Lake of Blood）的佛教地獄受苦，以償還前世業障（此乃普遍的庶民信仰）。從旁經過的路人要向棉布澆水，以減少這名痛苦女子所受的責罰，因為只要棉布被水沖破浸爛，她便可脫離苦海。

下山之後抵達米澤平原，可見幾處突起的堤防。從山腰踏出一步，便能踏上平坦地面。山脈與平地匯合處，皆為多沙礫之乾土，茂密松林叢生。從房舍外觀判斷，此區應更為整齊清潔，百姓生活也更為安樂。我們步行了六英里，從手之子走到小松（Komatsu）。小松是環境優美城鎮，居民有三千人，棉製品、絹絲和清酒貿易鼎盛。

當我進入小松時，第一個遇見我人匆忙掉頭，向著第一間房舍叫喊：「大家快看，洋人來了。」正埋首工作的三名木匠隨即扔下工具，沒穿上衣服便往街上奔跑，邊跑邊大聲宣傳這項消息。當我抵達宿屋時，一大群人爭相推擠，就為了看我一眼。宿屋玄關毫不起眼，入內後卻有一條小溪流遍整棟建築，待我步過橫越小溪的石橋抵達後院時，看到了一間寬敞的房間，長四十英尺，高十五英尺，向著花園敞開，園內有一方池塘，金魚悠遊其中。另有一座五重塔、盆栽與各種小型飾物。拉門糊著青色褶皺紙（縮緬紙），上頭塗覆金漆，將此「迴廊」分為兩個房間。然而，此處毫無隱私，民眾紛紛爬上後頭屋頂窺探我。他們安靜坐著，直至夜幕降臨。

流水灌頂。

這些曾是某位大名（領主）的房間。黑檀樑柱與天花板金碧輝煌，疊蓆亦極為精緻，拋光的床之間裝飾著鑲嵌圖案的書桌與刀架；此外，九英尺長的矛懸掛於緣廊，塗漆握柄鑲嵌俗稱「維納斯耳朵」的貝殼。黑色的手水鉢鑲嵌圖案，精緻美麗，飯碗與碗蓋亦塗覆金漆。與其他宿屋一樣，這裡裝飾許多掛物（掛於牆壁的繪畫），上頭書寫斗大的漢字，代表曾入宿此處的首相、縣知事與著名將軍。亦可見到詩文掛物。我數度被人委託在這類掛物上落款。我星期日待在小松，但夜晚池塘蛙鳴鼓噪，睡得並不安穩。此處猶如多數城鎮，某些商店只販售類似泡沫的白色蛋糕，用來餵食珍貴的觀賞用金魚。宿屋家的女人與孩童每天都會到花園餵魚三回。

我要從小松出發時，宿屋內擠滿了六十人，屋外尚有一千五百人圍觀，圍牆上或緣廊滿滿是人，甚至屋頂都站滿了民眾。從日光到小松，我們都靠雌馬運載行李，但我在此處才首度遇到發飆的馱馬。兩頭兇猛的馱馬站在門口，頭被往下繫住，頸部拱起成弓狀。我上馬之後，群眾在後頭跟著，人愈聚愈多，喧嘩吵鬧，眾人踩著木屐，喀喀聲不絕於耳，馬匹飽受驚嚇，便扯斷轡頭。馬伕也受驚嚇，便放開馱馬。馱馬一邊踩著後腿在街上嘶鳴跳行，一邊用前腳猛踹，嚇得群眾東躲西藏。等到馬匹從警察局前奔馳而過，四名警察才合力將牠制伏。然而，被驅散的民眾再度匯集，前方又是一條更長的街道，我騎的馬也開始發狂。我環顧四周，看見伊藤的馬用後腳站立，把他甩到地上。我的那頭猛獸則跳過溝渠，不時嚙咬旁邊的路人。牠如同野獸，暴跳如雷，我雖熟知馬性，卻無技可施。我們抵達赤湯（Akayu）之後，遇上當地的馬市。馬匹的頭都被緊繫於柱子，只能嘶鳴狂叫，用後腳猛踹，此舉又激怒了我們的馱馬。牠們猛跳且用後腳站立，將伊藤與大半行李拋甩出去。當我下馬時，馬倏然站直身軀，將我拋摔於地。牠數度向我嚙咬並用前腳踹我，幸好馬伕手腳靈活，立刻替我解圍。我看到這些不聽使喚的畜牲，不禁想起一句老話：「必用嚼環轡頭勒住它，不然，就不能馴服。」（Whose mouth must be held with bit and bridle, lest they turn and fall upon thee.）[2]

此地盛夏極為炎熱，卻令人快意十足。會津雪峰連綿，於烈陽映照下光輝熠熠，毫無冰冷之感。米澤平原南部有繁榮的米澤鎮，北方則有泡湯者聚集的赤湯，乃是完美的伊甸園，風景亮麗如畫，猶如以畫筆描繪，而非犁耙耕作而成，盛產稻米、棉花、玉米、煙草、大麻、靛藍染料、大豆、茄子、核桃、西瓜、黃瓜、柿子、杏子與石榴；此地是風光明媚的富庶寶地，可謂亞洲的阿卡迪亞（Arcadia）[3]，自給自足且繁榮昌盛。此處豐沃，皆屬辛勤耕作的農民所有。百姓居住於葡萄藤蔓、無花果與石榴樹下，不受任何壓迫，在亞洲專制主義的陰影下，此乃特殊的景象。然而，大黑天仍然是主神，居民依舊物慾薰心。

這是一個迷人之境，人們勤勉工作，安居樂業，群山環繞四周，亮麗的松川（Matsuka）灌溉土地。處處可見繁榮美麗的農村，宏偉房舍有雕樑畫棟與厚實的屋頂，每間皆立於自身土地，隱身於柿子和石榴樹之間，葡萄棚架下有精緻花園，修剪齊整的成排石榴樹與柳杉遮住房舍，讓住戶保有私密的生活。我們除了路經或靠鄰吉田（Yoshida）、洲島（Semoshima）、黑川、高山（Takayama）與高滝（Takataki）等村莊，還看到五十多處村莊，其棕色的穀倉屋頂從樹林上方冒出。此地耕作樣式雷同，我瞧不見其中差異。吉田繁榮富庶，「沼」這個村落則貧窮落後；「沼」的農地為數不多，卻是從山坡開墾出來，與米澤平原日照充足的廣袤田地同樣整齊劃一，農民皆悉心耕作，依照氣候條件大量產出農作物。這種情況處處可見。日本沒有懶散之區。

我們在四英尺寬的道路上騎馬走了四個小時，沿途穿越這些美麗的村莊。然後，讓我吃驚的是，當我們搭船渡過一條河流之後，在津久茂（Tsukuno）發現一條地圖標為次要的道路，其實是一條寬二十五英尺的主要幹道。路況良好，兩側有溝渠，沿路有一排電線桿。一個嶄新的世界立刻在眼前開展。沿途走了數英里，隨處可見穿著整齊的路人、人力車與馱馬，另有貨車混雜其中。某些貨車有堅固的車輪，有些貨車的車輪有輪輻卻沒輪胎。這是一條馬車幹道，卻不見任何（四輪）馬車。在這等文明的環境中，仍可看到兩到四名肌膚赤銅色的苦力拉貨車，也會經常看到一對夫婦（男的赤身露體，女的赤裸上身）在拉車。天際懸掛著電線，下頭的人卻僅戴斗笠與拿著扇子，這種畫面極不協調，煞是怪異。此外，孩童拿著書本與石板，下課後正放學返家。

赤湯是個有硫磺溫泉的城鎮。我抵達之後，希望能睡個好覺，不料它卻是我遇過最吵鬧的地方。四條街道交匯之處是當地最擁擠的區域，隨處可見浴場，裡面擠滿男男女女，大聲潑濺著水。我入住的宿屋緊鄰浴場，約有四十個房間，幾乎每間都有幾位風濕症患者躺在疊蓆上，還有人彈奏三味線與撥弄古琴，四處騷亂喧囂，令人難以忍受。

於是，我又沿著一條康莊大道走了十英里，路經一片無趣的稻田與低矮山丘，終於抵達這裡。此處迎向一處小平原，四週圍繞高聳的礫石山丘，其中一座山丘上有名叫「上之山」（Kaminoyama）的城鎮，該鎮是一處溫泉場所，地點甚佳，住著三千人。此處正舉辦祭典；家家戶戶張燈結綵，懸掛旗幟，人群聚集於神社廣場，有幾處神社座落於高處山丘。上之山整齊乾淨，氣候乾爽，有位於高處的美麗宿屋，規劃花園的農舍，以及諸多橫越山丘的步道。據說此處是日本最乾燥的地區。倘若洋人能輕而易舉前來，會發現四面八方皆有風景如畫的郊遊去處，鐵定會將此地視為絕佳的養身勝地。

這是日本旅行的最佳路線之一。拜訪溫泉場所，看到日本人的習慣與娛樂，以及體驗與歐洲截然不同的文明，果真饒富趣味。此地溫泉含有鐵，而且硫化氫濃度甚高。我測過三個溫泉場所的水溫，分別是華氏一百度、一百零五度與一百零七度（攝氏三十七點七度、四十點五度與四十一點七度）。這些溫泉應該對風濕症極具療效，故能吸引民眾遠道而來泡湯。我經常向警察打探訊息，他們告訴我，大約有六百人在此地泡溫泉，通常每天會泡澡六回。我認為風濕症與其他疾病一樣，老派的日本醫生甚少要求患者注意飲食與生活習慣，只想開藥或用外部療法來醫病。倘若民眾不要只用柔軟的毛巾輕拍肌膚，轉而用毛巾猛力摩擦皮膚，應該可以大幅提升藥物或溫泉的療效。

這間宿屋非常大，住滿許多陌生人，宿屋女主人是位寡婦，體態豐腴，長相嫵媚，於高處山丘開了一間專供泡湯者住宿的精緻旅館。她有十一個孩子，其中兩、三位女孩身材高挑且風姿優雅。我盛讚了其中一位，她聽聞後面紅耳赤卻毫不介意，甚至領我上山丘參訪神社與浴場，同時參觀美如仙境的宿屋。她舉止優雅，風度翩翩，令我著迷。我詢問寡婦，這間宿屋開了多久。她自豪地回答：「三百年。」在職業世襲的日本，這並非不尋常的案例。

我的房間非常獨特，是位於傳統日式大庭院之中的「藏座敷」（kurazashiki，倉庫建築，英文為godown）。庭院內有個浴場，引入華氏一百零五度（攝氏四十點五度）的溫泉。我在池子內泡湯，感覺神清氣爽。昨夜蚊子眾多。如果這位寡婦與她漂亮的女兒沒用扇子替我搧風，我可能連一行字都寫不出來。我的新蚊帳非常管用。我一爬進蚊帳內，看到帳外數百隻嗜血的蚊子嗡嗡飛鳴卻無法越雷池一步，頓感欣喜雀躍。

山之上美麗的女人。

寡婦告訴我，旅館主人要花二円付招牌費，付一次即可，一流旅館的年度稅金為二円，二流旅館為一円，三流旅館為五十錢。此外，要花五円才能取得販賣清酒的許可證。這些「倉庫」（來日本的英國人稱為godown，源自於馬來語gadong）是防火儲藏室，乃是日本城鎮最醒目的建物，因為它們都塗上白色，其他建築則是灰色的；它們堅固耐用，其他建物則容易破敗。

我住在倉庫的下層，但鐵門是敞開的，入夜後該處會拉上一道拉門。我的房間擺放了一些物品。有兩個精美的佛壇，上頭兩尊佛像面無表情，整夜向外凝視。另有一尊美麗的觀音女神，此乃象徵長壽的神祇，誘我進入奇妙的夢鄉。

I. L. B.

1　譯註：北海道。

2　譯註：語出《聖經．詩篇》第三十二篇第九節。

3　譯註：古希臘風景美麗之境，以居民過純樸的田園牧歌生活而著稱。

第十九封信

繁榮富庶——囚犯勞役——新式橋樑——山形——假酒——官廳——舉止失禮——雪山

——破敗的城鎮

金山

七月十六日

我連續三日在平坦大道上前行，走了將近六十英里。山形縣非常繁榮進步、居民積極進取。離開上之山之後，隨即進入山形平原（plain of Yamagata），該區人口密集、栽種作物品類繁多，而且道路寬闊，往來交通熱絡，呈現富裕的文明景象。囚犯身穿印著漢字的單調紅色服裝，正賣力修理道路。這些犯人類似於英國的假釋犯（ticket-of-leave men），因為他們是以承包商與農民身分受雇，付出勞力賺取工資，除了得穿囚服，不受其他限制。

我在坂卷川（Sakamoki river）首度見到近代日本的堅固建物，那是一座剛竣工的石橋，我感到萬分欣喜。我向技師奧野仲藏（Okuno Chiuzo）自我介紹。這位日本紳士親切有禮，向我展示設計圖，而且不厭其煩解釋內容，甚至為我奉上茶點。

山形是縣都，略處於高地，位置優越，人口為二萬一千人，富庶繁華。縣廳面向通衢，莊嚴宏偉，展現日本城鎮罕見的氣派沉穩。日本城市的市郊皆貧窮敗落，新縣廳高聳雪白的建築矗立於低矮的灰色民房之上，望之令人驚異。山形街道寬闊乾淨，優良商店林立，有一長排商家專門販售裝飾用鐵瓶與銅製品。

我深入日本內陸迄今，發現某些商店販售仿冒的歐洲食品與飲料，後者尤其居多，特別令我惱火。上至天皇，下至百姓，人人熱愛洋酒。即便飲用真酒也會傷身，亂喝硫酸鹽（vitriol）、雜醇油（fusel oil）、壞醋以及亂七八糟的物質混合而成的假酒，更是有害健康。我在山形看到兩家商店大約以原價的五分之一販售頂級品牌香檳、馬爹利干邑（Martel's cognac）、巴斯麥芽啤酒（Bass' ale）、梅鐸葡萄酒（Medoc）、聖朱利安葡萄酒（St. Julian）與蘇格蘭威士忌（Scotch whisky）；這些皆是有毒的混充贗品，應該禁止販售。

政府建物經常展現精緻的風格，增加廊道後益發美觀。縣廳、法院、設置附屬學校的師範學院與警察署，無不與平坦道路和繁榮景象相襯。有一棟可收容一百五十名患者的兩層穹頂建物即將完工，日後也將成為醫學院。這棟醫院規劃妥善且通風良好。我拜訪了現在的醫院，但不想妄加批評。此外，我在法院看到二十名職員無所事事。他們猶如多數的警察，身穿歐洲制服並採行西式行儀，但整體感覺低俗乏味。他們告知我山形縣與該市人口之前，要求檢查我的護照。有一到兩次，我發現伊藤的舉止有異。他連問我兩次，問我是否認為這些人舉止態度猶如山形的警察！

來到山形以北，平原更加廣闊。一側是南北走向的連綿山峰，覆蓋皚皚白雪，另一側是斷續的山岳，支脈從旁延伸而出，包圍這片祥和愉悅之境，許多宜人的村莊散落於低處山丘。氣溫只有華氏七十度（攝氏二十一度），而且吹北風，因此這段旅程特別舒適愉快。天童（Tendo）是一處人口為五千人城鎮，我原本打算在此暫住一宿，但當地的宿屋不是「貸付屋」（妓女戶），便是用來養蠶，無法接待旅客，我只好離鎮再多走三里半的路途。

翌日，我們依舊沿著同樣的平坦大道前行，不斷路經諸如土生田（Tochiuda）與尾花澤（Obanasawa）之類的農村或城鎮，這些地方的人口介於一千五百人到二千人。從前面兩個城鎮可眺望壯麗的鳥海山（Chokaizan）。據說這座宏偉的火山錐高八千英尺。日本是個相對平坦的國度，鳥海山以驚人之姿拔地而起，湯殿山（Udonosan）的大雪原也映入眼簾，其下連綿山岳迷人美麗，可謂日本最壯觀的景點。我們離開尾花澤之後，沿路經過一處由最上川（Mogamigawa）支流灌溉的山谷，爾後走過一條精緻木橋來橫越山谷，最後登上頂峰，飽覽壯麗山河。我們又走了一長段上坡路，四周為鬆軟的泥炭質土地，松林、柳樹與低矮橡樹佇立其間，然後走了一長段下坡路以及步上一條大道，最終抵達新庄（Shinjo）。新庄人口有五千多人，座落於水田連綿的平野上。

這天走了二十三英里以上，路經許多農村，卻不見宿屋，連茶屋都難覓。沿途的建築樣式變化多端。住戶不用木頭搭建房舍，而用厚實的樑柱搭屋，以及利用板條與混合剪裁整齊禾桿的褐泥築牆。觸目所見幾乎是美麗的「納屋」（naya，矩形倉房），長五十或六十英尺，某些甚至達到一百英尺，尾端朝向路面，最靠近道路的部分就是住宅。這些農家沒有拉窗，只有雨戶，屋頂設置幾扇紙糊窗戶，白天時會打開。較富裕的家庭會將蘆葦或竹片製作的窗簾放下來遮掩窗口。房舍沒有天花板，食鼠之蛇經常躲藏於屋椽上。然而，這些蛇狼吞虎嚥老鼠之後，偶爾會掉落於蚊帳之上。

我再次強調，新庄是個敗破之地。此處是大名的城鎮，我遊歷過的這類城鎮皆散發一股衰微氛圍，可能是城堡遭到拆毀，或者早已化為斷垣殘壁。新庄的白米、絲綢與大麻貿易鼎盛，不該如眼前所見這般蕭條。此處蚊子成千上萬，我還沒吃完西米（sago）與煉乳混合的寒酸晚餐，就得上床避難，以免遭蚊子叮咬。整夜下著暖雨，房間骯髒且令人窒息。老鼠不但囓咬我的靴子，還叼走我的黃瓜。

今日溫度甚高，天空陰暗。平坦道路已盡，路面崎嶇不平，又得跋涉前行。今朝離開新庄之後，橫越了一處陡峭山脊，進入極為美麗的盆地，其上有圍成半圓形的錐形山丘，錐形柳杉遍生至山丘頂部，平添秀麗之姿，但顯然阻擋了往北的通道。山麓是一處名為「金山」（Kanayama）的城鎮，洋溢羅曼蒂克的氣氛。我中午便抵達該處，發現驛舍房間甚為舒適，代理人也極有禮貌，而且此去地域險阻，前途漫漫，因此我打算先停留一到兩天。此外，伊藤幫我弄了一隻雞。打從離開日光之後，這是我首度品嚐雞肉！

此處氣候潮濕，我又身困體乏，萬難連續趕路兩到三天，也極難找到美麗寧靜且有益健康的場所連續休憩兩晚。此外，要想不受跳蚤與蚊子騷擾，無疑是癡心妄想。各地蚊子肆虐的慘況不同，而我已經發現「躲避」跳蚤的絕招。只要在疊蓆上放一張六平方英尺的油紙，沿著紙邊灑上波斯除蟲粉，在中央擺上椅子，我便端坐其上而不受騷擾。儘管無數跳蚤會跳到油紙上，但除蟲粉會讓牠們昏迷，輕易便可將其誅滅。

我無論如何都得在此休息，因為我的左手被一隻大黃蜂和一隻牛虻叮咬，腫脹嚴重。某些地區會出現數百隻黃蜂，把馱馬盯得瘋狂亂顛。我也曾被「馬螞」（horse ant）[1]叮咬而紅腫發炎，這些螞蟻會襲擊行走的人畜。日本人深受這類蟲害，若不妥善治療叮咬的傷口，可能會變成難以治癒的潰瘍。另有一種蒼蠅，類於家蠅，看似無害，其實跟蚊子一樣會叮咬人。這些皆是夏季遊歷日本的缺點；然而，更糟糕的是，跋涉一日之後精疲力盡且食慾全無，卻找不到足以果腹的像樣食物。

七月十八日

我昨晚因為被叮咬而疼痛和發燒得很厲害，因此很高興能接受新庄前來的日本醫生診療。伊藤必須在「盛大」場面充當口譯時，總會穿上絲綢製的袴（hakama）[2]，身形顯得比平常大兩倍。他走進房時，模樣像個中年男子，全身穿著絲綢服飾。伊藤三度朝地平伏，然後跪坐著。他費了許多唇舌描述我的病況。野崎醫師（Dr. Nosoki）要求檢查我的「御手」，然後詳細解釋，接著又請求檢視我的「御腳」。他替我把脈，又拿放大鏡檢查我的眼睛，然後深深吸了一口氣（表示教養良好與禮貌客氣），說道我發燒了，這點我已知道；然後，他說我必須休息，這點我也知道；然後，他點燃菸斗，凝望著我。野崎醫師再度替我把脈，同時檢查了我的眼睛，接著觸摸我被黃蜂叮咬後腫脹的傷口，說發炎很厲害（傷口極為疼痛，我很了解這點）。然後，他拍手三次，一名苦力立即現身，提著一個精緻的黑色亮漆箱子，上頭裝飾金色紋章，猶如野崎醫師和服外掛的圖紋。箱內有精美的金漆藥箱、架子、抽屜與瓶罐等。野崎醫師首先調合了一種外用藥水，用它來塗敷我的手與胳膊，然後仔細替我包紮，告訴我每隔一段時間就將藥水倒在繃帶上，直到疼痛減輕為止。整個繃帶都用油紙包覆，油紙用來替代會吸油的絹布。然後，他替我調製了解熱劑，那是純植物性藥物，我毫不考慮便喝了下去。野崎醫師告訴我，要配熱水服用解熱劑，而且一到兩天不可喝清酒！

我詢問野崎醫師要收取多少診療費。他鞠躬多次且含糊其詞，不停深深吸氣。他問我五十錢是否會太貴。我遞給他一円並深深鞠躬，告訴他我很榮幸能夠讓他看診。野崎醫師也深切表達感激之意，讓我十分尷尬。

野崎是位老派醫生，從父親習得醫學知識。他非常抗拒歐洲的療法與藥物，他的多數病患可能也有這般想法。日本全國上下都對於外科手術（特別是截肢）抱持強烈的偏見。民眾認為，他們出生時四肢健全，離世時也該肢體完整。在許多地區，外科醫生即便再努力，也沒有機會替病人進行截肢手術。

除了研讀醫書，這些舊世代醫生對於人體構造一無所知。日本醫學界完全不了解何謂解剖。根據野崎醫師的說法，他都使用艾葉與針灸來治療急症；至於慢性疾病，則依靠摩擦皮膚、藥浴、動植物製成的藥品，以及食療法來對症治療。他不知道可利用水蛭吸血[3]，也不知道發皰藥（blister）。他明顯質疑礦物性藥品的療效。野崎醫師聽過氯仿（chloroform）[4]，卻未曾見過別人使用這種藥物，並且認為氯仿用於孕婦，必定會讓母親或嬰孩喪命。他問我（我曾兩度被問及同一個問題），西洋人是否利用這種藥物來抑制人口增長！他認為，人參、犀牛角與某種動物肝臟磨成的粉末療效極佳。從他的描述，我判斷這種動物可能是老虎；這一切皆是中藥材。野崎醫師向我展示一小盒「獨角獸」[5]的獸角，他說這種藥品比等重的黃金更加昂貴！我擦了他的藥水之後，胳膊的傷勢逐漸好轉，必定是他的藥物起了效果。

我邀請野崎醫師吃晚飯。兩張桌子擺滿了各種菜餚。他食指大動，大口吃著，不斷用筷子剔除充滿細骨的小魚肉。日本人享用美食時，狼吞虎嚥發出咕嚕聲與猛烈吸氣是合宜的。日式禮節明確規定了這類舉止，歐洲人對此可能會甚感苦惱，而我看到賓客用餐的模樣卻忍俊不禁。

宿屋主人與「戶長」（kocho，相當於村長）傍晚時前來拜訪。伊藤穿著正式服裝，使出渾身解數表現自我。他們發現我不抽菸，大感吃驚，誤以為我曾對神許下了誓約！他們不斷詢問我英國的風俗與政治，但話題總是繞回到菸草。

I. L. B.

1 譯註：大蟻。
2 譯註：和服下裳，原本指褲子。
3 譯註：根據《神農本草經》，螞蝗主逐惡血、瘀血，破血瘕積聚，螞蝗就是水蛭的別名。
4 譯註：麻醉藥。
5 譯註：麒麟。

第二十封信

雞肉的效果——簡陋的餐食——前行緩慢——民眾好奇的物品——腳氣病——臨終時刻——火災——毫髮無損的倉庫

神宮寺

七月二十一日

我與金山村長長談之後，翌日凌晨伊藤便喚醒我：「你昨天吃了一隻雞，今日應有體力長途跋涉了。」雞肉確實發揮了神奇效果。我們在六點四十五分便動身出發，卻應驗了「欲速則不達」的俗諺。我並沒有拜託村長，他便走遍村莊，禁止村民聚集圍觀，讓我得以帶著一匹馱馬與一名車伕安穩離開。沿路崎嶇難行，必須越過兩座山頂，我不僅要全程步行，在最陡峭的路段還得幫忙拉人力車的車伕。我們在名為「及位」（Nosoki）的美麗村莊稍事休憩，僱了一匹馬，然後沿著山道前行，順著雄物川（Omono）上游走到院內（Innai）。這條山路景緻優美，人煙罕見，途中驚險連連，天落傾盆大雨，涓涓細流暴漲成滾滾洪流，而且旅途艱辛，困難重重，真希望我能一五一十告訴你詳情。我們只能吃曬乾飯糰與黃色酸木莓果腹，還得涉過泥沼！我們越過了主寢（Shione）與雄勝（Sakatsu）兩座山頂，花了十二個小時走完十五英里！處處皆有人告訴我們，不該沿著我們走的路線去穿山越嶺。

婦女依舊穿著褲子，但是會把一件長衣物（而非短衣物）塞進褲子。男人則穿著棉質胸兜或圍裙，不是沒穿其他衣物，就是會多穿一件日式著物。在前往院內的下坡路上，柳杉夾道生長，這個村莊被雄物川的滔滔洪流包圍，風景極為亮麗。

院內的宿屋舒適宜人，但我的房間完全由拉門隔離出來，隔壁房客不斷偷偷窺探。在這些偏遠地區，民眾不僅對我這位洋人與我的奇特習慣感到好奇，也對我帶來的橡膠浴槽、吹氣枕頭，甚至白色蚊帳感到新奇。日本的蚊帳皆由沉重的綠色粗布製作，因此人們非常欣賞我的蚊帳。我離開時能給予的最好禮物，就是剪下一小塊能綁在頭髮上的蚊帳。隔壁住了六名技師，他們正在勘測我越過的山頂，看看能否建構隧道。若能打通隧道，人力車便可從東京沿著日本海直奔久保田（Kubota）[1]。只要增添少許費用，便能讓二輪馬車通行。

上院內（Upper Innai）與下院內（Lower Innai）爆發了日本人非常懼怕的腳氣病（kak'ke）。在過去七個月裡，在大約一千五百人之中，一百人被奪走了性命，久保田醫學院派出兩名醫生來協助當地醫生。我不知道歐洲如何稱呼這種疾病；從日文的疾病名稱來看，這是一種腳的疾病。患者起初會雙腳無力、膝蓋鬆動、小腿抽筋、腫脹與麻木。安德森博士（Dr. Anderson）研究過東京的一千一百多個病例，稱這種為亞急性（sub-acute）症狀。慢性症狀則會緩慢進展，神經逐漸麻痺，體力逐漸耗弱；倘若不加以治療，病患在六個月到三年之間，便會逐漸麻痺與身體耗弱而死亡。安德森博士如此描述第三種（急性）症狀：「重症會突然發生，病情隨即急轉直下。患者無法躺下，必須坐在床鋪，不停變換姿勢。他會皺著額頭，眼睛不安地直視前方，皮膚會變得暗淡，嘴唇呈紫色並張開，鼻孔會撐開，頸部會抖動，胸部也會不停震動。這些乃是重症所能引發的最恐怖症狀。症狀不會片刻停歇。醫生幾乎束手無策，只能看著病人脈搏漸弱，體溫逐漸下降，等待臨終患者腦部血管碳化而麻痺，最終毫無知覺，有幸在昏迷中度過生命的最終時刻。」[2]

翌日早晨，我們跋涉了九英里的泥路，沿途柳杉夾道，卻發現已經沒有了電線桿而感到失落。然後，我們抵達了湯澤（Yusowa），該城鎮有七千位居民。倘若先前沒有耽誤行程，我們應該不會在院內投宿，而會在此地休憩。聽聞此地剛遭祝融肆虐，七十戶民宅毀於一旦，包括我本應投宿的宿屋。為了僱用馱馬，我們不得不苦等兩個小時，因為所有馬匹都在搬運財物與人員。民宅已燒毀殆盡，僅殘留細小黑灰。燻黑的「藏」（防火倉庫）矗立於灰燼之上，某些稍微裂損，整體結構卻毫髮無傷。有人正在搭建新房舍的骨架。除了一名醉漢，沒有傳出民眾死亡。假使我已入宿於此，很可能只餘留錢財，其餘物品皆會毀於祝融之災。

1 譯註：久保田藩，俗稱秋田藩，是日本江戶時代東北地方的一個藩領。現今為秋田市。

2 原註：威廉．安德森（William Anderson，英國皇家外科醫學院會員（Fellowship of the Royal Colleges of Surgeons，簡稱F.R.C.S.），〈腳氣〉，「日本亞洲協會」會刊，一八七八年一月。

第二十封信（續）

眾目睽睽下吃午餐——怪異的事故——警察查詢——男人或女人？——憂鬱的凝視——惡毒的馱馬——醜陋的城鎮——失望透頂——鳥居

湯澤是特別令人反感之地。我在某個院子吃午餐（餐點簡陋，乃是大豆製成的白豆腐，味如嚼蠟，還淋上一些煉乳），數百位村民擠到門口打探我，後頭的人瞧不見我，遂搬了梯子，爬上附近屋頂眺望，結果某個屋頂轟的一聲坍塌，約有五十名男女孩童墜入底下的房間，幸好當時房裡沒人。誰都沒有尖叫，這點一聽便知，只有某些人摔倒而瘀傷。爾後，四名警察現身，要求查驗我的護照，似乎我得對這件事故負責。他們跟先前的警察一樣，並未閱讀護照文字，只問我為何旅行。我回答：「想要探索這個國家。」他們聽聞後，便問我是否在繪製地圖！這些警察滿足了好奇心之後便離開，民眾又圍攏聚集，但推擠得比之前更凶。

陸運公司代理人要求民眾離開，但民眾說日後再也看不到這般景象了！有位年長的農夫說道，只要告訴他眼前的「景象」是男或女，他就會離開。代理人反問，關他甚麼事。老農夫回答，他要把所見之事轉告家人。我聽了之後，油然升起同情心，便叫伊藤告訴群眾：日本馬只要日夜奔馳，五週半便可抵達英國。這是伊藤在旅途中慣用的說辭。這些群眾奇怪至極，個個沉默不語，目瞪口呆，圍觀了數小時，一動也不動。母親揹著或父親抱著的嬰孩睜大眼睛，毫不哭鬧。我很樂意聽到群眾哄堂大笑，即便我是被人取笑的對象。然而，他們只是盯著我，面容憂鬱，令人煩膩。

我們後來踏上十英里的道路，沿途擠滿了村民，人人都想前去看火災。鄉村景緻甚為迷人，道路也鋪設良好，兩旁有諸多神社，祭祀慈悲女神（觀音）。我騎的那匹馱馬極為凶惡，牠的頭被雙鎖栓在固定馬鞍的腹帶，只要牠看到人，無論男女老幼，都會把耳朵向後擺，隨即衝上去咬人。我疲憊不堪，脊椎也發疼，數度下馬步行，但要再度上馬，那可難如登天，因為我的手只要碰觸馬鞍，牠就會轉過來以後腿來踢我。我得機警閃躲，才不會被踹傷。此外，這頭邪惡畜牲一看到蒼蠅，即便頭被拴住，也會往蒼蠅狂奔，每每都可能扭傷或折斷我的腳，甚至將後腿上踹，試圖用後蹄驅趕停在鼻子上的蒼蠅。牠還會蹦跳，把馬鞍前方的貨物甩得一乾二淨，而且不時悲鳴，跌撞而行，也會踹開舊草鞋。只要馬伕試圖替牠換鞋，這隻畜牲就會發飆。牠走進橫手（Yokote）之後，以後腳蹬地，沿著陰暗的漫長街道跳行，不僅甩開怯懦馬伕手握的韁繩，也將我搖晃得全身痠痛，四肢發軟！我曾誤以為，馬匹被挑弄或暴力調教才會舉止惡毒；然而；這無法解釋為何日本馬會如此兇惡。日本人畏懼馬而善待牠們：日本馬不會被人毆打或用腳踹，人們會以溫和的口吻對牠們說話；總之，日本馬過得比主人更舒適。或許，這才是牠們發狠的原因：「但耶書侖漸漸肥胖，粗壯，光潤，踢跳，奔跑，便離棄造他的神，輕看救他的磐石」[1]。

橫手為人口一萬的城鎮，棉花貿易鼎盛，卻醜陋無比、臭味四溢、骯髒潮濕且淒涼悲慘，連最好的宿屋都不體面。當我走過街市時，民眾紛紛衝出澡堂圍觀，無論男女，皆光著身子。宿屋主人極有禮貌，卻給我一間陰暗骯髒的房間，還得爬一段竹梯方能進到房間，裡面充滿跳蚤與蚊子，惹人惱怒。我在途中聽聞，橫手鎮民每週四都會宰殺雄牛，因此決定晚餐時吃一塊烤牛肉，並且攜帶另一份路上吃。然而，當我抵達時，牛肉皆已銷售一空，連雞蛋也買不著。我只好將就，吃點粗糙的米飯與豆腐，卻感到有點飢餓，因為我必須丟棄在山形購買的煉乳。我感到疲憊，遭螞蟻齧咬而發炎，身體有點不適；然而，隔天清晨雖然跟往常一樣酷熱且濃霧瀰漫，我卻去參觀一間神社（神道教寺廟，或稱「宮」（miya））。儘管我獨自一人，卻躲過人群的圍觀。

一如既往，神社入口都矗立一座鳥居，由兩根二十英尺高的巨型梁柱構成，頂端為兩根橫樑。上方橫樑向外突出，兩端向上曲翹。鳥居通常會漆成暗紅色。望文生義，鳥居便是「鳥巢」。據說昔日禽鳥[2]是獻給神，不會被宰殺，而牠們習慣停在這種建築上。另有一條有穗帶的草繩，其上懸掛紙條，橫掛於入口處，乃是神道教的特別象徵。神社庭院鋪設石板，有幾尊立於花崗岩基座的漂亮燈塔，無論神道教或佛教寺廟，幾乎可見這類裝飾。

鳥居。

我們離開橫手之後，穿越了秀麗鄉村，見到亮麗的山景，偶爾甚至瞥見鳥海山白雪覆蓋的火山錐，接著搭乘兩艘微微顫顫的渡船橫越雄物川，因為近期河川暴漲，既衝壞了堤岸，也摧毀了橋樑。然後，我們抵達人口有五千人的六鄉（Rokugo）。這個城鎮有精緻的神社與寺廟，民屋卻極為簡陋，而我也遭遇歷來最為聲勢浩大的圍觀人群，險些被民眾擠得窒息。

透過警察的親切協助，我有幸參觀了某位富商的佛教葬禮。葬禮莊嚴肅穆，令我著迷，伊藤也向我一五一十解釋儀式內容。我穿著一件從茶屋借來的日本婦女和服，綁著藍色頭巾，免得引人注目。然而，我發現和服僅繫住前面，於是極為拘束，覺得非常厭煩。伊藤告知我許多注意事項，我都確實遵守。我非常緊張，免得讓允許我這位洋人入席的喪家感到不悅。

死者的病來得又急又快，親屬連去神社替他祈求康復的機會都沒有。死者安置於一扇拉門的附近，頭部朝北（在世日本人謹慎避開的方位）。拉門與亡者之間有一個嶄新的膳食桌，桌子上擺著一碟油，燈芯燃著，另有生米糰與一盤線香。僧侶在死者離世後會立即替他取戒名，將其寫在白木牌位上，然後便坐在死者旁邊。膳食桌、碗與杯都盛滿素食，擺在死者身旁，而筷子則放在膳食桌的「逆側」（亦即左側）。過了四十八小時之後，要用熱水清洗死者準備入殮，僧侶會邊頌咒邊替死者剃頭。在這種場合，死者無論貧富，皆身穿普通壽衣，乃是純白色的亞麻或棉布衣物。

在六鄉附近稱為「大曲」（Omagori）的城鎮，當地人製作大型陶甕。富人經常使用這種陶甕安置死者。然而，這個喪禮中卻使用兩個方形箱子。外側是松木製作的精緻箱子。窮人則使用「早桶」（quick-tub），此乃一種松木製桶子，外頭用竹子箍緊。婦人要埋葬時，會披覆結婚當日穿著的絲綢和服，身旁或腳上放置「足袋」（tabi）[3]，頭髮則會散落於身後。最富有的人會用硃砂填滿棺材，貧窮者則用粗糠；然而，在這個喪禮中，我聽聞死者只有嘴巴、鼻子與耳朵塞滿硃砂，棺木裡擺滿了粗糙的香。屍身通常以坐姿擺在桶子或箱子內。連最外側的箱子都空間有限，死者已去世甚久，真不知如何方能將屍身塞進這狹小的箱子。據說僧侶會販售一種名為土砂（dosia）的粉末，可用來軟化僵硬的屍身。即便這般說破了，我仍然不解箇中道理。

喪家外頭懸掛著小旗子與裝飾棍棒。兩位接待男士穿著藍色和服，上頭披覆類似翅膀的淡藍色外掛，另外兩人負責遞送以漆碗盛裝的茶水，與一條白色絲綢縐紗毛巾。我們進了一個大房間，房沿擺設極為精緻的屏風[4]，全為金色的底色上繪製著栩栩如生的蓮花、鸛與牡丹。棺木置放於房間盡頭，籠罩於白色絲綢之下，罩蓬下的架台有成排極為漂亮的人造白蓮花。死者的臉朝向北方。六位僧侶身穿華服，分坐於棺木兩旁，另有兩位僧侶在一座臨時搭建的祭壇前跪著。

寡婦容貌秀麗，蹲坐於亡夫身邊，位於父母的下座。她的後方為小孩、親戚與朋友，這些親友身穿青色或白色羽織。寡婦臉塗白妝，嘴唇塗成赤紅，頭髮仔細梳整，插上雕刻圖紋的鱉甲簪飾。她身穿漂亮的天藍色絲綢和服，披覆精緻的白色羽織，繫上繡著金色圖案的鮮紅縐綢腰帶，望似出嫁之日的新娘，不似剛守寡的婦人。其實，這戶喪家穿著華麗和服，屋內又懸掛諸多藍白絲綢，洋溢著節慶氛圍，感覺不像在辦喪事。客人皆抵達之後，喪家開始傳遞茶菓，而且大量焚燒香。僧侶誦經祝禱，眾人紛紛朝著墓地移動，我趁機在寺廟門口附近佔據了一處觀望的好地方。

送葬隊伍緩緩前行，但死者父母並不入列。據我所知，隊伍中的哀悼者皆是親戚。一名僧侶手捧寫上死者「戒名」的長方形木牌，走在隊伍前頭，後頭跟著一位捧著蓮花的僧侶，緊接著是十名僧侶，兩兩並排而行，不斷誦念經文。然後，四個男人抬著擺著棺木的平台，棺木上披覆白布，其後跟著寡婦和親戚。棺木先被抬到寺廟並放置在架上，眾人燒香誦經，然後被抬到環繞著墳墓的淺墓地。僧侶口唸經文，直到旁人用土埋好棺木。眾人散去之後，穿著華麗的寡婦便獨自返家。喪家沒有請哭墓者或面露悲傷，但任何儀式都不比這個喪禮更加莊嚴、虔誠與高雅。（我此後看過許多窮人的喪禮，儘管多數儀式省略不辦，也只有一位僧侶主持儀式，整個儀式仍然非常得體且引人注目。）對僧侶的謝禮可從二円到四十或五十円。圍繞寺院的墓地非常漂亮，杉木尤其獨特。墓地有許多石頭墓碑，與別處的日本墓場一樣，整理得十分乾淨。墓地填土之後，上頭會立即種上一株粉紅色蓮花，同時擺上一個漆盤，盤上置放漆碗，盛裝茶水或清酒、豆子與菓子。

六鄉的寺廟極為漂亮。除了裝飾物比較堅固且品味更佳，這些寺院幾乎雷同於羅馬天主教的教堂。低矮的祭壇上擺放百合花與點燃的香燭，遮掩於青色與銀色布幕之內，而以深紅與金色布幕包覆的高壇則空無一物，只安置一座神殿、一尊香爐與一瓶蓮花。

1　譯註：語出《舊約・申命記第三十二章第十五節》。耶書侖意為「正直者」，指以色列民，乃是神對祂子民的暱稱。此處強調以色列忘恩負義。

2　譯註：日文「鳥」（tori）除了指鳥類，也可以指雞。

3　譯註：足袋如同襪子，主要在室內使用。

4　譯註：衝立。「衝立障子」的簡稱。

第二十封信（完）

偶然的邀請——可笑之事——禮貌的警察——不舒適的星期天——無恥的攪擾——藉機打探

搭乘人力車離開六鄉之後，我們在一間路邊茶屋遇到一名彬彬有禮的年輕醫生，他曾在腳氣病爆發之際駐紮於院內看診。這位醫生邀請我去參觀他擔任初級醫生的久保田醫院，並且告訴伊藤一家可吃到西餐的餐館。伊藤總是提醒我要去品嚐這令人期待的餐點。

我們沿著狹窄的道路前行，我一如既往走在前頭。我們遇到一名男子用繩子拉著一名囚犯，後頭還跟著一名警察。車伕一看到警察，立即跪伏，拉桿瞬間下傾，差點將我甩出車外，他還慌慌張張穿上掛在橫桿的衣服。後頭兩名拉著人力車的年輕小夥子也立馬衝進我的座車底下，慌忙穿上衣服。我從未見過這般低聲下氣的悲慘景象。我的車伕從頭到腳都在發顫，猶如蘇格蘭長老教會禱告時經常說出的怪異句子：「用手摀住我們的口，將口埋入塵埃。」他真的卑躬屈膝，把頭埋進沙子裡。警察每說一句話，他便稍微抬頭，爾後又把頭埋得更低。全都是因為他赤身露體。我替車伕辯解，說天氣很熱，他才沒穿衣物。警察說他不會逮捕人，免得讓洋人不便。我的車伕上了年紀，此後一直無法恢復精神；然而，當我們的車一拐彎，脫離警察的視線之後，那兩個年輕車伕便把衣服扔到半空，一邊猛拉著橫桿奔馳，一邊縱聲尖笑！

我一抵達神宮寺（Shingoji），便因為過於勞累而無法繼續前行，只好下榻於一間低矮黑暗、臭氣沖天的房間。這個房間以骯髒的拉門隔開，我勉為其難地度過了週日，感到很失望。房間一側可看見發霉的庭院，長著濕黏的原球藻（Protococcus viridis），緊鄰庭院的人家不斷打探我。另一側朝東敞開迎向街道，可看見旅客在外頭洗腳。第三個側面通向廚房，第四個側面則通向玄關。即使尚未入夜，蚊子便成群飛舞，跳蚤就像沙蠅一樣跳上疊蓆。沒有雞蛋，只有米飯與黃瓜。週日清晨五點，我看到三張臉緊貼在外側的拉門格子上。到了晚上，拉門滿是刺穿的指孔，每個孔洞後頭都貼著一隻黑眼睛。鎮日下著雨，但溫度仍然高達華氏八十二度（攝氏二十八度左右），房間酷熱、陰暗且腥臭，令人難以忍受。到了下午，一列小型隊伍從路邊通過。僧侶抬著或跟隨裝飾華麗的轎子，他們身穿深紅袈裟或白色法衣，披著肩衣與布帶（祭服）。據說這個轎子裝著紙片，上頭書寫人們懼怕的人名與惡魔名稱，僧侶抬著這些紙片，要把它們丟進河裡。

我早早便就寢，藉此躲避蚊子。一如既往，幽暗的行燈照亮著房間，我閉上了眼睛。到了九點，我聽到一陣竊竊私語與拖著腳步走動的聲響，騷亂持續了一陣子。我起身察看，發現面前大約有四十名（伊藤說有一百個）男女幼童，全都瞪著我看，燈火映著眾人的臉頰。他們悄然無聲地挪開了通道旁的三面拉門！我大聲叫伊藤，同時大聲拍手，但他們絲毫不為所動，直到伊藤來了，眾人才像羊群一樣逃跑。我以往遇到門外群眾好奇觀望，總是耐心以對，甚至面帶微笑，但我無法忍受這種侵門踏戶的圍觀方式。我叫伊藤去警察局報案，但他不願意去乞求警察驅散群眾，因為連屋主也辦不到這點。今天早上，當我穿好衣服之後，一名警察出現在我的房間，表面上是替昨晚民眾的失禮行為道歉，其實卻想藉特權來打探我。他對我的擔架床與蚊帳甚感好奇，因為他從未見過這種物品。伊藤說，他若是向民眾展示這些東西，一天便可撈一円！這位警察解釋道，當地民眾從未見過西洋人。

I. L. B.

第二十一封信

必須堅持計畫——令人困惑的錯誤表達——順流而下——郊區住宅——久保田醫院——正式接待——師範學校

久保田（秋田）

七月二十三日

週一下午，我順著雄物川抵達此處。原本走陸路得跋涉兩天，走水路卻只花了九個小時。事先明智訂定計畫，爾後徹底執行，方能有此成果！在日本旅行，貫徹計畫尤為必要。我前些時日參考布倫頓先生的日本大地圖，認為從神宮寺便可乘船沿著雄物川順流而下。我一週前便叫伊藤打探情況，但無論所到何處，總有人提出異議，而且眾說紛紜：不是水量太多，便是水量過少；要嘛有激流，要嘛有淺灘；更有人說時日太遲，近來出發的船隻皆已擱淺。然而，我在某個渡口看到遠處一艘滿載貨物的船隻順流而下，便告訴伊藤，我們必須沿著那艘船的同一條路線前行。

我們抵達神宮寺時，人們說那條河流並非雄物川，而是另一條河川，偶爾會湧現激流，將行船打得支離破碎。最後，人們又說沒船隻可用，但等到我說我會派人走十里去取船時，陸運公司代理人便提供我們一隻小型平底船，剛好容納伊藤、行李與我。伊藤坦言：「旅途中打探之事，沒有一項為真！」這個說法並不誇張。此外，民眾並未在玄關圍觀，而是先齊聚於河邊，堤岸與樹叢皆站滿了人。四名警察護送我。

四十二英里的航程非常愉快。激流只有產生細浪，但水流強勁，有個船夫搖槳搖到幾乎睡著了，另一個船夫等到水淹滿了半艘船才醒來，把水舀出船外。河岸寧靜優美，不見半個人影，直到我們抵達名為「新屋」（Araya）的大城鎮，該鎮順著高聳堤岸延伸至遠處。我們平穩航行九小時之後，從久保田郊外離開了雄物川主流，沿著一條泛綠的狹窄河流擺船而上，一側可見破敗的房舍後半部、造船場與大量浮木，另一側則有住宅、花園和潮濕綠地。許多橋樑橫越於這條河之上。

我投宿於一間非常舒適的宿屋，住在二樓的房間。我停留了三天，過得忙碌愉快。我吃了一頓西式餐點，品嚐了美味的牛排、極棒的咖哩，以及外國生產的鹽與芥末。我享用這份美食之後，感覺眼睛為之一亮。

久保田是秋田縣（Akita ken）首府，人口有三萬六千人，洋溢純正的日本風味，非常迷人。名為「太平山」（Taiheisan）的美麗山脈高聳於肥沃河谷之上，雄物川則在附近注入日本海。該鎮有一些人力車，但由於沙石堅硬且道路顛簸，無論往何處去，頂多只能走三英里。這是個活躍繁榮的城鎮，生產藍黑與黃黑的條紋絲綢布料，多數用來製作和服與袴，以及一種白絹縐綢（縮緬），東京商店會以高價販售這種布料。此外，本地還生產拉門紙與木屐。這是一座城堡鎮（城下町），卻沒有常見的死氣沉沉與輕快活潑（deadly-lively）交融的外觀，洋溢著繁榮富裕的氣氛。此地沒有商店街，腹地卻十分廣大，有美麗獨棟住宅並排的街道與通衢，住宅被蒼翠的樹木、花園與修剪整齊的圍籬包圍，每處花園皆有宏偉的門戶。看見這些綿延數英里的「郊區住宅」，會感覺本地住戶是享有居家生活與隱私的中產階級。這裡壓根不受外國影響，沒有洋人在政府機構或其他地方任職，甚至醫院從建院之初便是由日本醫生發起的。

因此，我非常想參觀這間醫院。然而，當我在適當的參訪時刻前往叨擾時，院長很有禮貌地接見我，卻給我吃了閉門羹。他說道，外國人必須先將護照送交知事，申請到許可文書方能參觀醫院。我辦妥這些先前事宜，準備隔天八點去拜訪醫院。伊藤總是懶得替我與下層民眾之間擔任口譯，但是遇到這種重要場合，便會使出渾身解數，身著絲絹華服，以「口譯官」身分隨我參訪。他比以往都更為賣力演出。

院長與六位醫生皆穿著華麗絲綢，在階梯頂端迎接我，然後引領我前往事務室，裡頭有六位事務員正在處理文書。那裡有一張桌子，附蓋一面白布，另有四把椅子，院長、主任醫師、伊藤和我分別就坐，然後有人送上菸草、茶水與菓子。我們在五十名醫學生的陪同下（他們看起來極為聰慧，日後必將鴻圖大展），巡了一圈醫院。這是一棟半歐式風格的大型雙層建築，但四周設置深邃的遊廊。上層當作教室，下層可容納一百名患者，還住著一些學生。一間病房最多只能用來同時治療十人，重

秋田的農家。

症者則會被隔離治療。壞疽是目前最盛行的病症。主任醫師正在改造醫院，因此隔離出一些專治壞疽的病房。這間醫院還設置性病醫院。醫生每年大約會用氯仿（麻醉藥）進行五十次重大手術，但秋田人非常保守，反對截肢與使用西洋藥物。出於這種保守思想，患者人數便減少了。

石碳酸（carbolic acid）的氣味瀰漫整間醫院，處處可見消毒液噴霧器，李斯特先生（Mr. Lister）[1]見此必定會感到滿意。在K醫生的要求下，我看到了醫生用噴上石碳酸的紗布替重症病患包紮傷口，我也留意外科醫生如何運用巧指治病，以及看見使用的器具都仔細浸泡於消毒劑中。K醫生指出，本世紀最偉大的發明之一是消毒治療，消毒時必須小心謹慎，但很難教會學生這種觀念。接受手術的病患意志力極為堅定，即便飽受巨痛也不呻吟，令我印象深刻。不幸的是，眼疾病患甚多。K醫生認為，居住環境過度擁擠、通風不良且採光不佳，眼疾才會如此猖獗。

巡完醫院之後，我們回到事務室，裡頭擺上了英式點心：有手柄的杯子盛滿咖啡，擺在茶碟上，另有放置湯匙的盤子。食畢茶點，旁人又遞上菸草。院長與醫生最後送我們到玄關，彼此深深鞠躬道別。不到三十歲的萱橋醫師（Dr. Kayabashi）剛來自東京，我很高興能看到他與所有的職員和學生都穿著和服與絲綢製的袴。這種衣服非常美麗，穿上和服便更顯威嚴，穿了洋服卻有損威嚴。儘管透過口譯溝通非常辛苦，但這次參訪十分有趣。

公共建築會設置美麗的花園，附近也有寬闊的道路與石頭路堤，因此在這般遙遠的縣，自然是珍稀之物。最棒的建築乃是師範學校。我不久之後便前去參訪，但非得等我出示護照並說明旅行目的，我才被允許入內參觀。我辦完先前手續之後，校長青木保（Tomatsu Aoki）與主任教師根岸秀兼（Shude Kane Nigishi）對待我如上賓，但他們身穿洋服後卻看似人猿。

校長起初堅持說英語，但他的英語程度猶如我的日語水平，雙方溝通得很辛苦，經過一番掙扎之後，他決定請伊藤充當口譯。這間學校是一座寬敞的歐式建築，樓高三層，從樓上陽台可眺望市容，看見灰色屋頂、蔥綠樹木與周圍峰谷，景緻極為秀麗。學校設置各種教室，尤其化學教室有各種實驗設備，自然科學教室也提供解說教具，無不讓我驚訝。法國人迦諾（Ganot）的《物理學》（*Physics*）是理科的教科書。

I. L. B.

1 譯註：英國人約瑟夫・李斯特（Joseph Lister）受到巴斯德細菌致腐觀念的啟發，利用石碳酸處理傷口，繼而應用於手術前消毒，使感染率大為下降。

第二十二封信

絹織工廠——女性就業——警察護送——日本警察

久保田
七月二十三日

我接著參觀一家使用手工織機的絹織工廠。工廠聘請一百八十名員工，其中一半是女性。這類產業職缺極為重要，可提供女性非常棒的就業機會，同時促成亟需的社會改革。此處生產的條紋絲綢布料完全供應家庭消費。

爾後，我走上主要街道，逛了許久，買了某種「老鷹」牌煉乳。商標看似正常，開罐之後卻發現裡頭全是茶褐色球狀煉乳，又乾又小，發出惡臭！當時我正坐在店裡，被群眾擠得幾乎要窒息，民眾聞到臭味，突然倒退一大步，讓我得以喘息。此時，警察局長那邊傳來一項訊息，說他對民眾蜂湧圍觀我感到十分抱歉，已經下令兩名警察前護衛，陪我走完剩餘的訪問行程。我很高興能看見身穿黑色和黃色制服的警察，此後便擺脫了煩惱。我在返家的路上，收到了警察局長的名片，上頭留了一段給宿屋主人的話。他為民眾群集圍觀表達歉意，說外國人甚少拜訪久保田，當地百姓應該沒見過西洋女人。

我後來去了中央警察署，探詢如何從內陸前往青森（Aomori）。警察非常客氣，我卻沒有打探到任何消息。無論何處，警察對人民都非常溫和。只要民眾不反抗，警察只要說幾句話或揮一揮手，一切便迎刃而解。他們屬於武士階級（士族），無疑天生便享有高於平民的優越地位。警察面容英武，有點高傲自大，在在顯示難以磨滅的階級差異。

日本的警察總人數為二萬三千三百人，受過教育且正值盛年。倘若他們之中有百分之三十戴眼鏡，也不會妨礙他們有效執勤。有五千六百名警察駐紮於江戶（東京），若有必要，可隨時調遣至各地。京都有一千零四位警察，大阪有八百五十人，其餘一萬人則分散至日本全境。維持警力的費用每年高達四十萬英鎊以上，當然足以有效維持社會秩序。最低階的警察，月薪從六到十円不等。日本警察得處理大量的文書作業，因此每回前往警察局，都會看見他們忙著抄寫文字。我不知警察在抄寫什麼。他們大多是聰明機智且風度翩翩的年輕人，前往日本內地旅遊的外國人確實得仰賴他們。我只要遇到困難，必定前往警局求援。他們會擺出一副高高在上的姿態，但鐵定會協助我。只是警察對路線不熟，很難打探到可用的訊息。

總體而言，跟其他日本城鎮相比，我最喜歡久保田，或許因為它是個純日式的城鎮，正展現歷來最繁榮的樣貌。我不再想要遇到歐洲人，其實我應該遠離他們。我已經習慣了日式生活，而且我這般獨自闖蕩，更能夠了解日本人的生活。

I. L. B.

第二十三封信

霪雨成災——信賴的僕人——伊藤的日記——伊藤的卓越——伊藤的錯誤——預言日本的未來——怪異的提問——優雅的英語——節省的旅費——再度騎乘馱馬

久保田
七月二十四日

我仍然滯留此地，並非因為這座小鎮迷人不已，而是因為陰雨連綿，以至於霪雨和洪水成災。旅者不斷傳來道路不通與橋樑沖毀的消息。伊藤的話經常逗得我樂不可支。他認為，我訪問過學校和醫院之後，鐵定會對日本另眼相看，他可真是會吹牛皮。伊藤詢問過我，我是否注意到學生都像受過教育的人與東京居民一樣，非常沉默安靜，但鄉下人卻十分聒噪。

我已經好一陣子沒提到伊藤了，而我已日漸仰賴他，不僅是為了獲取訊息，更為了能夠繼續旅程。入夜之後，他會保管我的手錶、護照與一半的錢財。我經常自忖，倘若伊藤連夜捲款而逃，我會落入何種境地呢？他不是個好孩子。根據我們的標準，他缺乏道德意識、討厭洋人，而且對我的態度不佳；然而，我不知能否找到比他更妥當的僕人兼口譯。我們離開東京時，伊藤已經能說得一口好英語。他沿路不斷勤奮練習，如今已經比任何官方口譯員說得更好的英語，而且他每天都在擴增詞彙量。伊藤只要掌握某個詞語的意思，便能正確運用，而且他的記憶超強。他每天用英語和日語寫日記，而且花費許多精力觀察周遭事物。他偶爾會將日記內容念給我聽。伊藤是個旅行經驗豐富的年輕人，竟然會對這個北國感到新奇，我聽聞後覺得甚為有趣。他製作了一本宿泊帳與一本運送帳，記錄了所有的帳單與收據，每天將地名拼寫成英文，而且在每筆帳單上寫下旅途距離以及運輸與住宿的支出金額。

他會向警察或陸運公司代理人詢問每個地方的房舍數目，也會打探每個城鎮的特殊貿易情況，然後替我記錄下來。他非常努力，想要正確記錄資訊，偶爾提到他不確定的訊息，他會說道：「倘若訊息有誤，便毫無價值可言。」伊藤不曾遲到或磨蹭拖延。除了替我跑腿辦事，他從不晚上出門。他滴酒不沾且言聽計從，我永遠不必對他重覆說兩次相同之事。他總是隨侍在側，聆聽我叫喚，而且重覆話語時也極為圓融老練，絲毫不掩飾一切都為了自身的利益。他把大部分的工資寄給已成寡婦的母親，此乃「日本的風俗習慣」。他會將剩餘的錢拿去買菓子與菸草，以及頻繁享受按摩之樂。

我毫不懷疑伊藤會為了維護自身利益而說謊。只要人不知鬼不覺，他便會想盡辦法揩油水。除了墮落享樂之外，他沒有絲毫愛心。他不信任何宗教，恐怕是與外國人接觸太多，才會沒有信仰。他坦率直言，偶爾言行令人吃驚。他對於任何話題都直言不諱；然而，或許他口無遮攔，我才能更真切了解世事。除了認為先前的主人有德行，伊藤根本不信男人或女人的美德。他認為日本應該善用洋人的發明，但外國也能向日本借鏡取經。此外，日本最終會超越外國，因為日本接納了所有該仿效之物，同時拒絕了咄咄逼人的基督教。我認為，伊藤懷抱強烈的愛國主義，除了蘇格蘭人或美國人，我從未見過有人如此誇張地展現愛國之心。他能閱讀平假名與片假名，因此鄙視文盲。伊藤根本不尊重洋人的身分或地位，對日本官員卻十分尊敬。他鄙視才智出眾的女性，卻會以市井之徒的姿態與樸實的茶屋侍女調情。

伊藤老想說出最棒的英語。我只要說某個單字屬於俚語或普通詞語，他便將其打入冷宮而不再使用。偶爾，天氣晴朗或事情進展順利，他會發揮幽默，沿途與我交談甚歡。我前幾天說道：「What a beautiful day this is! 」（真是美麗的一天！）他馬上便拿出筆記本，說道：「你說這是 beautiful day。外國人遇到好天氣時，通常會說 a devilish fine day（極其美好的日子），beautiful day 會比較優雅嗎？」我回答說那是「普通」用法。此後，伊藤便經常把 beautiful 掛在嘴邊。他又曾問我：「你不像其他外國人提問時說：『What the d-l[1] is it?』（它到底是啥？）是否男人可以這樣說，但女人不適合？」我告訴伊藤，無論男女都不該這樣講，那是非常「普通」的說法，然後我便發現他在筆記本把這個說法擦掉。

伊藤起初總是使用 fellow（傢伙）這個字來指男人，好比「Will you have one or two FELLOWS for your kuruma? 」（你的人力車需要一個還是兩個傢伙來拉？）或「FELLOWS and women」（傢伙和女人）。他也將主任醫師稱為「傢伙」。我告訴伊藤，這種用法屬於俚語，至少有點「口語」，他後來兩天便慎重使用 man（男人）與 men（男人們）這兩個字。伊藤今天帶了一個患眼炎的男孩來見我，我驚叫：「Poor little fellow! 」（可憐的孩子！）到了晚上，他質問我：「你叫那個男孩 fellow，你不是說那個字不文雅嗎！」許多旅居橫濱的外國人習慣亂用英語，讓伊藤搞不清楚正確與錯誤的用法（假設他知道如何區分）。當他想告訴我他看見一個醉醺醺的男人，總是會說「a fellow as drunk as an Englishman」（一個跟英國人喝得一樣醉的傢伙）。

我在日光時曾問伊藤，日本男人可以擁有幾位合法的妻子？他回答：「只能有一位合法妻子，但只要養得起，想納多少妾（mekake）皆行，如同英國人一樣。」伊藤從不忘記更正過的用法。他以前提到喝醉的人時，老是使用tight，我告訴他這個字是醉醺醺的口語俚語用法。當我告訴他可用tipsy（微醺的）、drunk（喝醉的）與intoxicated（酩酊大醉）來表示醉醺醺之意，他問我哪個字屬於優雅的書面詞語。伊藤得到答案之後，便一直使用intoxicated來描述喝醉酒之人。

伊藤喜歡大城市，不時勸我別走我喜歡的人煙罕至之境。當他發現我不為所動時，總是會說：「當然，你想怎麼做都行；對我來說都一樣。」我認為這句話出自他的肺腑之言。我倆的食宿與旅費大約一天六先令六便士，滯留某地時大約一天要花二先令六便士，包含各種賞錢與臨時支出。誠然，食宿會包含茶水、米飯、雞蛋、盛滿一個銅盆的清水、一盞行燈與一個空房間。所有的村莊都飼養許多雞，但村民不會把雞賣給人宰殺，卻很樂意把雞賣給打算養雞使其繼續下蛋的人。伊藤幾乎每晚都會告訴我，他替我找葷食時如何吃上閉門羹，我聽得樂不可支。

這次的旅行，讓我感覺最像「騎在橫木上」（a ride on a rail）[2]。我已經騎過（不是坐過）七十六匹恐怖的馱馬。牠們總是走得跌跌撞撞。多數馬匹的臀部高於腰部，騎上去人會向前傾，而且馱馬背骨向上隆起，坐起來極不舒適。馬匹後腳前端尖細且向上翹起，從小便馱負重物，後腿就像貓咪一樣朝外彎曲。正因為如此，馬匹才會邊走邊搖晃，穿上笨重的草鞋後，會搖晃得更厲害。夏季時，馱馬會吃樹葉，配上煮軟的搗碎大豆。牠們不睡在稻草上，而是睡在樹葉編織的床上。在馬廄內，馱馬的頭會被繫在「尾巴之處」[3]。飼料不是放在馬槽裡，而是裝在吊掛的木桶裡。本區飼養的馱馬，售價從十五円到三十円不等。我從未看見此地馱馬超載貨物或者遭人虐待；牠們不會被人踢踹或挨打，也不會被人狠狠咒罵。馱馬死後被人安葬，墓地還會立起石碑。體衰力薄的馱馬若能早點離世，或許比較妥當。然而，此地居民大多信奉佛教而不願殺生。

I. L. B.

---

1 譯註：down low。

2 譯註：十九世紀時常見於美國的一種私刑。受罰者要跨坐於橫桿上遊街示眾，最後會被丟棄於路旁。

3 譯註：頭尾的位置顛倒。

第二十四封信

海草的象徵——下午前來的訪客——神童——欣賞書法——兒童崇拜——借用和服——嫁妝——傢俱——婚禮

久保田

七月二十五日

天氣總算出現好轉的徵兆，我打算明日啟程。我剛寫下這句話，伊藤便進來轉話，說隔壁的人想瞧瞧我的擔架床與蚊帳。他們送我一盒菓子當作禮物，上頭一如既往附著些許海草（熨斗昆布）[1]。日本人相信自己是漁業民族的後裔，為此感到自豪。惠比須（Yebis）是日本家庭祭祀的漁民之神，廣受百姓歡迎。將一片海草伴隨禮物送給普通人，或者將乾魚皮[2]伴隨獻禮進貢天皇，在在記載這個民族的起源，同時象徵樸素勤勉的尊嚴形象。

當然，我同意接待這些訪客。當時氣溫為華氏八十四度（攝氏二十九度），五位男人、兩位男孩與五位女人進入我的低矮房間，頭朝地鞠躬三次之後，便端坐於地板，顯然打算在此待上一整個下午。他們相互傳遞擺放茶菓的托盤，而且帶來了菸草盆。這些訪客都吸菸，正如我先前告訴伊藤，所有禮數都得仔細走完一遍。他們說道，能拜會我這位「尊貴」旅者，至感榮幸。我也回說能遊歷他們的「尊貴」國度，同樣三生有幸，我們接著便相互深深鞠躬。然後，我將布倫頓先生的日本大地圖在地板上攤開，告知他們我旅遊的路徑，並且展示「日本亞洲協會」會刊，向他們指出要由左至右唸英文，不是從上往下讀。我還出示針織物與柏林絨線（Berlin）織物，令他們大開眼界，而我的壓箱寶皆已搬出來展示了。然後，換他們向我獻寶。我發現他們真正目的，乃是要向我介紹一位「神童」。

那個男孩四歲，頭髮全剃光，唯有頭頂尚遺留一縷頭髮，神情嚴肅，老成威嚴，透露異於常人的思考能力。他穿著鮮紅絲綢袴與一件深藍色的條紋絲綢和服，彬彬有禮，目光聰慧，環顧四周，優雅拍著團扇。倘若用童言童語向這位神童說話、向他展示玩具或試圖逗樂他，這些幼稚舉動就算是侮辱他。殘酷的大人早已教他讀書寫字，甚至要他吟詩作對。神童的父親說，他從不嬉戲遊玩，像成年人一樣明瞭世事。我似乎應該聽從民意，要求這位神童寫字，便照辦不誤。

此乃莊嚴的揮毫獻墨。一張紅布置於地板中間，上頭放著塗漆筆硯盒。這位孩童在硯臺上磨墨，展開四張五英尺長的卷紙，然後書寫九英寸大的漢字。神童運筆時，遒勁奔放，流水行雲，輕鬆寫意，宛如義大利畫家喬托在描摹圓形。他用朱紅名章蓋印，然後鞠躬三次，結束書法展示。民眾競相委託他書寫掛物與看板，他那天收到了十円（大約兩英鎊）的謝禮。神童的父親將與他一起前往京都，看看是否也有不滿十四歲的孩童能夠展紙揮毫。我從未見過如此誇張的兒童崇拜。神童的父親、母親、朋友與僕人將他視為王子，對他百般呵護。

宿屋主人極有禮貌，邀請我參加他姪女的婚禮，而我剛從喜宴返家。亭主有三位「妻子」，一位住在京都、另一位住在盛岡（Morioka）、第三位最年輕的則和他住在此處。這位妻子有許多和服，挑選了她認為合適我的服裝：一件綠色絲綢縐紗襯裙，一件色澤較深且有條紋的綠色柔軟絲綢和服，上頭縫著白色縐紗摺線，頸部裝飾金紗，搭配一條凸紋綠色絲綢腰帶，四處繡著金色家紋徽。我與宿屋主人一同前往婚禮，但伊藤並未受邀而心生不滿。少了伊藤，我彷彿五官缺一，返回宿屋之前，無人向我解釋婚禮內容。

我從書中讀過結婚禮儀，這場儀式與我所知的不甚相同。我讀到的可能是士族階級的結婚儀式。這對新人是富商後代，卻屬於平民階級。

嫁妝與傢俱清晨便送往新郎家，我則得允先去察看。有數條繡著金色刺繡的絲綢腰帶、幾匹製作和服的錦緞絲綢、幾件絲綢縐紗、許多縫製好的服裝、一塊白色絲綢、數樽清酒，以及七種調味料。日本女性不戴珠寶首飾。

傢俱包含兩個塗漆精美的木枕（其中一個有置放髮夾的抽屜）、數個木棉蒲團、兩個極為美麗的絲綢蒲團、數個絲綢靠墊、一個塗漆裁縫箱、一台紡車、一個塗漆飯櫃與長柄勺、兩個紋飾鐵壺、各類廚房用具、三個青銅火缽、兩個菸草盆、數個塗漆盤與膳食桌、瓷壺、茶壺、茶碗、漆碗、兩個銅盆、數條毛巾、幾根竹條，以及鑲嵌圖案的塗漆陳列架。這些器具極為精緻，女方雙親鐵定非常富有。清酒是根據嚴格的禮俗送達。

新郎二十二歲，新娘十七歲，面塗濃厚白粉，遮掩了實際容貌，但我覺得她端莊秀麗。到了傍晚，新娘在父母與親友的陪同下，乘著轎子抵達新郎家，列隊之人皆提著中式燈籠（提燈）。宿屋主人與我抵達會場時，婚禮正在一個大房間裡進行。新郎的雙親與朋友坐在一側，新娘的親友則坐在另一側。兩位穿著華麗的年輕女孩領著新娘進場。新娘婉約動人，身穿雪白絲綢，從頭到腳覆蓋白色面紗[3]。新郎已經坐在房間中央靠近上部的地方，但沒有起身迎接新娘，只是注視著地面。新娘坐在新郎對面，但從未抬頭。前面擺放著一張矮桌子，上頭有裝滿酒的彎嘴酒壺、幾樽酒與數個酒杯。另一張桌子擺著代表松木與盛開梅花的小飾品，還有一隻鶴站在龜背上；龜鶴象徵長壽，梅松代表女性之美與男性力量。不久，每位賓客面前都擺著裝滿餐食的膳食桌，祝宴便開始，眾人大聲嚼食，暗示餐點可口美味。

這只算是前奏。此後，引領新娘進場的兩位女孩傳遞托盤，盤上擺著三個盛滿酒的杯子。每個人都得一飲而盡，露出杯底的福神圖案。

爾後，新娘與新郎退場，換裝後又隨即現身。新娘仍然批覆白色絲綢面紗，這件婚紗日後將成為她的壽衣[4]。有人端出古舊的金漆托盤，上面擺著三個酒杯，兩位伴娘斟滿清酒，擺在新娘的公婆與新娘前面。新娘的公公先喝這三杯酒，把酒杯遞給新娘，新娘喝了兩杯酒之後，從公公手中接下一份盒裝禮物，然後再喝第三杯酒，接著把酒杯交還公公，公公又再度喝下三杯酒。接著送上米飯與魚肉，新郎的母親拿起第二個酒杯，斟滿酒後連續乾杯三次，然後把酒杯遞給新娘。新娘用這個酒杯連喝兩杯酒，接著從婆婆手中接下另一份盒裝禮物，然後再喝第三杯酒，接著把酒杯交還婆婆，婆婆又再喝了三杯酒。接著送上了湯，新娘拿著第三個酒杯喝了一杯酒，然後把酒杯遞給公公，公公又喝了三杯酒，新娘又接回酒杯，喝了兩杯酒，最後婆婆又喝了三杯酒。如果你搞得清楚我在說什麼，便知道這三人各喝了九杯濃酒！[5]

爾後，兩位伴娘拿起彎嘴酒壺，遞給新婚夫婦，使這對新人交替飲酒，飲盡為止。據說這個最終儀式，象徵夫妻倆共同品嚐悲歡離合。兩人結為連理後要攜手相伴，共度一生，或者離婚分手，各奔東西。

按照習俗，飲用清酒或葡萄酒似乎構成了結婚儀式，而且只能招待親戚參加。婚禮賓客到場之後，立即在晚上吃喝慶賀；餐點內容簡單，而在婚宴中喝醉並不合時宜。每項細節都得合乎禮儀，這些禮儀已流傳數個世紀。婚宴是在哀傷沉默的氣氛中進行，倘若不感興趣，會覺得沉悶乏味。這位年輕新娘臉上塗滿白粉，嘴唇塗抹紅色胭脂，無論外觀或舉止，皆像個人偶。

I. L. B.

1 譯註：熨斗昆布。所謂熨斗（のし），就是送禮時裝飾用的禮籤，把方形紙折成六角形，上寬下窄，古代內包乾鮑魚絲。顧名思義，熨斗昆布乃是替代熨斗鮑的昆布。

2 譯註：熨斗鮑。

3 譯註：應指「白無垢」，表裏完全純白的和服。古代日本將白色視為神聖的顏色。

4 譯註：「經帷子」，根據佛教禮節給死者穿的白壽衣。

5 原註：我不知是哪種酒這麼不容易讓人喝醉。然而，人喝完後似乎不會酒後失態，它必定是淡的葡萄酒或清酒。

第二十五封信

假日場景——祭典——狂歡景點——祭典的山車——神祇與惡魔——可能興建的港口——鐵匠舖——富有的釀酒廠——「奇特的景象」

鶴形

七月二十七日

走了三英里，沿途路面平坦，擠滿久保田半數的居民。有人步行，有人搭人力車。可見馬匹拉動的紅色貨車、搭乘人力車的雙人警察、數百名被家長揹著的兒童，以及數百名步行的孩童；另有神情莊重的早熟女孩，以鮮紅縐紗和鮮花當髮飾，踩著高木屐，搖搖晃晃，艱辛邁著步伐；男人與女人成群結隊，但有禮有守，絕不混雜；販售糕點與菓子的貨攤，小販扯開嗓子，高聲叫賣；女店員製麻糬餅迅速，客人吃完隨即補上；右側是一望無際的水田，恍如一片綠海，左側則是青綠色的浩瀚汪洋；久保田的灰色屋頂向外延伸，置身於綠野之中；深藍色的太平山遮擋向南的視野，天氣晴朗，夏季陽光灑滿大地。眼前一片繁華盛景，歡欣愉悅，乃是我在日本見過最和樂的景象。

男女老幼、貨車與人力車、警察與騎馬者，無不急著前往久保田的帆船港口。那個平凡城鎮名為「港」（Minato），眼下正舉辦祭典，慶祝神明[1]誕辰。我發現某些物體高聳於低矮的灰色房屋之上，乍看之下猶如五根巨大的黑色手指，又彷彿裹著黑布的樹木，嗯，還是別比擬了，反正也猜不透。

人力車已無法前行，我們便下車混入人群。民眾蜂擁擠在一條近一英里的狹窄街道。街道寒酸，路旁盡是破敗的茶屋與店家；其實，人群過於擁擠，幾乎遮掩了街道，只見沿路掛滿紙燈籠。粗糙的架子支撐著鋪設疊蓆且有頂蓋的壇，壇上遊人喝茶飲酒，眺望底下的芸芸眾生；另有耍猴戲與狗戲的劇場，兩隻肥羊與一頭瘦豬吸引民眾目光，因為此區罕見這些動物；在一個攤位上，民眾只需花二錢，便可觀賞某個女人每半小時把自己的頭切下來的表演；有一列人抬著裝飾神社屋頂般的山車[2]，四十個男人以繩索牽引車子，上流階級的孩童在上頭載歌載舞；有一間正面敞開的劇場，兩位男人身穿古裝，裙袖垂地，在台上緩慢表演古典舞蹈。他們動作扭捏，不時靈巧揮舞袖子，偶爾也猛力跺腳，以沙啞嗓音高喊「No」（ノー）。毫無疑問，我這位洋女人依舊吸引了群眾目光。日本人非常崇拜兒童，地面鋪設的疊蓆上販售各種面具、娃娃、糖果人偶、玩具與菓子。日本父母只要參加祭典，鐵定會購物孝敬孩子，孩童拿了禮物之後，便會握在手中或置於袖子裡。

警察告訴我，二萬二千人從別處前來港口參加祭典；即使來此度假的民眾高達三萬二千人，二十五名警力也夠用。在下午三點之前，我沒看見有人酒醉鬧事。當我離開時，也沒瞧見任何粗魯或不當行為，更沒有被民眾粗暴推擠，因為即便在最擁擠之處，百姓也會自動自發在我身旁圍成一圈，讓我得以喘息。

我們去了人潮最擁擠之處，旁邊有兩輛宏偉山車，遠遠便瞧見它們的巨大身影。這些山車由長三十英尺的粗樑構成，有八個巨大的實心輪子。上頭有數個木構突出物，猶如平坦的杉樹枝椏，頂部尚有兩個高低不齊的尖頂，整體結構的高度幾近五十英尺。所有突出物皆覆蓋黑色棉布，松樹枝從布裡向外突出。中間有三個小車輪，上下重疊，覆蓋有條紋的白色棉布，象徵瀑布；底部的另一條白布則代表河流，尚有一條藍色棉布，下方暗藏一對風箱，吹皺著藍布，使其飄動猶如海洋。整體結構象徵神道教神祇殺死魔鬼的山峰；然而，我卻沒看到更為粗魯野蠻之物。

在每輛山車前方的天篷底下，有三十人演奏樂器，樂音刺耳煩人，營造地獄的恐怖氛圍，以此象徵惡魔，而非征服魔鬼的神祇。高處的突出平台上擺著一群類似妖怪的偶像。有一尊身穿銅製盔甲的巨大人偶，極像寺院的仁王，正在宰殺一隻令人作嘔的惡魔。另一座台上是某位大名的女兒，正在撥弄三味線，她身穿金色長袍，華麗的緞子衣袖裝飾花朵。尚有一個台子，其上安置一位獵人，為實物的三倍大，正在屠殺一匹也放大成同等倍數的野馬，馬皮是利用棕櫚樹葉包裹成毛茸茸狀來代表。有些台上擺設鮮豔的神祇，與凶惡的魔鬼混雜並排。兩百個男人以三個小時一英里的速度拉著這兩輛山車滿街跑，有一些人則拿著棍子，協助巨大的車輪脫離泥坑。這項祭典猶如英國的市集、節日或慶典，早已喪失原本的宗教意味。它歷時三天三夜，今日已是第三日，乃是祭典的高潮。

我們騎著性情溫和的馬匹上路，牠們與山形縣的凶猛畜牲截然不同。從「港」到鹿渡（Kado）路上，有一處極為奇特的潟湖，大約長十七英里，寬十六英里，透過一條狹窄河道與海洋相連，兩旁有名為真山（Shinzan）與本山（Honzan）的山岳。兩名荷蘭工程師正在報告這處潟湖的功能。倘若無需花費巨額成本便能加深潟湖出口，日本西北部便能獲得一處亟需的港口。沿路可見廣袤的稻田與諸多村莊。路面泥沙甚深，兩旁古松枝枒輪囷，偃蹇怒張。數百位民眾來自四面八方的農村，或騎馬，或步行，沿著這條松樹夾道的林蔭路前行，趕往「港」參加祭典。陰雨連綿四日之後總算放晴，眾人沐浴於艷陽之下，倍感歡欣喜悅。有數百匹俊俏的馬匹，披覆鮮紅布匹，掛著塗漆馬具且裝飾皮製網簾。許多馬匹懸垂縷縷稻草與韁繩，安置猶如哥德式（Gothic）屋頂的尖挺馬鞍，兩側揹負馱籠，籠內分別坐著兩名神情嚴肅的小孩，偶爾甚至會看到一位父親或第五位小孩坐在馬鞍上。

我感到極為不適，不得不在名為「虻川」（Abukawa）的破敗村莊暫住一宿。我住在閣樓，那裡充滿跳蚤，米飯也是髒到難以下嚥。宿屋主人的妻子飽受嚴重的皮膚病折磨，跟我同坐在疊蓆上一個小時。泥土砌成的房舍已經消失，整個村莊的住宅皆為木造，但虻川老舊破爛，隨處可見斷樑斜柱，突出於路旁，過客稍不留意，便會被敲到頭。村裡的打鐵匠住在對面，但他並非身強力壯，打鐵時也不會激起令人驚嘆的火花，如同我們兒時在塔滕霍爾（Tattenhall）[3]鐵匠鋪看到的那種令人喜悅的光景。地板上的粉炭燃燒著火焰，一名精瘦骯髒的跟班不時撥弄與補充粉炭，更瘦小骯髒的鐵匠帶著護目鏡，身穿圍裙，老坐在火堆前，用腳踩風箱鼓風，一邊手拿夾子加熱鐵棒，一邊以槌子敲擊鐵棒，叮噹之聲持續至半夜。鐵棒與生鏽的鐵器掛在被煙燻黑的牆壁。鐵匠動作嫻熟，一群男人閒來無事，站在旁邊圍觀，此乃虻川鐵匠舖的光景。我站在陽台看著這一切，那群赤裸身體的圍觀民眾整晚呆立於鋪子前方，嘴巴張著，不發一語，看著鐵匠辦事。

一大清早，天下著毛毛雨，同一群面容憂鬱的人又再度現身。爾後雨勢漸強，變成傾盆大雨，足足持續了十六個小時。我今日上路之後，看見低矮的山丘與寬廣的河谷水田，農民在田間攪弄水稻去二度除草。我踏上了崎嶇難行的道路，路經美麗的村落，看到許多藍草[4]，不過甚少遇到路人。我在盛岡（Morioka）與其他村莊注意到一件事：若看到一間高大精緻的房舍，猶如富貴之家，四周被堤防包圍，那戶人家鐵定是釀酒廠。看見當作看板的藤枝，便表示該處釀酒且販售清酒[5]。酒店看板種類繁多，不一而足，有長年使用而破敗的樅枝，亦有不斷替換的強健松枝。昔日的英格蘭酒店也是使用樹枝當作招牌，英日兩地習慣雷同，煞是有趣。

那天下午，風雨強勁，無法騎馬，我只好沿著松樹夾道的道路步行了數英里，踩過一英尺深的水，連油紙簑衣都淋濕。歷盡千辛萬苦，總算抵達了豐岡（Toyoka）。我的身體浸溼了一半，感到非常寒冷。我上到乾淨的閣樓，在火鉢旁哆嗦打顫，並且吊起滴水的衣服，但隔天又得穿著這些濕透的服裝趕路。到了凌晨五點，豐岡居民全部聚集在門外。我吃早餐時，不僅吸引外頭民眾的目光，還有大約四十多個人站在土間或爬上梯子打探我。當宿屋主人要求眾人離開時，他們說道：「你打算獨享這個奇特的景象，這樣既不公平，也不敦親睦鄰，而且我們日後可能再也見不著西洋女人了。」因此，屋主便允許這些人留下來！

I. L. B.

1 譯註：天照大神。
2 譯註：祭典時眾人拉著行走的彩車或花車。
3 譯註：作者生長的切斯特郡的村莊。
4 譯註：可提取靛藍染料的植物統稱，譬如蓼藍、菘藍、木藍與馬藍。
5 譯註：舊時酒店使用長春藤枝當作招牌。

第二十六封信

旅途勞頓——湍流與爛泥——暴躁的伊藤——盲人按摩者——所謂的猴子戲團——所謂的渡船——過境困難——危險的米代川——船客淹死——夜間騷亂——吵雜的宿屋——邁向暴風的旅客——「是的！是的！」——夜晚再度被人叨擾

大館

七月二十九日

我的脊椎極為疼痛，已有七日無法每天走完七到八英里。即便要完成這麼短的路程，也是艱苦萬分。我先用自帶馬鞍，然後使用馱鞍（pack-saddle），最後親自跋涉泥濘地。我只能咬牙前進，別無他法。我一抵達夜間入宿之處，必須立即躺下休憩。唯有身強力壯，方能遊歷日本北部。舟車勞頓無可避免，天氣卻又極度惡劣，果真雪上加霜。當然，這也影響我對日本的觀感，因為霪雨霏霏，天濕地濘，沿途村落顯得灰暗落魄，遠不如晴空萬里時那般明亮爽朗。傾盆大雨，鎮日不停，三十年來未曾出現這般天氣。我頭戴斗笠，身穿簑衣，依舊全身濕透。擔架床鋪了防水油紙，還是被雨淋濕，我只能耐著性子，一連數日睡在濕透的床上。然而，天氣依舊不見好轉。在往北途上，河水高漲，水流湍急，我必須冒著狂風大雨前進，忍受身體痛楚的煎熬。伊藤向我表達憐憫之意，但他言語間卻顯露不悅之情：「我知道你很難受，但不斷向我抱怨根本無濟於事。我幫不了你，最好請盲人按摩師替你按摩！」

在日本的城鎮與鄉村，每晚都會聽到一個男人（或許多男人）邊走邊吹著特殊的低沉哨音，而在大城鎮裡，噪音也相當擾人，那是盲人發出的聲響。然而，日本完全沒有盲眼乞

頭戴斗笠、身穿簑衣的自畫像。

丐，那些盲人能自我獨立，從事令人尊敬的職業，替人按摩、借貸金錢或演奏樂器謀生，屬於富裕的階層。

從豐岡動身之後，一路走來，倍感艱辛。那日雨勢不停，霧氣朦朧，只能隱約看見浮現於地平線的低矮丘陵、松林荒地、灌木叢與淹沒的稻田；沿途行經各種村莊時，路旁會出現一英尺深的泥濘地，偶見衣衫襤褸、渾身骯髒的路人。唯一例外的，乃是名為「檜山」（Hinokiyama）的士族（武士）村莊，它座落於一處美麗的山坡上。該處的獨棟房舍精緻亮麗，設置美麗的花園，有簷牙深邃的門戶，更有綠草如茵與石階露台，顯得精緻、安寧且舒適。此區處處栽植藍草，因為下層階級百姓幾乎穿著藍色和服。

在某個大村莊附近，我們沿著一條堤道騎馬前行，穿越四周的稻田。伊藤在前頭騎馬領路，偶遇一批剛放學的孩童。他們接近我們時，立即轉身跑開，有人甚至跳入溝渠。這些孩子一邊逃跑，一邊尖叫。馬伕從後頭追他們，逮住了跑最慢的那個，把他拖回來詢問。那個男孩驚慌失措，不停掙扎，馬伕見狀，笑個不停。男孩說道，他們以為伊藤是耍猴戲的人，亦即猴子戲團的主人，而我是一隻大猿猴，擔架床則是舞台支架！

我們跋涉泥濘前行，發現富根（Tubine）的人想慰留我們。他們謊稱河流暴漲，渡船皆已停駛。然而，我經常誤信虛假消息，於是替換馱馬，繼續沿著美麗山坡的小道前行，該處可俯瞰米代川（Yonetsurugawa）。米代川是一條大河，因雨暴漲，靠近海洋時，河水幾乎流遍全境。暴雨仍不停歇，戶外行業皆已歇業。屋簷下掛滿稻草編織的簑衣，不停滴著雨水。我們的油紙簑衣也被淋濕，馱馬一邊滴著雨水，一邊冒著熱氣。

爾後，我們滑下了一道陡峭險坡，進入名為「切石」（Kiriishi）的小村莊。該處有三十一戶人家，群聚於林木茂密山坡的柿子樹下，全部陷於泥濘之中，骯髒破敗，連入內躲雨五分鐘皆不可行。我們後來抵達河川旁的堤防，那條河寬四百英尺，河水翻騰，捲起漩渦，猶如推動磨坊水車的水流，不時發出悶響。我們看到官廳發佈的命令，禁止人馬渡河。我尚未來得及思索，馬伕便將行李置於泥水中的小島上，然後登上小丘。我真的希望日本政府少管些事。在這緊要關頭，我們看到一艘小舟在對面順流而下，小舟靠岸之後，一名男子登上了陸地。伊藤和另外兩個馬伕大喊，揮舞雙手，試圖吸引對方注意。河流湍急，響聲隆隆，對岸卻有人回應，令我喜出望外。激流強烈，船夫必須從對岸擺船半英里，大約花了四十五分鐘，才抵達我們這邊。他們準備返回小繫（Kotsunagi），恰好是我打算前往之地；然而，雖然距離僅二點五英里，卻花了大約四小時才抵達，船夫做的乃是我見過最艱苦的工作。他們艱辛擺船，血管和肌腱幾乎爆裂，全身肌肉都在顫抖。河水浩瀚，深八至十二英尺，泥流滾滾，捲起漩渦；每每船夫施盡全力撐船，船槳與背骨似乎要斷裂了，小舟仍舊靜止不動，不停顫動，如此持續三至四分鐘。過去數日沿途跋涉，前行緩慢，毫無新鮮事可言，唯有這趟渡河之行令人興奮。更上游處出現遭洪水淹沒的樹林，進入樹林之後，船夫拖拉樹木前行，節省了不少力氣；然而，出了樹林之後，另一條河又匯聚到米代川，水勢更加猛烈，響聲益發巨大。

我當時一直注視一艘對側上游的巨大屋形船，有十個男人正在奮力替它搖槳擺船。當時，那艘船離我們半英里。不料，湍流沖倒了船客，屋形船立即回轉，迅速順流而下，甚至橫越河流，從側面朝我們猛衝而來。當時湍流強勁，我們無法逆流而上，左側又有大樹阻礙，頃刻之間，屋形船似乎會將我們的小舟撞得支離破碎。伊藤滿臉恐懼，飽受驚嚇而臉色發白，實在好笑。我當時腦筋空白，只想到載滿一家子的大船正威逼而來。當船離我們不到兩英尺時，撞上了一根樹木，瞬間便滑離而去。那些船上的人抓住一根削頂樹木，將繩索纏繞於樹幹上，八個人依次背靠背，一起施力抓住樹幹。不料，樹幹突然斷裂，後頭七個人往後倒，最前面那人卻跌落河中不見蹤影。那家人當晚鐵定會悲傷不已。屋形船顫顫巍巍向下流，一棵樹卻夾在了大桅杆與醜陋的帆桁之間，止住了順流之勢而穩住了船。目睹這場意外，令人悲傷。我問伊藤危險當下他有何感想。他回答：「我希望以前有好好善待我媽。說句老實話，我希望（死去後）能去到美好的地方。」

不同的河上會出現樣式迥異的船隻。這條河上行駛的船有兩種型式。我們那艘屬於小船，平底，長二十五英尺，寬二點五英尺，吃水六英寸，入水後非常低矮，船身兩側稍微向內彎曲。船身朝船頭漸向上彎曲，形成極長的弧線，止於船頂高處。

黃昏降臨，薄霧漸散，眼前展現一幅如詩如畫的村野景緻。接近小繫時，河水匯入狹窄峽谷，兩側峭壁聳立，佈滿深綠色的松杉。若要渡河，必須前往離目的地上游一英里處下船。我們順著急流航行，不消數分鐘，便抵達對岸碼頭，該處林木深邃陰鬱，一片泥濘汪洋。我們得摸黑前進，艱辛跋涉至宿屋。爾後，濃霧圍攏，雨勢轉強，土間滿佈黑色污泥，深及腳踝。廚房沒有天花板，可直接瞧見屋頂，屋頂與屋椽被煙燻得漆黑，潮濕的木塊燃燒著熊熊大火。圍爐裏（地爐）的木塊餘火未盡，十五位男女老幼圍繞橫躺於旁，無所事事，旁邊行燈發出微弱火光。此地確實風景如畫。他們用精緻的拉門在最深邃的陰暗處替我隔出房間，猶如昔日大名的座敷（鋪蓆的日式房間），令我非常滿意。房間迎向潮濕的花園，而磅礡大雨，徹夜不止。

今日旅行的唯一收穫，乃是一朵美麗的百合花。我把花送給宿屋主人，主人便將其插在神棚（神壇）上一尊貴重的古薩摩（Satsuma）[1]小瓷瓶內。到了早晨，這朵百合欣然綻放。

我睡得非常香甜，直到伊藤入內叫醒我，直說外頭謠言四起，旅人告訴他首相遭到暗殺，另有五十名警察喪命！（我爾後抵達蝦夷時，方知道少數禁衛部隊〔Imperial Guard〕曾經叛變，眼下的聽聞純屬訛傳。）在這些偏遠地區，不時流傳荒謬的政治謠言。過去十年，日本歷經政治變遷，農民對此缺乏信心，近來又謠傳首相遭到暗殺，我覺得這並不妥當。我不信這類傳聞，即使熱衷政治，也得講點常識；然而，我非常關心日本情勢，這類謠傳總讓我感到不安。數小時之後，伊藤再度現身，鬢角有道血痕。原來他要點燃菸斗時（日本人的夜間惡習），頭不小心撞到火鉢。我總是穿著日式和服睡覺，以便應付緊急情況，因此立即替伊藤包紮傷口，然後又翻身入睡，直到翌日清晨被豪雨聲吵醒。

我們清早便動身，但路況極差，窒礙難行，走不了多遠。大雨滂沱，鋪天蓋地而來，道路幾乎無法通行。我的馱馬跌倒五次，讓我甚感疼痛與疲憊，幾乎深陷絕望，認為自己難以抵達海岸。此處乃荒郊野外，雇不到轎子或其他交通工具，只能騎乘馱馬。我昨日不用自帶的馬鞍而改用馱鞍，豈料馱鞍形狀怪異，鞍背角度奇特而難以騎乘，上頭還鋪著浸溼且許久未清洗的蒲團。圓材、馬具、馬背、窪凹地，無不令人惱怒。馱馬滑下山坡時，我得坐在牠的臀胯部，抓緊兩條繩索。馱馬顛簸爬坡時，我幾乎又要滑落到牠的屁股後頭。

傾盆大雨，毫不歇息，但白霧散去，偶現杉林茂密山峰，深覺此地美不勝收。我們下行深谷之際，可見佈滿苔蘚的漂礫、地衣覆蓋的樹椿，以及地毯般的整片蕨類。金字塔形的柳杉遭大雨淋濕，散發迷人香氣，黃濁洪水在峽谷間奔流，浪濤排空，氣勢如虹。尚有低矮山丘、叢生雜木林、廣袤稻田與滔滔洪水。然而，我得坐穩馱鞍，屁股下的蒲團早已濕透，雨水打濕衣服，順勢流入靴子，腦中老想著入宿之後，必須睡在浸濕的擔架床上，換穿潮濕的衣服，隔天又得穿上溼答答的服裝趕路。一想到這些，即便眼前美景如畫，依舊打不起精神。沿路村莊貧窮破敗，多數房舍皆以隨便釘好的木板搭建，屋側也是隨便用捆綁的稻草遮掩。房舍沒有窗戶，裂縫皆冒出白煙，絲毫不像日本南方的住宅。它們如同猶斯特島（Uist）[2]上的「黑色小屋」，或者肯特郡（Kent）[3]美麗村莊的小屋。這些農民尚需學習生活的藝術。

我抵達綴子（Tsuguriko）後，發現驛舍極為骯髒，不得不冒雨坐在街上。他們說橋樑皆已沖毀，無法涉水而過，只能往前再行一里路。然而，我依舊雇了馬匹。我展現英國人的頑強性格，馬伕也願意幫忙，逐一雇到不掛任何器具的馱馬，接著搭乘小型平底船橫渡暴漲的早口川（Hayakuchi）、岩瀨川（Yuwase）與持田川（Mochida），最終渡過老朋友米代川的三條支流。激流濺起水花，沾溼了乘客的肩膀與馱馬的背脊，還有一百名日本人瞧著我這位洋人從事「愚蠢行為」。

我想要告訴你我遇到的善良人士。這兩位馬伕特別親切。當他們得知我急於前往蝦夷，免得受困於內陸荒野，便盡其所能幫助我。他們會輕輕把我從馬匹上抬下來，讓我踏著他們的背上馬，偶爾也會摘了滿手的野莓讓我品嚐。野莓聞起來如藥物般惡臭，令人作嘔，但我基於禮貌，依舊勉為其難吃了。他們建議停留在名為川口的美麗古樸村莊。然而，當地潮濕不已，四處長滿綠色黴菌，綠色與黑色的溝渠更散發惡臭，即便路過也覺得臭不可聞，因此我決定繼續騎馬前往大館（Odate）。該鎮非常擁擠，人口有八千，但建物傾頹，顯得淒涼破敗，屋頂以樹皮遮蓋，其上壓覆石頭。

宿屋擠滿了因暴風雨而滯留的旅客，我拖著沉重腳步，挨家挨戶探尋落腳處，但我痛苦不已，幾近崩潰。此外，我還遭受大批民眾擠壓，一名警察也不時打擾我，沿途跟在後頭，在最不合宜的時刻強行查驗我的護照。探尋許久之後，我只能入住於一間紙糊的拉門隔出的房間。房間緊鄰土間與廚房，四周喧鬧嘈雜。五十名幾乎全為男性的旅人聚集在此，個個拉大嗓門說話。他們使用令人費解的方言，激怒了伊藤。眾人烹煮、沐浴與進食，甚至還用吱嘎作響的升吊裝置不停從水井取水，吵雜喧鬧，從凌晨四點半持續到夜晚十一點半。連續兩晚，眾人飲酒作樂，恣意喧嘩，藝妓也演奏不諧調的樂音而更添騷亂。

最近，無論前往何處，總會聽到人們把「ハイ」（Hai，意為「是的」）發音為「ヘー」（He）、「チ」（Chi）、「ナ」（Na）與「ネ」（Ne）。伊藤對此甚為反感，因為這些音聽起來猶如穢語或感嘆詞，而非回應對方的話語，而且似乎經常被用來表示尊重或引人注意。這些音通常響而尖銳，偶爾會變成喉音，有時候又像是嘆息聲。在宿屋裡，各種聲響充耳可聞。我會聽到低沉的混雜人聲，女僕高聲的「ハイ」更是迴盪於宿屋之內。日本人習慣大聲說這個字，剛醒來的人聽到「ハイ」，可能會嚇得跳起來。我用英語跟伊藤對話時，坐著的愚蠢女僕經常回答「ハイ」。

我不想隨便描述吵雜的情況，免得你誤解。打個比方，倘若我緊鄰英格蘭一間旅館的大型廚房，有五十位英國人在那喧嘩，而我與他們僅隔著紙糊隔板，即便如此，此處至少吵鬧三倍以上。週六晚間，我上床沒多久便被伊藤吵醒。他抓著一隻老母雞，說他可以把牠燉了來大飽口福。我聽到母雞臨死前的慘叫聲，便沉沉睡去，結果又被兩名警察吵醒，說要查驗我的護照，真是莫名其妙。爾後，我又被兩個男人吵醒，他們拿著提燈闖進房間，說要尋找蚊帳，據說是替另一名旅客才前來打探。遊歷日本總會遇到這類荒謬之事。大約到了五點，伊藤說他確定艾草可以紓緩我的脊椎疼痛。我們整天得停留此處，他可以找人替我針灸。我說這無異於盲人按摩，便斷然回絕！昨日，有人拿紙片把拉門上的「偷窺孔」全部貼上。此後，宿屋依舊人蛇混雜，我卻絲毫不覺惱火。

暴雨猛烈，毫不停歇。時刻皆能耳聞災難消息，說往北路線的道路與橋樑因雨而受損。

I. L. B.

1 譯註：現今的鹿兒島西半部。
2 譯註：蘇格蘭西北部島嶼。
3 譯註：英格蘭東南部的郡。

第二十七封信

酒醉不亂性——陽光普照——單調乏味——傍晚活動——嘈雜的談話——社交聚會——不公平的比較

白澤
七月二十九日

今天清早，雨雲向上翻滾，消失無蹤，碧空如洗。為了等待渡河，我必須中午方能啟程。今天的行程只有七英里。除非河水再消退一些，否則無法走得更遠。馱馬面容憂鬱，有氣無力，馬伕半醉半醒，一路唱歌、說話且跑跳。人們經常喝溫的清酒，喝醉後會高聲喧嘩，卻不會亂性。我見過許多酩酊爛醉之人，卻不曾遇過這般吵鬧的情況。酒意很快會消退，爾後兩到三日會作嘔反胃，此乃飲酒過量之後遺症。眾人皆知，飲用啤酒、葡萄酒與白蘭地的混酒，會醉得一蹋糊塗而發酒瘋；然而，很少人知道，清酒後勁極強，倘若飲酒過量，後勁一發，便會胡言亂語。

陽光燦爛，照耀環繞山丘的河谷，大館佇立其間，美不可言。河床狹窄，光燦的流水沖向紅綠卵石，於圓錐形山丘之間散發光芒。山林茂密，有針葉樹，亦有灌木叢，錯落生長，交織出迷人美景。只要陽光普照，林木茂密的森林，猶如庭園的美麗河谷，皆會幻化成人間仙境。我行過了六百英里，鄉野在豔陽映照之下，無不展現美麗倩影。

我們涉過五處淺灘，情勢嚴峻，河水淹到馱馬半身。其中一條水流強勁，馬伕不慎失足，跌入冰冷河水，最終被馱馬拖上岸邊。酒醉的馬伕全身濕透，依舊歡欣雀躍，放聲高歌。放眼四處，盡是洪水肆虐的慘況。某些地方原本只有一條河道，如今卻岔出數條河道。道路柔腸寸斷，幾乎沒有一整段完好路面。十英里之內，沒有任何橋樑倖存，大片田野佈滿漂礫、連根拔起的樹木，以及從山腳漂流而下的木頭。然而，勤勞的農民早已用竹籠盛土，利用馱馬搬運成堆泥土，並以繩索綁住石塊，以此構築堤防，避免洪災再起。此處的女性農民身穿合適的務農服裝，亦即淺藍色褲子，搭配寬鬆麻布上衣，腰間繫著腰帶。

我們歷經千辛萬苦才抵達此處，發現前方道路已遭封閉，無法通行。伊藤與宿屋主人吵得面紅耳赤，不可開交，令我惱火。我們爭吵時並未替馱馬卸下行李，結果宿屋主人不願提供住宿，理由是警察上週前來，告訴他若有洋人投宿，得先向鄰近的警察署通報。然而，從此地前往最近的警察署，得花上三個小時。我說我的護照是根據日本帝國法令核發，秋田縣當局不能根據地方法規妄加否定。宿屋主人回答，倘若違反規定，不但會遭受罰款，還會被吊銷營業執照。他說沒有洋人曾入住白澤（Shirasawa），而我確信他希望不要再有外國人前來投宿。

我特別請一人跑腿，拿著護照副本奔赴警察署辦差。我捍衛自己的權利，卻替這個可憐的傢伙添了麻煩，因此深感後悔。宿屋主人非常惶恐，替我準備了一個房間，一側朝向村莊，另一側面向池塘。房間突出於池塘之上，好像專門用來招引蚊子。日本人怎麼會把充滿污水的孔洞視為裝飾房舍的附屬物，著實令人難以理解。

我的住宿開支（包括伊藤的）一天不到三先令。我投宿時無不渴望住得舒服。然而，日本人只會沿著大道坦途旅行，而我卻經常遊歷偏遠的敗破小村落，入住簡陋的宿屋。此地宿屋有跳蚤且發惡臭，卻尚稱合格。我認為，在其他國度的同等偏僻之地，入住的場所應該比不上日本的宿屋。

此地如同其他成千上百的村莊，務農的男人會在傍晚返家，然後用餐、抽菸與逗弄小孩，也會揹著孩童四處走動、看著孩子玩耍、搓稻草繩索、製作草鞋、劈竹子與編簑衣。他們通常會就地取材，製作精巧物品，以此求生存；可惜，我們英國人最懶得做這種細活。此外，清酒店門可羅雀。家家戶戶即便貧窮，村民卻自得其樂；無論如何端詳，都覺得本地孩童十分可愛。在英國的工人階級家庭，不聽話的孩子經常打架，往往掀翻家裡，但此地孩童卻溫和聽話，打從娘胎一落地便被灌輸要服從。我愈往北行，宗教氛圍愈薄弱。人們即便有一丁點信仰，也是篤信僧侶傳揚的咒術或迷信。

在日本的下層階級中，輕聲細語不被視為「最佳行為」（至少男人如此）。民眾會拉高嗓門說話，即便單字與音節通常以母音終結，但聽到村野人對談時，猶如耳聞農場的雜亂喧囂，嘔啞嘲哳，難以入耳。我的隔壁住滿旅客，皆因豪雨滯留。他們大聲與宿屋主人爭論，足足吵了四個小時，令人狐疑他們是否在討論重大事情。我在大館時，聽聞政府頒佈了一道重要新法，允許百姓透過選舉籌組地方議會，我猜想他們必定在商討這檔事。豈料，一問之下，方知這些人吵了四小時，竟然只是討論從大館到能代（Noshiro）該走陸路或水路。

日本女性會自行聚會，喋喋不休，說長道短，散播流言蜚語，此乃東洋極普遍的不良習慣。我認為，日本人在諸多層面（尤其外顯之事）優於英國人，但在某些方面，日本人卻遠比英國人低劣。我融入這個彬彬有禮、勤勞工作的開化民族，想起數個世紀以來受到基督教洗禮的英國[1]。我們接受基督教信仰而敬拜上帝，與日本人相比，鐵定更加優越嗎？老實說，並非如此！

七月三十日

我房間的另一側住著兩名罹患嚴重眼疾的男人。他們剃了光頭，手握奇妙的長串念珠，一邊走路，一邊擊打小鼓，打算前往江戶附近的目黑（Megura）不動尊（Fudo）寺院朝拜[2]。不動尊是端坐於石上的偶像，周身圍繞火焰，一手拿著寶劍，一手握著成圈的繩索，據說能讓盲人重見天日。今早五點，這兩位盲人開始修行，快速誦念日蓮宗《南無妙法蓮華經》，不斷重複經文，音律單調，持續了兩個小時。沒有日本人能領略經文禪意，連學富五車的學者皆莫衷一是。有人說，這是「向救世渡劫的經文獻上榮光。」另有人說，此乃「看哪！珍貴御法與蓮花福音。」更有人指出，這是「天哪！日蓮宗奇妙之法。」誦念之音偶爾夾雜「南無阿彌陀佛」六字洪名，且雙鼓咚咚作響，不絕於耳。

昨晚十一點，又開始落雨。今早從五點到八點，雨仍在下著，不是點點滴落，而是傾盆大雨。據說發生日全蝕，天地籠罩於黑幕，舉目所見，昏暗陰鬱，令人毛骨悚然。結束一日旅程之後，得知前方又有險阻，真是令人氣餒。據說前面路途有重大阻礙，能否在三日、甚至四日走完，一切難以預料。我聽聞後忐忑不安。絮絮叨叨訴說這一切，希望你不會厭煩。情況確實如此，我遊歷了大半部的北日本，將親身經歷記錄於此。倘若信中所言有趣，乃是因為句句屬實，忠實反映當下情況，透露我這位洋人穿山越嶺，走遍無人遊歷的廣袤地域的所見所聞。

I. L. B.

1 譯註：作者在此使用 Christianity（基督教）。脫離天主教的西方宗教體系，通常被歸類於基督教。英王亨利八世原本不支持馬丁・路德領導的宗教改革運動，後來卻因婚姻問題與羅馬天主教會起衝突。英國議會於一五三四年通過最高權力法案，英王成為「英國國教的最高元首」，正式與教廷決裂。

2 譯註：指瀧泉寺，屬天台宗寺院，供奉不動明王，通稱目黑不動尊。

第二十八封信

傾盆大雨——不愉快的滯留——洪災肆虐——矢立峠——洪水的力量——更為困難險阻——原始的宿屋——洪水爆發

青森縣，碇關

八月二日

前途難行的預言果然應驗。在六日五夜中，除了期間數個小時，豪雨未曾停歇。過去十三個小時，猶如白澤出現日蝕之際，雨勢又猛又急，像從盆中傾倒而出。我只在赤道地區見過這般豪雨，當時僅維持數分鐘。我被暴雨困在此地兩日，天潮潮，地濕濕，床濕衣濕，連靴子、袋子與書籍都發霉轉綠。雨，依舊下個不停。洪水席捲大地，肆虐道路、橋樑、稻田、樹木與山坡，朝著津輕海峽奔流而去。海峽雖近在咫尺，卻無法前往。質樸的百姓向遭人遺忘的山川之神呼求，也向日月之神與天上眾神祈願，冀望上天將他們從豪雨洪災中拯救出來。

對我而言，能夠鎮日躺著休憩尚可接受，有句話說：「人只要心態健康，雖面臨萬難克服之境，卻猶如得知切確事實而平和篤定。」因此，既然無計可施，我便不再焦躁不安，反而細想滯留的好處。倘若你能瞧見我當前處境，便知非得如此自我安慰不可！

我前天身體疼痛不已，卻經歷了沿途以來最有趣之事。我先前在夏威夷時見識過火山的威力，如今卻在日本體會到洪水的力量。當日，我們眼見雲將散去，便帶著兩匹馬與三名男性馬伕，於正午離開白澤。沿途風景迷人，可見蠻荒山谷，多處山峰從側面順沿向下延伸，金字塔形的暗綠杉木遍佈山谷，呈現一幅如畫美景。此乃日本真正的燦爛榮光。我們要橫渡許多淺水處，其中五處的水流又深又急，難以進入河邊，因為入水緩坡全被洪水沖毀，僅遺留陡峭河岸，馬伕必須拿鶴嘴鋤將河岸剷平。淺水處也消失無影；原本的淺灘早已變深，原先的深水處卻已變淺；洪水挖鑿出新水道，充滿卵石的寬廣河床也已經被掏空。大量殘骸，四散各處。道路與小型橋樑全毀，樹木若非連根拔起，便是遭沉重圓木撞斷，層層堆疊，猶如路障，許多樹木的樹葉與樹皮完全剝落；大量圓木順流而下，來勢凶猛，我們不得不在某處停留半小時，以便安全渡河。岩洞皆塞滿泥巴，巨石堆積成堤岸，迫使河水改道而衍生危險。有一處肥沃的山谷被徹底摧毀，馬伕說幾乎找不到前行道路。

走完五英里之後，馬匹便無法前行，我們便讓兩名馬伕揹負行李，接著上路，涉水渡河，爬坡越嶺，沿路的柔軟濕泥及膝。山坡與道路皆毀，整座河谷崩塌嚴重。幸好，乏人的跋涉路段不長，因為長滿柳杉的山脈，愈往上愈深邃，逐漸向我們圍攏，眼前便出現一條新道路，路寬足以讓馬車通行。我們踏上完好的橋樑並越過兩個溪谷之後，這條路便向下延伸至深邃的森林。爾後，我們踏上一長段之字形緩坡，蜿蜒而上，直至矢立峠（pass of Yadate）。頂峰的砂岩路上矗立一座莊嚴方尖碑，標示秋田縣與青森縣的邊界。對日本而言，這條道路非常奇特，坡度適宜且建構完善，每隔一段合適的距離，便有供旅人歇腳之竹亭。為了減緩坡度，建造這條路時花費了不少功夫進行爆破工程。然而，平坦的路面只有四英里長，前後兩端仍是破敗的馬道。我拋開同伴，獨自橫越山頂，然後從另一側下山。沿途道路是炸開鮮粉紅與鮮綠色的岩石後所建，涓涓細流從上流下，光彩照人。在我見過的日本景緻中，這處山頂景緻最令我讚賞。我甚至想再造訪一次，但得在豔陽普照之下。

矢立峠令我想起布呂尼希隘口（Brünig Pass）[1]最迷人之處，以及洛磯山脈（Rocky Mountains）的某些亮麗山頂。然而，這處盛景樹木雅緻，遠勝前兩者。它孤寂、雄偉、陰鬱、莊嚴；它的巨大杉木，筆直如桅杆，頂天矗立，直上雲霄；林下植物僅有喜歡潮濕與陰涼的蕨類；樹木散發馨香，浮泛於空中，沁人心脾，清澈的山澗從多處山溝與孔洞中湧出，發出隆隆的低沉響聲，淹沒谷間輕快溪流的潺潺聲。此處闃寂孤靜，沒有旅人穿著草鞋信步而行，驚擾四下的寧靜，也不聞半點蟲鳴鳥叫。

此處風景絕妙。抵達山頂之際，鎮日不停的微雨逐漸轉強，先是急風驟雨，爾後傾盆而下，有如銀河倒瀉。數星期以來，我頻遭暴雨侵襲，早已習以為常，起先未留意雨勢，但瞬間風雨猛烈，我才回神留意。雨勢極強，聲震四方，巨樹倒榻下滑，抵擋住其他將傾頹的樹木；岩石崩塌，順勢帶走樹木，洪水在眼前暴漲。山坡坍塌，發出巨響，轟鳴震耳，猶如地震。夾帶眾多杉木的半壁山坡向外突出，樹木連同根部泥土向前倒榻，迫使川流改道。

原本佈滿林木的山坡早已滿目瘡痍，只見洪流從中噴發而出，半小時之後便沖刷出深邃的溝壑，夾雜大量岩塊與泥沙，衝向下方深谷。另一處山坡的崩塌之勢較為緩和，其上樹木仍然底部直立，雖已移位卻必能存活。我眼睜睜看著這條美好的新道路在轉眼間便慘遭山洪蹂躪，好幾處地方因邊坡坍塌而受阻。在稍微往下之處，一百碼的路面瞬間消失，連帶拉扯一座精緻橋樑，使其傾斜，橫跨於下方滾滾洪流之上。

下坡之際，事態開始惡化。山洪爆發，夾帶樹木、圓木與石塊，如瀑布般向下奔流。我們有幸找到兩頭馱馬，其馬伕不知通往大館的路早已不通。他們與我們的馬伕彼此交換了行李。新換的馬匹強壯有力，馬伕也駕輕就熟且勇敢果決。他們說，如果加緊腳步，或許能抵達他們前來的小村落。然而，話才說到一半，下方道路與橋樑便被沖毀。馬伕堅持要把我與馱鞍繫在一起。我早先讚賞的那條寬廣河流，如今洪水滔滔，令人畏懼。我們得在已沒有淺灘之處涉水渡河四次。激流響聲震耳，掩蓋微弱人語，大雨澌澌，從天而降，穿林打葉，只見樹木與圓木滾下山坡。洪水千股萬流，更添喧囂吵雜。景象與聲響古怪交雜，令人眼茫迷惑，我們跌跌撞撞艱辛涉水，水深及人肩與馬背。我們一次又一次渡河。堤防潰堤，無論入水或出水皆十分困難；馱馬必須攀爬或躍上及肩的高地，然而土壤濕滑，不斷崩坍，馬伕得兩度用斧頭劈出階梯，讓馬踏梯上坡。渡過最後一道河水時，馬伕與馱馬皆已精疲力盡，我與馬繫在一起而動彈不得，於是閉上雙眼，任憑命運擺佈！

渡河之後，我們來到了這個村莊。由於堤堰已坍塌，稻田遭到淹沒，美麗的壟畝與農作物皆被洪水沖走。洪水暴漲迅速，馬伕說我們得加快腳步，便替我鬆綁，讓我騎得更為舒適。馬伕也對馱馬說話，然後往前急奔。我的馱馬在渡河時幾乎磨損了草鞋，每走一步皆跌跌撞撞，馬伕遞給我繩索，讓我抓住。大雨瘋狂落下，我感覺自己可能會從馬鞍跌落地面。但頃刻之間，我突然眼冒金星；我察覺不可思議之事：我感到窒息，摔得鼻青臉腫，發現三名男子正把我從溝渠裡拖出去。原來馱馬下陡坡時顛躓了一下，我便被甩出去，越過牠的頭而跌落地面。只消半刻，我又上馬，坐在淋濕的蒲團上。爾後，馬伕向前奔馳，馱馬顛躓前行，雨水從馬身飛濺而出。我們越過一座精美的橋樑，橫越了平川（Hirakawa），走了半英里，又過了一座橋，再度橫越平川。這兩條橋長一百英尺，中央有橋墩。我過橋時心想，別處橋樑若與它們同樣堅固，那該有多好。

過了最後一座橋樑，便抵達碇關（Ikarigaseki，碇ケ関）。這個村子住著八百人，座落於陡峭山丘與平川之間的一個狹窄山崖。此地最為淒涼荒蕪，居民專事伐木與製作木板瓦，四處堆疊各種樣式的木材，比如圓木、木板、柴捆與木板瓦。本地看似伐木工的野營地，不像久居村莊，但環境優美，迥異於先前造訪的無數村莊。

街道狹長，兩側皆有石渠。然而，水已溢出渠道，流到房舍土間，男女老幼忙著建造方形堰擋水，以免水浸到榻榻米。房舍幾乎沒有紙窗，即便有窗戶，也被煙燻得漆黑噁心，還不如沒有窗子。屋頂皆是平的，以木板覆蓋，靠板條固定且覆壓巨石。房屋幾乎如同臨時搭建的棚屋，通常屋內黝黑，猶如巴拉（Barra）[2]的簡陋棚舍。許多牆壁皆以草繩繫住的直立粗糙木板建構。

豪雨鋪天蓋地，幾乎令人溺斃，我坐在浸水的馬鞍上，衣服濕透，煎熬了數小時，總算抵達這間極為原始的宿屋。宿屋下半部是廚房，聚集因雨滯留的學生、馬匹、家禽與狗犬。我的房間是一處破敗的閣樓，必須爬梯子上去，底下有灘泥沼，我下樓時必須穿著威靈頓靴。這間宿屋很古怪，起初感覺不好。屋頂沒有天花板，大雨滂沱而下，伊藤壓根聽不見我說的話。此外，床鋪也被浸濕，滲進箱子的雨水融化了剩餘的煉乳。衣服、書籍與紙張，無不變得黏糊糊。我的衣服不像其他物品那般潮濕，我借來一張油紙，便躺在上方，半小時之後聽到伊藤大喊，喊聲壓過擊打屋頂的雨聲。伊藤說道，我們入村前經過的橋樑似乎要被沖毀了。我們於是跑到堤岸，加入一大群圍觀的民眾。這些人急於目睹即將發生的慘劇，壓根沒留意我這位他們首次碰到的洋女人。

一小時之前，平川僅是一條清澈急流，深約四英尺，據說如今水已深達十英尺。只見濁流奔騰，撕裂山谷，響聲震天，令人生懼。誠所謂：「波濤洶湧翻騰，激起黃褐浪花，猶如栗馬鬃毛。」

巨大的切割圓木、樹木、樹根、樹枝與柴捆，大量被沖刷而下。靠近我們這一側的橋墩已被掏空，橋樑本身卻顯得十分穩固，除了中央橋墩被圓木衝撞時會震顫一下。橋樑非常穩固，當我抵達之後，兩個急於到對岸取物的人甚至過了橋。爾後，巨大的刨光木材、連接物與大量殘骸順流而下：共有四十根精緻木材，每根三十英尺長，因為上游的那座精緻橋樑已被沖垮。從矢立峠砍伐的圓木皆已遭沖走。我才在岸邊觀望一陣子，便看見超過三百根木頭順流而下。村民靠木材貿易為生，想必損失慘重。有人在上游堤岸攔截漂流的木材，可惜每流過二十根，只能撈回一根。漂流的巨木極為壯觀，這種景象非常有趣。我很擔心它們是否會撞上中央橋墩。一小時之後，兩根長達三十英尺的巨大圓木順流而下，同時撞擊中央橋墩，橋墩猛烈搖晃，這座宏偉橋樑便從中間斷裂，如同活物發出怒吼，隨即向下坍塌，墜入下方洪流，激起滔天濁浪。只見滾滾洪水將殘破木樑帶往大海，不留半點痕跡。下方橋樑也在早晨被沖毀，因此直到可涉水渡河之前，這處狹小村落便與世隔絕，斷絕對外通聯。在三十英里的道路上，原本有十九座橋樑，如今只剩兩座，而且道路幾乎全毀！

1 譯註：位於阿爾卑斯山。
2 譯註：蘇格蘭的一個島嶼。

第二十八封信（續）

資源欠缺——日本孩童——兒童遊戲——精巧玩具——風箏競賽——貧乏窘境

碇關

我幾乎窮盡了此處的資源。所謂資源，便是每日外出三次，看看河水退了多少；與宿屋主人和村長閒聊；觀看孩童玩遊戲與人們如何製作木板瓦；購買玩具與菓子，然後分送他人；替一些患眼疾的人點鋅藥水（zinc lotion）[1]，一日三次，治療的三日期間，效果不錯；在廚房看人煮飯、紡紗與處理家務；看住在家中的馬匹吃樹葉而非草料；替痲瘋病患者看診，他們來此泡溫泉，想要治療或抑制這種恐怖的疾病；躺在擔架床縫紉、閱讀「日本亞洲協會」文章，以及調查前往青森的各種路線。

村民讓我點了眼藥水之後，變得非常友善，甚至帶了許多病患來求診。這些人若能洗淨衣服與潔淨身體，應該不會患病才對。由於欠缺肥皂、不常清洗衣物，以及甚少穿亞麻布，各種皮膚病才會盛行，而蚊蟲叮咬又讓病情加重。近半數的孩童，頭上都長著白癬。

我非常喜歡日本孩童。我從未聽過嬰兒哭泣，也沒見過孩子惹麻煩或不聽話。孝道是日本最主要的美德，嚴格服從是日本人數個世紀來養成的習慣。英國母親必須哄騙或威脅不聽話的小孩就範，但日本人不必如此。我很佩服日本人教孩子要獨自取樂。家庭教育的一部分，就是學習不同遊戲的嚴格規則。倘若出現疑問，孩童不會爭吵而擱置遊戲，會以年長孩子的命令來解決問題。孩童會自己遊玩，不會事事勞煩大人。我經常攜帶菓子，把它們分送給小孩，但那些孩子若沒有徵得父母同意，絕不會收下我的禮物。父母同意之後，孩童會微笑並深深地鞠躬，然後把菓子分送給在場小朋友。他們溫和有禮，但過於莊重早熟。

日本沒有特別的兒童服，這點甚為奇特，再三提起也不為怪。孩童在三歲時會穿上和服並繫上腰帶，但服裝礙手礙腳，不如父母輩穿起和服那般合適。他們穿著這種衣服遊戲，看起來非常怪異。然而，我從未看過我們所謂的「兒童嬉戲」，亦即日本孩童不會一時衝動而動粗，好比扭打、拍打、打滾、跳躍、踢喊、狂笑與爭吵！

兩名非常聰明的男孩用黏膠把紙車黏到甲蟲背部，讓八隻甲蟲沿著斜面拖著一車子的米。英國孩童絕對會動手亂搶，你能想像這台貨車與甲蟲會遭遇多麼悲慘的命運嗎？然而，此處的一群日本孩童動也不動，興味盎然地看著甲蟲拖車，根本不必命令他們「不可觸碰」。多數家庭都有竹籠，籠內飼養叫聲尖銳的蟋蟀，孩童會興高采烈餵食這些叫聲響亮的昆蟲。街道上水流急速的渠道，變身成許多玩具水車，那是設計巧妙的機械玩具，最常見的是自動脫穀機的玩具，男孩會花許多時間製作這些模型並看著它們運轉。這些機械玩具確實非常迷人。

今天是假日，卻仍有「假期作業」。到了晚上，在大街上會聽到大約一小時的嗡嗡讀書聲。假期結束之後，學校一開學就會舉行測驗，而非在學期終才考試，此舉乃是為了敦促學童放假時也不可荒廢學業。

今日午後晴朗多風，男孩們一直在放風箏。風箏是以竹子為骨架，糊上硬紙而製成。每只風箏皆是方形，有些面積達到五平方英尺，幾乎裝飾巨大的歷史英雄面孔。有些風箏以鯨骨作骨架，會發出嗡嗡聲響。兩隻巨大的風箏進行了一場極為有趣的競爭，吸引全村居民圍觀。每只風箏的線（骨架下方延伸三十英尺以上）皆佈滿搗碎的玻璃，這些玻璃是靠極黏的膠水黏在線上。在兩個小時期間，兩名操持風箏的人不斷調整自己的風箏，使其就定位去割斷對手的風箏線。最後，總算有一人達成目標，將切斷的風箏納為戰利品。勝者與敗者三度鞠躬，彼此謙讓，結束比賽。村民曾安靜看著橋樑被沖毀，他們也同樣不發半語，安靜看著這場有趣的競賽。男孩還會邊踩高蹺邊放風箏，但要手腳敏捷方能從事這項表演，甚少人能夠辦到。爾後，許多孩童參加踩高蹺比賽。最引人注目的戶外比賽會定期舉辦，如今看不到這些活動。

這間宿屋有十二個孩子。天黑之後，他們經常會玩一種遊戲。伊藤說：「入冬之後，家家戶戶都會玩這種遊戲。」孩童會圍成一圈，大人會熱切看著，日本的兒童崇拜確實勝過美國，而我認為日本的崇拜形式是最棒的。

先前講述的是我的觀點，現在來談談我目前的貧乏窘境。由於旅途上頻頻滯留，我攜帶的少量外國食品皆已耗盡。我居住於此，只能一直吃白米、黃瓜和鹹鮭魚。鮭魚極鹹，即便放入水中煮沸兩小時，吃下肚後依然感到極為口渴。今天連這種食物都吃不到，因為此地與海岸的交通已經中斷了一段時日，這個村莊的鹹魚早已消耗殆盡。沒有了雞蛋，白米與黃瓜極像以色列人「痛恨」的「輕食」（light food）[2]。我有一天吃了一片煎蛋捲，但吃起來很像發霉的皮革。在東京時，義大利公使曾對我說：「在日本，食物問題最令人疼痛。」當時許多人紛紛附和，我覺得他們反應過度，今天總算有所體會：我打開最後一份存糧，那是一盒「布蘭德肉碇」（Brand's meat lozenges），卻發現碇片早已發霉。此地人會焚燒木材來烘乾衣服，但我寧可將衣服掛在牆上任其發霉。我還購買了簑衣，它比油紙更能防水。我最後一次聽到孩童溫習功課時發出的嗡嗡聲，因為河水消退迅速，我們將在早晨離開。

I. L. B.

1 譯註：日文為「亞鉛華目藥」。根據《中國藥典》，硫酸鋅可消毒防腐，鋅離子可使蛋白質沉澱，形成有保護作用的蛋白膜，起收斂、止血、抗菌之效，可用於治療角膜炎、眼炎與沙眼。

2 譯註：根據《出埃及記》，耶和華在曠野供應以色列人「嗎哪」，那是有如白霜的小圓物，降在宿營四周。

第二十九封信

希望破滅——洪水肆虐的痕跡——警察執勤——偽裝漫步——七夕祭——薩道義先生的聲望

黑石

八月五日

洪水並未如預期退得那樣快，我被迫在碇關待上第四日。我們在週六清早出發，必須馬不停蹄趕十五英里的路程。陽光普照，照亮美麗鄉間與洪水蹂躪的殘骸，猶如暴風雨之後的隔日，陽光經常會灑在波濤起伏的海面上。我們雇用了四名男子，路上發現橋樑已被沖毀而必須橫渡兩處淺灘，因此全身與行李都浸濕了。我們還看見柔腸寸斷的破壞痕跡，農作物也損失慘重，樹木更斷裂傾倒。我們又行經一處懸崖底下，六角棱柱的精緻玄武岩構成二百英尺的斷面。頃刻之間，出現一大片平原，稻田鮮綠，遼闊無垠，只見豔陽高掛，北風徐徐，空氣清爽，稻浪滾滾。這片平原星羅棋布樹木繁茂的村莊，四周群山環繞；低矮山丘形成屏障，橫越岩木山（Iwakisan）的山麓。岩木山是宏偉的圓錐狀火山，峰頂白雪皚皚，巍巍聳立於平原西部，高度約有五千英尺。多數村莊的洪水漲至四英尺高，沖刷掉泥牆的下半部。居民忙著晾曬榻榻米、蒲團與衣服，以及重建堤壩和小橋，還有趕忙打撈大量順流而下的圓木。

在某個城鎮，兩名衣衫襤褸的警察衝到我們身邊，抓住我的韁繩，讓我在人群中停留一段很長的時間。他們賣力翻閱我的護照，上下顛倒看了又看，甚至對著陽光檢查，彷彿護照內隱藏不可告人的秘密。我的馬顛躓得很厲害，我非得下馬步行，免得從馬背跌落。我逐漸耗盡精力之際，巧遇一輛人力車。車伕操控輕鬆自如（偶爾會有這種情況），將我帶到了黑石（Kuroishi）。這處乾淨的城鎮有五千五百人，素以製作木屐與梳子而聞名。我入住了一間整齊通風的二樓房間，對外視野良好，可眺望周邊村景，亦可窺見鄰舍在後院與花園做家務。我並未趕著去青森，而是在此待上三天兩夜。天氣日漸好轉，房間明亮爽朗，讓我得以好好休憩。如同先前所述，很難打探到幾英里外的訊息，青森與函館只相隔二十里，連郵務人員也無法告知往來兩地郵船的航行日程。

警察看了我的護照還不滿意，堅持必須親自看到我本人。在我抵達當晚，四名警察很有禮貌地前來宿屋拜訪。那天晚上，鼓聲不斷。我上床之後不久，伊藤告知有值得一看的東西。我便穿著和服外出，而且不戴帽子，讓人認不出我是個外國人。黑石沒有街燈，我匆匆忙忙奔跑，卻一路跌跌撞撞，突然有一手臂粗壯的男人來開道。只見宿屋主人手裡拿著一根手杖，杖上吊著一個極為漂亮的燈籠，燈籠靠近地面，照亮著前路。我頓時想起一句話：「你的話是我腳前的燈。」（Thy word is a light unto my feet.）[1]

我們很快便抵達某處，駐足欣賞祭典的遊行隊伍從前方通過。眼前景象迷人如畫，令我陶醉了一個小時。每逢八月的第一週，遊行隊伍會在夜晚七點到十點之間走遍大街小巷，抬著一個大箱子（金箱），裡頭裝滿紙片，據說紙上寫滿願望。每天早上七點，民眾會把金箱抬到河邊，將紙片倒入河中。遊行隊伍包括三個大鼓，鼓身幾乎有一個人那般高大，鼓綁在鼓手身上，鼓面為馬皮，面朝上方。另有三十個小鼓，不停咚咚作響。每個鼓的鼓面都繪製「巴」字圖案（tomoye）[2]。

有一個橢圓形中央燈籠，高二十英尺，長六英尺，有前部與兩側，描繪各種色彩豔麗的奇珍異獸；與其說它是燈籠，不如說是幻燈片。中央燈籠旁邊掛著長度一不的長竿，竿上吊掛數百個紙燈籠。這個燈籠也圍繞數百個漂亮的燈籠，以及各式各樣奇形怪狀的幻燈片（扇、魚、鳥、風箏與鼓）。跟隨其後的大人小孩都提著圓形燈籠。在隊伍經過的街道上，屋簷吊掛一排排燈籠，一側裝飾「巴」字圖案，另一側寫著兩個漢字。我從未見過比這更像童話故事的景象。燈籠搖曳生姿，燭光柔和，柔和色澤於暗夜盪漾，提燈者身陷深深的陰影之中。

這個慶典稱為七夕（tanabata）祭，或稱星夕（seiseki）祭。然而，我無法打探到任何相關訊息。伊藤說他知道箇中意思，卻無法詳述，便用無法向我說明時慣用的老話：「薩道義先生應該可以向你解釋清楚。」

I. L. B.

1 譯註：語出《舊約．詩篇》第一百一十九篇。

2 譯註：巴字或漩渦圖案。

第三十封信

女士打扮——綁髮髻——梳妝打扮——下午訪客——基督徒學生

黑石

八月五日

此地令人愉快。我的房間不僅明亮通風，更有諸多優點，譬如可以俯瞰鄰居，我甚至看見一位將要出嫁的女子在化妝！一名已婚婦人跪在一個黑漆化妝箱之前，箱子以泥金[1]裝飾一朵盛開櫻花，箱頂有塗漆立柱，支撐一面拋光的金屬鏡子。化妝箱的幾個抽屜開著，數個裝著必要化妝品的小塗漆箱擺在床板上。一位女士理髮師站在新娘後面，替她梳理、分縷與繫綁頭髮。這位新娘與所有的日本女性一樣，頭髮烏黑亮麗，但不細緻且不過長。結好的髮型是直立的，堪稱完美的藝術品。頭頂黑髮分成兩股，相隔三英寸，這兩股之間的頭髮被梳理整齊，以菜種油製作的香油（鬢付け油）固定，從前額立起兩英寸高，然後往後拉，與後腦的頭髮別在一起。其餘的頭髮從兩側向後梳理，用紙繩（又譯紙捻，日文：紙縒り）稍微繫住。然後，從一個長形塗漆箱子拿出幾縷假髮，抹上大量香油與堅硬的襯墊，以此製作常見的柔順髮髻，並在其上添加數個輪圈與蝴蝶結，同時編織一條綴滿金紗的深藍色縐布。最後將一根厚實的四角龜甲簪子插入整個髮髻，作為裝飾。

頭髮的樣式是固定的。女孩髮型會隨著年齡而改變，已婚和未婚的女性的髮型稍微不同。頭頂的兩股分髮與髮髻不會改變。大量使用髮油固定髮型是必要的，因為日本女性外出時不會遮蓋頭髮。頭髮固定好之後，可以維持一週以上，這一切都得歸功於木枕。

理髮師結好頭髮之後，只完成了一部份的工作。每一根不聽話的眉毛都得剔除，只要毛茸茸的頭髮露出於鬢角或頸子，也都得用鑷子逐一拔

婦人的鏡子。

除。將全部短髮去除之後，即便真髮也會看似假髮。然後，這位新娘拿出一盒白粉，將白粉塗在臉部、耳朵與脖子，直到皮膚看起來猶如一張面具。她接著用駱駝毛刷在眼瞼上塗抹一些藥水，使明亮的眼睛看起來更為清亮。她又拿起一根羽毛刷，將刷子浸在混合五倍子（gall-nut）粉與鐵屑的溶液[2]，然後將牙齒染黑；不過，老實說，她是重新染黑牙齒。染齒既麻煩又噁心，要重覆多次方能大功告成。爾後，新娘將一張紅紙放在下唇抿口紅。我不認為如此打扮很美麗，但新娘卻這麼認為，因為她轉過頭看看鏡中模樣，面露微笑，甚感滿意。其後的化妝過程總共花了三個小時，全部由她獨自完成。當新娘再度現身時，猶如一尊面無表情的木製娃娃。她盛妝打扮，展現和服精緻高雅與和諧和安寧的典型風格。

在日本，無論上流或下流階層，貞潔與不檢點婦女的服裝，會根據嚴格的禮法而有所不同，這兩者之間有一條不可逾越的界限。遺憾的是，英國流行的女裝源自於我們認為最卑賤婦女的服裝，所有階層的婦女皆競相仿效。這種風潮不見容於日本女性，只要稍微模仿髮型、裝飾或服裝，皆會被視為可恥舉止。

我聽說有三位來自弘前（Hirosaki）的「基督徒學生」想拜訪我，感到十分驚訝。這三位學生看起來極為聰明，穿著也非常得體，而且會說一點英語。其中一位是我在日本見過最為聰慧的人。這些青年屬於士族（武士）階級，從他們的英姿與雍容態度，我早該判斷出這點。他們聽說有一位英國女士住在此處，便想問我是否是基督徒。他們起初顯然不滿意，直到問我是否有《聖經》，而我又能拿出聖典時，他們才安心。

弘前是重要的城下町，離此處三點五里，其前任大名支持興辦高等學校（或大學）[3]，該校前後兩任的校長皆是美國人。這些紳士必定奉行基督徒生活並熱衷傳道，因為他們主持校務時，讓三十位年輕學子信奉基督教。這些青年受過良好教育，其中幾位即將擔任教師，進入政府就職。他們接受「嶄新的道」[4]，可能會深刻影響這個地區的未來。

I. L. B.

---

1 譯註：泥金，又稱為「描金」，日本則稱之為「蒔繪」，是一種漆器的裝飾方法。
2 譯註：將鐵屑或鐵釘浸泡於五倍子溶液中，密封兩、三個月後會形成茶褐色黏液，稱為「鐵漿水」。
3 譯註：東奧義塾。
4 譯註：基督教。

第三十一封信

探索新奇之事——破敗的村屋——原始樸素——公共浴場

黑石

昨日天氣晴朗亮麗，我首度不帶伊藤，獨自搭人力車出遊，愉快上山遊覽，直到山路的盡頭。此行唯一的缺點是沿途崎嶇不平，我必須下車步行或坐在車內忍受顛簸之苦。車伕和藹親切且性情開朗。伊藤說，他有幸能帶著我這般特殊的洋女人前往沒有外國人曾造訪之境，因此非常欣喜。我一直認為，遊歷日本極為安全，但我入宿粕壁時曾心生恐懼[1]，如今回想起來，有點鄙視自己。

景緻非常亮麗，於陽光映照下煥發鮮亮色彩：深藍與靛藍，綠藍與藍綠，色澤層次繁多，美不勝收，不經意之間，偶見白色閃光，奪人眼目。此處風景樸素，有家的味道，乃是令人愉悅的地方。

我們穿越數個農村，房舍皆以泥土建成，極為原始，猶如以手將泥土輕拍上樑架而成。牆壁稍微向內傾斜，屋頂以粗糙茅草覆蓋，而且屋簷深邃，遮掩各種木材；某些房舍設有煙洞，但多數房子都像磚窯一樣四處冒煙；房子沒有窗戶，牆壁與椽子被煙燻得烏黑發亮。家禽與馬匹住在漆黑室內的一側，另一側則住人。赤裸身體的孩童在屋內嬉戲，熱鬧非凡。我傍晚又路過時，看見赤裸身體的男人與上半身赤裸的女人坐在屋前，四周圍著僅佩戴護身符的孩子，另有幾條也算家族成員的大黃狗。無論狗兒、小孩與大人，個個面容平靜、心滿意足！這些農民擁有許多良馬，莊稼也非常豐厚。舉辦祭典時，他們可能會取出壓箱的精美衣物，穿戴整齊後參加慶祝活動。這些村民不可能這般欠缺生活必需品；他們只是居住於「偏遠之地」，尚不知有更舒適的生活，因此心滿意足；然而，他們的住所是我見過最破爛的房舍。村民過著伊甸園般的簡樸生活，而且身上沾滿汙泥，我懷疑他們甚至沒有一週洗一次澡。

上中野（Upper Nakano）非常美麗。入秋之後，星形楓葉惠轉為深紅，加以深沉柳杉襯托，而林蔭間又有雪白飛瀑，猶如飄雪閃閃發亮，縱身躍入底下黑潭，此種盛景必定迷人，值得遠道而來欣賞。我沒有見過比這更令人喜悅的景象。有一段長滿苔蘚的精緻石階，我拾級而下，到了河岸邊，看到一條美麗的橋樑、兩座漂亮的石製鳥居與精美的石造燈塔。然後，我又踏上一段陡峭的石階，爬上一處柳杉遮掩的山坡，抵達一間小神社。不遠處有一棵聖木，上頭掛著愛情與復仇的象徵物。此地充滿無窮的魅力。

我只能步行前往下中野（Lower Nakano），當地有趣之處僅是炙熱的溫泉，而唯有風濕或眼疾病患才會覺得此地有價值。這裡只有茶屋與宿屋，貌似極為熱鬧。此地建物圍繞長方形低窪處邊緣建構，底部就是浴場。浴場有四個，形式上彼此分開，卻只有兩個入口，可直接從門口入內泡溫泉。在兩端的浴場，婦女與孩童浸泡於大型浴槽內。中央浴場則是男女共浴，但男女會分開，分坐對側泡溫泉，四周還有木

石造燈塔。

製台子，供泡溫泉者坐著休憩。我跟著車伕進入浴場，但入內之後，我必須從另一側出去，結果遭到後面的人推擠；然而，泡溫泉者極為客氣，不介意我這樣闖入浴場。車伕帶我入內時，絲毫不覺這樣有何不妥。我發現，浴場與別處一樣，眾人都非常有禮貌，傳遞杓子與毛巾時會彼此深深鞠躬。

據說日本的公共浴場如同英國的俱樂部與酒館，乃是形成公眾輿論之處，而且有女性在場，不會出現危險舉動或煽動言論。即便如此，日本政府正努力禁止男女混浴；改革要推廣到這些偏遠地區，還得花上一段時間，但這一天遲早會來臨。公共浴場乃是日本的特色之一。

I. L. B.

1 譯註：請參閱第六封信。

第三十二封信

一日的艱辛旅程——湖水對流——鄰近海洋——快樂興奮——舉目灰暗一片——來的不是時候的警察——航行於狂風暴雨之中——北海狂野的歡迎——登陸時狂風大作——旅途結束

蝦夷，函館

一八七八年八月十二日

從黑石到青森僅二十二點五英里，但沿途顛簸，走起來艱苦萬分。由於降雨過多，數百頭揹負沉重鹹魚的馱馬走過之後，道路便成為一片泥沼。最初旅程結束之際，驛舍指稱道路狀況不良，不願提供人力車；然而，由於我身體不適，無法再度騎馬，便說通兩名男子，以極為合理的價碼請他們將我送到海岸。我們彼此配合，走得還算順暢。然而，我必須自行上山下坡，遇到小橋已被沖毀之處也得下車，讓車伕抬起人力車來越過河谷。我也得經常一次步行二百碼，因為人力車偶爾會陷入泥淖，淹至車軸。即便我處處小心，依舊跌進一處泥溝，當時人力車還位於我的頭頂之處。幸運的是，空氣枕跌落於我與車輪之間，讓我逃過一劫，沒有受傷，只讓衣服沾滿泥巴。我整夜穿著這套濕衣睡覺，應該會受涼的，結果竟然沒有感冒。我們一路上遇到馱馬列隊，他們要將鹹魚運送到內陸各地。

貫穿本州的山脈在南部地方（Nambu）[1]開始沉陷，到了青森灣又拔地而起，形成陡峭的宏偉山脈。然而，在黑石與青森之間，它被切割成低矮山脈，林木稀疏，主要為松樹、橡樹林與低矮竹子。某些山丘不長別的植物，只生長可用來製作蚊香的胡麻[2]。山谷間栽種水稻，但耕地不多，此地極為寒冷，荒涼偏僻。

農村益發殘破，住宅大多是泥屋，側面挖洞透光或利於排煙。某些房屋牆壁僅以樹皮與捆綁的稻草搭建，用繩索綁到柱子。屋頂雜亂無章，但其上栽植許多西瓜，藤蔓四處攀爬，遮掩了破敗之象。村民非常骯髒，但沒有顯露貧困之樣。魚要從蝦夷（北海道）運往內地，稻米則要從內陸運往蝦夷，此地的馬伕可靠馱馬運貨賺取大量金錢。

我們離開日光之後，翻越了諸多山頂，最後一處山頂是浪岡（Namioka），此地被稱為鶴坂（Tsugarusaka，或稱鶴ヶ坂）。此處可俯瞰延伸到暗灰海洋的起伏田野。深紫靛藍的海洋幾乎被松林茂密的山丘包圍。雲朵飄飄，不斷加深色澤，空氣清新冷冽，周圍盡是泥炭土，松樹散發馨香。四處看起來、感覺起來、聞起來都有家鄉風味。

灰色的海是青森灣，更往北便是津輕海峽，漫長的陸路旅行已經結束。某位旅人指出，有一艘輪船會在夜間開往蝦夷。我非常高興，便雇用了四名男丁，他們又拉、又推、又抬人力車，把我帶到了青森。青森隨處可見灰色的房舍、灰色的屋頂與屋頂覆壓的灰色石頭，房舍還建在環繞灰色海灣的灰色沙灘上。此地是青森縣首府，卻顯露一副破敗景象。

青森會將大批的牛隻與大量的稻米出口到蝦夷，許多民眾每年也會從北日本由此地前往蝦夷捕魚。此外，青森會從函館運來大量的魚、皮革與外國商品。此地會交易一些美麗卻不貴重的「海草」[3]，或者各種稱為「青森塗」的漆器（其實不在青森製作）。此地的特產乃是大豆與砂糖製成的菓子。青森有個受到良好保護的深海港口，卻沒有碼頭或促進貿易的設施。此地有兵營與普通官廳，但我無暇探訪——我必須在短短的半小時前往三菱（Mitsu Bishi）會社辦公室購買船票，辦事人員還要求查驗我的護照並謄寫抄錄；我接著得前往掛著

「洋食」招牌的餐廳，坐在非常骯髒的餐桌前狼吞虎嚥魚肉；我最後得狂奔到灰色海灘，搭上一艘大型舢舨，與一大群日本人擠在統艙（steerage）[4]內往北渡海。

風愈吹愈強勁，大浪逐漸湧起，浪花飛霧越過船頂，這艘輪船加足蒸汽提速，號鐘汽笛不斷鳴叫，雨水飛掠而過，我站著以手壓住防水油紙，以免它被風颳走。沒想到，此時三名警察跳進船內，要求查驗我的護照。我曾有一瞬間希望他們與護照一起跌落海中！這是一艘約七十噸的老舊小型槳輪蒸汽船（paddle-boat），沒有住宿設備，甲板上只有一間船艙。輪船像遊艇一樣乾淨整潔，也像遊艇一樣不適合在惡劣天候下出航。船長、輪機員與船員皆為日本人，完全不會說英語。我的衣服全部濕透，而且夜晚比白天更冷。船長很體貼，讓躺在地板的我多蓋幾條毯子，因此我沒有受苦。船在傍晚出航，當時北風輕拂，瞬間卻轉為東南風，到了晚上十一便颳起大風；波濤洶湧，輪船破浪航行，穿越數波巨浪，海水湧進船艙。船長每三十分鐘便下來，檢視氣壓計讀數，喝幾口茶並遞給我一塊砂糖，用臉部或手勢向我表示天候惡劣。船隻左右搖擺，一路顛簸，直到凌晨四點。當時，大雨驟降，狂風暫時停歇。這艘船不適合夜間出航，它以前只要遇到惡劣天候，便會停泊於港內。據說這次是自一月以來襲擊津輕海峽的最大強風，船長非常擔心船隻抵擋不住滔天巨浪。他內心不安卻顯得極為鎮定，彷彿一位英國船長！

日出之後又颳起大風。我們花了十四個小時航行了六十英里，總算抵達函館港的岬角。狂風吹著，豪雨下著，猶如亞蓋爾夏（Argyllshire）[5]惡劣天候的日子。波浪鎮日擊打海灣，暗沉的蝦夷山脈赫然聳現，屹立於風霧交錯、雷雨交加之中。此乃「北海怒吼」，以狂野之姿迎接我前來北部海岸。眼前所見是貌似直布羅陀（Gibraltar）的岬角，冷漠的灰色城鎮順沿陡峭山坡延伸，另有一些針葉樹、許多灰色帆船與下錨停泊的輪船與外國船隻，更有舢舨在陣陣落雨和飛濺浪花之中輕盈破浪前行。然而，這般平穩的北國風景卻令我感到愉悅。

在颳強風之日，沒人預料到輪船會開航，因此沒有人迎接我。我與五十位日本人擠在一艘有甲板的舢舨前方。船頂著狂風暴雨，但風強雨急，航行了一個半小時僅走了半英里。然後，我站在沒有掩蔽物的海灘，冒著強風等待半夜醒來的海關官員，接著頂著風雨爬了一段陡坡，行走了一英里。我期待前往會熱情款待我的領事館，卻不知如何前往，只好前去教會傳道館（Church Mission House），丹寧（Dening）夫婦如同在東京與我會面時一樣歡迎我。我一身邋遢，不適合進入文明的宅院；我的衣服不僅被淋濕，還沾滿泥巴，連帽子頂部都不能倖免；我的手套與靴子都壞了，背包沾滿泥巴，還浸了鹹鹹的海水；然而，我克服了種種障礙，有種得勝的驕傲。我從江戶離開時，沒料到我可以完成這麼多的成就。

北海怒吼，耳聞猶如樂音！狂風尖銳呼嘯，卻鼓舞人心！即使豪雨擊打，也有家的溫馨，就算冷風刺骨，也令人振奮！能夠待在一間能上鎖的房間，不用躺在擔架床，而是睡在床鋪上，而且手握二十三封帶來好消息的信件，在一間溫暖安靜的英式住宅屋簷底下讀信，這種喜悅之情，你絕對無法想像！

I. L. B.

---

1 譯註：指江戶時代南部氏的領地，相當於現在的青森縣東部、岩手縣中北部與秋田縣東北部。

2 譯註：Sesamum ignosco，可能指除蟲菊。日本實業家上山英一郎後來曾利用除蟲菊發明了螺旋形蚊香。

3 譯註：昆布，請參閱第二十四封信。

4 譯註：三等船艙。

5 譯註：位於蘇格蘭西部。

從新潟到青森的旅程表

	戶數	里	町
木崎	五六	四	
築地	二〇九	六	
黑川	二一五	二	一二
花館	二〇	二	
川口	二七	三	
沼	二四	一	一八
玉川	四〇	三	
小國	二一〇	二	一一
黑澤	一七	一	一八
市野野	二〇	一	一八
白子澤	四二	一	二一
手之子	一二〇	三	一一
小松	五一三	二	一三
赤湯	三五〇	四	
上之山	六五〇	五	
山形	二一〇〇〇人	三	一九

	戶數	里	町
天童	一〇四〇	三	八
楯岡	三〇七	三	二一
土生田	二一七	一	三三
尾花澤	五〇六	一	二一
蘆澤	七〇	一	二一
新庄	一〇六〇	四	六
金山	一六五	三	二七
乃位	三七	三	九
院内	二五七	三	一二
湯澤	一五〇六	三	三五
横手	二〇七〇	四	二七
六郷	一〇六二	六	
神宮寺	二〇九	一	二八
久保田（秋田）	三六五八七人	一六	
港	二一〇八	一	二八
蚶川	一六三	三	三三
一日市	三〇六	一	三四
鹿渡	一五一	二	九

	戶數	里	町
檜山	三九六	二	九
鶴形	一八六	一	一四
富根	一五三	一	一八
切石	三一	一	一四
小繋	四七	一	一六
綴子	一三六	三	五
大館	一六七三	四	二三
白澤	七一	二	一九
碇關	一七五	四	一八
黑石	一一七六	六	一九
大釋迦	四三	四	
新城	五一	二	二一
青森		一	二四
	合計	一五三	九

大約三六八英里

實際距離其實更長，因為在好幾山道上，一里是五十六個町，但由於缺乏準確的訊息，整張表的里只能用標準的三十六個町來計算。

第三十三封信

形式與色澤——風城——古怪的房舍屋頂

蝦夷，函館

一八七八年八月十三日

歷經兩天狂風驟雨、驚濤駭浪的航行之後，天氣轉為晴朗和煦，我頓時覺得此處氣候比本州更為舒適，令人神清氣爽。這裡是日本沒錯，但總覺得有些許異樣。薄霧退散之後，映入眼簾的並非鬱鬱蔥蔥的山脈，而是赤裸起伏的峰稜，此乃近期剛爆發的火山，赤色的火山灰在正午烈陽映照下熠熠而燃，但鄰近日暮時分，色澤又逐漸改變，由粉紅轉為紫色。沙灘圍繞海灣[1]，山巒連綿迆邐，間或點綴松樹林或灌木叢，於遠處消融於蔚藍天際。仰望蒼穹，片片浮雲飄過，將陰影灑向湛藍與深紫交錯的嶙峋山坡。陸地環抱著海灣，而海水如此深，猶如亞得里亞海（Adriatic）那般湛藍。淺色帆船映襯著蔚藍晴空，白色風帆更勝皚皚白雪。城鎮後方矗立雙峰，陡峭險峻，其上遍佈柳杉，柔和了地勢的稜角。岬角與陸地間連結一片沙灘，其輪廓外觀貌似直布羅陀。

當我遙想西方景緻時，一輛人力車呼嘯而過，佛寺亦響起悠揚鐘聲，聲響縈繞耳際，迥異於叮咚作響的英國鼓聲；此外，一列佛教送葬隊伍緩緩走過街道，更可見四位赤身露體、膚色泛黃的矮人發出單調的「喝——會達」呼嚕聲，前後使勁推拉著一台荷車，車子嘎吱作響，從旁疾行而去。

只要放眼函館，會覺得四處洋溢著日本風味。本地街道寬敞潔淨，建物卻簡陋低矮。整座城市似乎剛從火災肆虐中復甦，房屋全以易燃木板搭建。此地沒有其他城鎮常見的豪華磚瓦屋頂。函館街道寬敞，風勢強勁，街邊不見永久矗立的建築。這裡日漸繁榮、人潮熙來攘往；市區沿著海岸綿延兩英里，然後依循山坡向上發展，直到不適人居的高處，但房舍與居民仍顯寒愴清貧。建物屋頂都設置永久的木造晾臺，讓此地稍顯「輪廓骨架」的味道。然而，石頭才是本地建物的主要特色。從高處俯瞰城鎮，可見灰色石塊綿延數英里，方知這座風城的住戶皆以鋪地石板「鎮壓」屋頂。此外，某些平坦屋頂會鋪設礫石，望之猶如庭院，而有些則像這棟房子，屋頂鋪設表層土與草皮，乃是為了避免星星火花引起祝融之災。函館風勢強勁，以石頭壓住屋頂鐵定是最廉價的做法，但房子卻顯得怪異。

除了高踞山上的一排寺廟及其庭院，各處街道皆毫不起眼。家家戶戶幾乎都開門做生意，但多數商店只販售日常用品，以滿足眾多貧苦居民的生活所需；大街上陳列著真實或仿冒的舶來品，唯一新奇之物是各家店鋪大肆兜售的毛皮、皮革與獸角。大張的熊皮與深米色的蝦夷犬皮毛物美價廉，令我心動不已。另有許多當地人稱為「骨董屋」（"curio" shop）的古物商店，而來自青森的漆器索價不高，外地人也愛不釋手。

I. L. B.

1 譯註：函館灣。

第三十四封信

伊藤的背叛——「傳教士的態度」——預料會失敗的探險計畫

蝦夷，函館

我非常喜歡函館。旅程雖已安排妥當，但我日日都在四處流連。然而，有一件牽涉伊藤的事情令我不悅。不知你是否記得，我在伊藤沒有推薦信時便雇用了他。伊藤後來告訴巴夏禮夫人與我，說他的前主人瑪里埃什先生想回聘他時，他回答自己已經與「某位女士簽了合約。」瑪里埃什先生就在此地，我現在才發現他當時與伊藤已經簽了合約，而依照合約規定，瑪里埃什先生每月支付七美元，伊藤得隨侍在側。然而，當他聽到我願意每月支付十二美元時，便拋棄瑪里埃什先生，對我撒謊，以便當我的僕人！伊藤背叛之後，瑪里埃什先生非常困擾，採集植物時非常不便，因為伊藤極為聰明，不僅被訓練得知道如何乾燥植物，也深受信賴，可以離開兩到三天去收集種子。我感到非常抱歉。瑪里埃什先生指出，當伊藤來找他時是個壞孩子，但他認為自己矯正了伊藤的某些缺點，因為他能一直忠誠服侍我。我在領事館會見了瑪里埃什先生，決定蝦夷之旅結束之後，要讓伊藤回到他的身邊。他會將伊藤帶到中國與福爾摩沙（台灣）一年半。我認為瑪里埃什先生面面俱到，將會照顧好伊藤。

赫本博士與夫人也在此地。當我啟程之後，這對夫妻耳聞伊藤的閒言閒語，非常擔心我的處境。然而，除了知道他起初便對我扯謊，我並未發現伊藤幹下其他不法勾當，但他信奉的神道教頂多也只能讓他做到這樣。我今天早晨支付伊藤薪水時，他問我他是否有可以改善之處。我說道，他的態度不好，令我反感。他沒有動怒，承諾會改善脾氣；他說道：「但是，我只是模仿傳教士的態度！」

我昨日前往領事館用餐，會見法國公使館的迪斯巴赫伯爵（Count Diesbach）、奧地利公使館的馮・西伯先生（Mr. Von Siebold）與奧地利陸軍中尉克內爾（Kreitner）。他們明天要動身探索內地，打算尋找流入南海沿岸河流的源頭，並且測量山脈高度。他們要攜帶「大量」糧食與紅葡萄酒（claret）。然而，要帶著這麼多馱馬，我覺得他們鐵定會失敗。我已將行李減至四十五磅，絕對會成功！

我希望明天啟程，展開長期計畫得旅程；我身經百戰，信心滿滿，獨自規劃了這項行程。我滿心期待，探訪原住民鐵定新奇而有趣。要等許久之後方能再度與你聯繫，祝你一切安好。

I. L. B.

第三十五封信[1]

迷人的日落——官方証文——「先頭馬」——彬彬有禮的日本人——蒸汽渡輪——苦力逃走——一批野蠻人——一群馬匹——美麗的花朵——人煙罕見之地——死寂的房舍——孤獨與怪誕

蝦夷，蓴菜沼（小沼）

八月十七日

本人再度深入荒野！我坐在二樓房間，下方是一處偏僻湖泊。夕陽西沉，蓊鬱的岬角呈現紫色，靜影益發深沉。一群男人剛以長矛刺死一頭熊，正賣力將屍身拖下附近山坡。此處沒有村莊，陣陣蟬鳴與林木沙沙聲，飄盪於傍晚寧靜的空中。夕陽粉綠交雜，溢彩的水面躺著青白睡蓮花萼，駒岳（Komono-taki，駒ヶ岳）火山尖頂崎嶇光禿，於夕陽映照下泛起紅光。我獨自感受這夕陽魅力，從函館騎了十八英里，沒有伊藤陪伴或攜帶隨從。我將行李從馱馬卸下，以極有禮貌的方式詢問並善用日語名詞，入住了一間良好的房間並享用了一頓包含米飯、雞蛋與黑豆的晚餐，也讓馬匹吃了搗碎的豆泥。我的馬隸屬於「開拓使」（Kaitakushi）[2]，踏著鐵蹄，英姿神武，有權享受特別照顧！

我尚未踏入「人煙罕見之地」。蝦夷天氣晴朗，空氣乾燥，悠閒自在，令我益發精神振奮。蝦夷之於本州的日本人，猶如提珀雷立（Tipperary）[3]之於英國人、巴拉（Barra）[4]之於蘇格蘭人，以及美國南部的德州之於紐約人。總歸一句話，此地荒涼，鮮為人知，人煙稀少；可在此地訴說荒謬怪誕之事而不必害怕被人揭穿，譬如講述愛奴人的傳聞、本地人以小馬當主食的不當之舉、人與狗的奇怪行徑[5]、狩獵熊、狼與鮭魚的冒險事蹟，以及刺繡之事[6]。只要來到蝦夷，絕對會遇上怪事，人鐵定會連同馬匹摔倒一到兩回，或者單獨從馬上摔倒。

鮮少人知道內陸情況，只知當地森林密佈、藤蔓攀爬、林木下灌木叢生，唯有用斧頭披荊斬棘。另有各種難以橫越的沼澤，數百條河流以此為源頭，河內充滿魚類。從本島各處可見火山散發的刺眼光線。森林是愛奴人的獵場，而這個民族在各方面尚屬野蠻落後，但據說他們個性溫和，不會傷人，我大可放心去接觸他們。

人們聽聞我這位女士要率先踏入原住民地區探索，無不興致盎然；領事優司頓先生（Mr. Eusden）熱心與當局接洽，讓我從知事獲得一份「証文」（shomon）。所謂証文，乃是官方書信或證書，讓我有權在各地以一里六錢的公定價碼雇用馬匹與苦力，也有權優先下榻供巡訪官員住宿的房舍，亦能在各地獲得官員協助。知事甚至向對岸的噴火灣（Volcano Bay）發出電報，要求當地官員讓我隨時使用官廳的人力車，甚至要攔下輪船配合我的行程！有了這份文件，我可以不必使用護照，旅途必將一路順遂，非常感謝領事的鼎力相助。

此地必須進口米與茶，宿屋收費一致，均為一日三十錢，內含三餐（無論用餐與否）。馬匹眾多，但身軀嬌小，無法馱載重物。馬匹沒有釘上鐵蹄，蹄子非常淺，前端尖細且向上彎曲，或者呈現其他奇怪形狀，卻能輕鬆在崎嶇的地上奔跑，跟在稱為「先頭馬」（front horse）的領頭馬後頭，一小時便可奔跑四英里以上。倘若你沒有「先頭馬」，卻想要騎在最前頭，你會發現你的馬根本不會動，非得等別的馬跑在前面；馬匹只會跟隨領頭馬，不會顧及你的願望，你根本無計可施。沒有馬伕可用；只能有人騎乘「先頭馬」，依照你要的速度前進，或者你只要有一匹「先頭馬」便可前行，沒人騎乘牠也無妨。馬匹眾多且便宜。人們每天早晨都會把馬從山上趕到村子的畜欄，等人雇用馬匹。馬匹很便宜，因此常遭到虐待。我沒有看到背部不紅腫的馬，因為牠們會被要求馱載重物時奔跑，荷鞍便會上下摩擦背脊使其受傷。多數馬匹皆十分瘦弱。

替我準備一匹馬有點困難，領事便送我一頭開拓使馱馬，這匹馬英挺卻懶惰，我幾乎無法命令牠奔馳。我讓伊藤殿後去看管馱負行李的隊伍，然後獨自一人享受騎馬樂趣，想走多快就走多快，但也只能緩步慢行，亦或笨拙奔馳。

我遇到一列揹負鹿皮的馬匹，並且超越其他荷載清酒與商品的馱馬列隊。馬匹喜愛彼此問候，我每次都得奮力讓牠們分開。我在兩個村莊看見新奇的事物，發現小商店販售黃燐火柴（lucifer match）、棉布雨傘、靴子、毛刷、鐘錶、石板、鉛筆、裝框版畫、煤油燈[7]，以及紅色和綠色的毯子。毯子無疑是用舊的英國織物翻織而成，其餘皆為仿製外國商品的貨品，大體可謂精工細作。

山道長達十五英里，我們抵達稱為「七飯」（Nanai）的村莊。該地井然有序，散發歐式風格，周圍遍植農作物，此處乃是政府讓農作物適應氣候水土與推行其他農業實驗的場所。山道過了這個村莊便進入山中，從一處陡坡頂端可眺望壯麗的函館岬。遠遠望去，岬角猶如浮泛於蔚藍深海的島嶼。從另一處更高的山頂向北眺望，可見赤紅的裸露火山口高聳天際，其下有三處亮麗的湖泊，四周枝葉扶疏，草木繁盛。這些是赤色的斷崖與露出的裸岩，四周皆是濃亂的綠樹林蔭。自然風光色澤單調，湖水閃耀銀輝，憑添一抹亮眼光芒。四下闃寂寧靜，枝葉露水滾滾，陣陣馨香飄散，沿路下行至河岸，香氣沁人心肺，最終卻沒看見單調騷亂的灰色村落，只見一間奇形怪狀的房屋，置身於優美的環境。

多數路段都不好走；道路兩側有很深的波浪狀凹凸紋路，路中央有極高的土堤，數百匹小馱馬不斷用土籠運載泥土來墊高這些堤道。我猜測這條堤道是要供載人馬車或四輪運貨馬車行走；然而，馬匹倘若心生膽怯，或駕馭者技術欠佳，車輛可能會翻覆。許多橋樑已經損毀，目前這條堤道只能供馱馬行走。我與好幾列運載清酒前往內陸的馬匹擦身而過。蝦夷人會隨意飲酒作樂，貧苦的愛奴人則會酗酒狂飲。我曾一度下馬爬坡，以便休憩喘息。由於馬鞍鬆垮垮地繫於腹帶，後頭的器具便把馬鞍拉扯到馬腹之下，但馬鞍對我來說過於沉重，我無法把它重新抬到馬背上。我帶著馬走了一段路，遇到兩名日本人，正領著一列滿載鹿皮的馱馬前行。他們不僅替我將馬鞍歸位，還握住馬蹬讓我上馬。當我離去時，這兩人還鞠躬致意。這個民族彬彬有禮且心地善良，誰能不愛上他們呢？

森，噴火灣
星期一

入夜之後，連蕁菜沼也不是天堂。由於蚊子肆虐，我被迫早早就寢。伊藤心情特別好，他與我一樣，喜歡無拘無束的北海道。他也更有禮貌且討人喜歡，對知事頒發的証文甚感驕傲。伊藤經常拿著証文，大搖大擺地走進宿屋與驛舍。他替我打點一切時，我從未感到如此舒適安心。週六天色陰暗，毫無生氣，我們沿著沙道騎馬，一側可見火山，另一側為低矮山丘，穿越單調的森林與沼澤，行了七英里，感到疲憊不堪。我看到五條捲曲成盤狀的大蛇，還有更多蛇蜿蜒穿越草地。我們沒看見村莊，但有幾間破敗茶屋，道路的另一側有長棚，裡頭設置馬的飼料槽，槽子由樹幹挖空製成，猶如獨木舟。此地無人走路，男人會騎馬奔馳。他們坐在馬鞍上頭，雙腳交叉，置於馱馬頸子上，頭戴如同「媒里式女帽」（coal-scuttle bonnet）[8]的大帽子。馬匹會遭壁蝨（tick，又譯蜱）叮咬，偶爾數百隻壁蝨會同時襲擊馱馬，馬兒有時被咬得瘋狂亂顛，會突然翻滾倒地，壓在行李與騎馬者身上。我見過兩次這種慘狀。壁蝨也會叮咬騎馬的人。

森是破爛不堪的大村莊，鄰近噴火灣南端。此處位於沙質海岸上，沉悶荒涼，有幾間

「女郎屋」（joroya）[9]與聲名狼籍的人物。雖有幾間不好的宿屋，但我非常喜歡投宿的這間，可由此眺望壯麗的火山，而火山構成了其中一個海灣岬角。森有一處三百四十五英尺的碼頭，不過尚未竣工，也沒有停船錨地。橫渡海灣口的蒸汽渡輪出現在此。有一條崎嶇難行的馬道沿著海灣延伸將近一百英里，另有一條深入內陸的道路。然而，這裡是一處孤零蕭條之地。昨晚，宿屋非常嘈雜，因為隔壁的旅客召來藝妓。藝妓演奏樂器且唱歌跳舞，一直喧鬧到凌晨兩點。那夥人整晚恣意喝酒取樂。北國緯度較高，夏日逐漸縮短。我來此地時正在開花的植物，如今果實皆已成熟。山丘點綴蕭蕭黃葉，亦或沾染一抹楓紅，預告涼爽的燦爛秋季即將到來。

蝦夷，湧別（勇払）

「輪船」發出一聲巨響，響聲破空傳來，四處宣告「船將啟航，絕不等人。」我們頂著驕陽，匆匆趕到碼頭，連同站滿兩艘平底船的日本人共同搭上了一艘大型甲板輪船。當地人都擠在一處有頂蓋的艙房，我則被客氣地請到船首艏艛（forecastle），有五英尺見方，裡面擺滿繩索。門關上之後，我獨自待在裡頭，享有尊嚴與隱私。然而，有八隻發亮的眼睛透過窗戶盯著我！這艘輪船在另一側等我等了兩日，兩名想要返回函館的外國人對此深感痛恨。我也有同樣的感覺。

當日天高氣爽，陽光燦爛，湛藍海水捲起雪白浪花，構成海灣南端岬角的火山噴出赤灰，在陽光映照下閃閃發光。這艘輪船非常破舊，鍋爐時常「生病」，根本無法讓人安心搭乘。然而，倘若不想走崎嶇蜿蜒的山道前往新首府（札幌），輪船便是唯一的選擇。投入經費續建碼頭，並讓可靠的輪船渡海，這種投資是非常有用。風勢強勁且船順風而行，但渡輪卻得花六個小時才能走二十五英里，真是令人疲乏。到了晚上八點，我們才抵達陸地包圍的美麗室蘭（Mororan）灣。陡壁叢生林木，深海鄰近海岸，海水夠深，外國軍艦偶爾會入灣停泊，但這樣對這個城鎮極為不利。我們從船上下到超載的舢舨，幾個人不慎跌入海中，卻自顧自地笑了起來。各間宿屋的僕人下到碼頭，提著大型紙燈籠「招攬」客人。燈籠層層疊疊，左右晃動，搖曳生姿，柔和燭火猶如鏡面湖水的繁星倒影，令人沉醉。室蘭美麗如畫，座落於迷人海灣的陡峭海岸上，其上有另一個高地，樹木繁茂，攀登石階便可抵達掩映其間的神社。山蔭處是這片海岸的第一個愛奴人村落。

漫長而不規則的街道略顯明媚，但令我印象深刻的，卻是罕見的流浪者（浮浪者）與蕭條破敗景象，因為此地有不少女郎屋與惡棍逗留的宿屋。我只能投宿於骯髒破敗的宿屋，住在一間狹小房間。然而，那裡沒有蚊子，我也飽嚐了美味的魚肉。我打算雇用馬匹時，發現一切皆已打點妥當。鎮長一早便送來名片，探詢我有何吩咐。早晨天色灰暗，烏雲密佈，但我希望繼續前行。到了九點半，我便在宿屋門口上了人力車。這是鎮內唯一的人力車，政府專門用它來運送病患。我心神不定，卻端坐等待，足足等了半小時，期間唯一的樂趣就是看見伊藤與一位美貌的女孩調情。流浪者開始聚集，但他們不是來拉車的。我後來慢慢知道，原本安排拉車的三位車伕逃跑了，眼下警察正在緝捕他們。我從鎮上緩步走上一處陡坡，巧遇了年輕的赤星先生（Mr. Akboshi）[10]。他彬彬有禮，擔任測量技師，而且會說英語。他說室蘭是「蝦夷最糟糕的地方」。我因為浪費了兩小時而大動肝火，伊藤最後帶著馬匹追趕上了仍在氣頭上的我。他結結巴巴說道：「他們是全日本最糟糕且最壞的苦力。又有兩個人跑掉了。現在要來三個人，他們拿了四人份的工錢。最初三位逃跑的人拿了工資。驛舍的人不敢向外國人道歉。鎮長也怒氣沖沖。」

只要別浪費時間，換誰拉車都不打緊。當人力車出現時，車伕卻是三位極像惡棍之人，身穿樹皮衣物，看似野人。我派伊藤先行十二英里去確保可穩妥換馱馬時，便將錢託付他保管。他們不只兩個人，而是有三個人，卻不急速奔馳，只是緩步慢走，而且似乎故意拉車去碰石頭或走溝轍，沿路高喊野蠻人的「哈嘿蘇哈、哈嘿蘇荷拉」，彷彿他們拉的是堆滿石頭的貨車。出了函館，根本找不到適合的車伕。當地人不知如何拉車，也討厭拉車。

從山頂眺望室蘭灣，景緻著實優美。日本的海岸風景是我見過最美的，能勝過它的，唯有夏威夷的某些迎風海岸。這個海灣景色亮麗，確實獨樹一幟。這個不規則的灰色城鎮位於樹林茂密的陡峭階地，順沿這個小海灣延伸，其上有一間灰色神社。丘陵林木茂盛，葉大的蔓生植物混雜纏繞，陡降至海岸邊。葡萄藤映照於平靜無波的水面。赤紅的火山口拔地矗立，高聳於深暗森林與發亮的海洋之上。道路突然下降到沙質山丘，山丘又在各處形成岬角。我首度看到連綿不斷的浪濤拍打海岸，足足有五千英里長。我抵達幌別（Horobetsu）之前，偶爾可瞥見太平洋的掠影、荒無人煙的沼澤與森林茂密的遠方山丘。幌別是個日本人與愛奴人混居的村落，位於海邊沙地上。

在這種混住村莊，愛奴人會被迫住在與日本人相隔一段距離之處，但前者經常多於後者；舉幌別為例，此地有四十七間愛奴人的房舍，只有十八間日本人的屋子。愛奴人的村子看起來會比實際更大，因為幾乎家家戶戶都有「藏」（倉庫），這種建物是以木樁架起，離地六英尺。等我更熟悉愛奴人的房舍之後，會詳細描述它們；目前只覺得這種屋舍不像日式房舍，反而更像玻里尼西亞人的屋子[11]。這種房舍有小窗戶，屋頂極高且陡峭，屋頂茅草層疊，邊緣嚴整，屋脊樑柱覆蓋蘆葦並加以裝飾。住在海邊的愛奴人幾乎討海為生，但在這個季節卻會前往森林獵鹿。海岸城鎮的名稱都會冠上「別（ベツ）」（betsu 或 petsu，愛奴語為「河川」之意），譬如：幌別（Horobetsu）、湧別（Yubetsu）與紋別（Mombetsu）。

我發現伊藤與人爭吵了一個小時，因為驛舍代理人不肯替人力車找車伕，直說幌別人都不會拉車。但是，當我出示証文之後，馬上有三個年輕的日本人拉著車過來，我隨即展開十六英里的旅程。伊藤則先騎馬前往白老（Shiraoi）替我準備房間。我認為蝦夷的驛舍都歸政府管理。幾分鐘後，三名愛奴人從一間房子跑出來，接過了人力車，一路奔跑拉車，沒有停止過腳步。他們帶著一個少

幌別的倉庫。

年，還有三頭掛著馬鞍的馱馬，以便騎馬返程。他們交替騎馬與拉車，總是有兩名年輕人靠著橫桿拉車，一名在後頭推著。他們親切有禮，我有一刻幾乎忘了自己身處於野蠻人之中。這些小伙子沒有蓄鬍子，嘴巴寬闊且嘴唇厚實，極像愛斯基摩人。他們的頭髮濃密，色黑柔軟，披覆於兩頰。有位成年男子並非純種的愛奴人。他的黑髮偏薄，頭髮與鬍鬚偶爾會閃現紅褐色。我從未見過比這更俊美的臉孔，交融著高潔、悲傷、飄渺、溫柔與理智，模樣不像野蠻人，更像蘇格蘭畫家諾埃爾·佩頓爵士（Sir Noel Paton）筆下的「耶穌基督」。他的態度優雅，會以低沉的嗓音說愛奴語和日語，我發現此乃愛奴人說話的特色。這些愛奴人不會脫下衣服，只會在極炎熱時把衣服褪到肩膀之下。

從幌別到白老，沿路極為荒涼，只見四到五間房子。道路除了上坡或轉向內陸去跨越河流，一路寬闊平直。它橫跨一處高大野花覆蓋的寬闊沼澤。沼澤從波濤拍打的海岸向內陸延

愛奴人的小屋（來自日本人的素描）。

伸兩英里，內陸有林木茂密的岩壁，岩壁後方為內陸山脈，樹林成蔭。高起的海灘頂端有愛奴人的村落，偶爾會從棚屋飄來一股惡臭，因為村民會用器具提取魚油。我盡情享受了午後時光。能夠逃離刻板不變的文明社會，並且擺脫遊歷日本的種種束縛，前來親近與世隔絕的孤寂大自然，同時呼吸無拘無束的自由空氣，真是令人神清氣爽。天空陰鬱灰暗，海面黑暗險惡。沿途可見成排的灰色電線桿，灰色的路面雜草叢生，如同一條灰線，朝著遠方延伸而去。微風從海洋吹來，吹得蘆葦沙沙作響，毛絨絨的高大芒草亦迎風飄揚。太平洋浪濤隆隆作響，低沉聲響徹天際。詩情畫意之景，悅耳動聽之聲，瀰漫於此孤寂之境，令我心神安寧。

道路沿著樹木繁茂的陡峭小山起伏之後，又回到原來的雜木林。車伕停在一處斷崖旁，斷面向下延伸至鵝卵石灘，河水清澈，藍綠相間，捲起陣陣白波。水中充滿從上游溫泉流下來的硫磺，另一側的峭壁長滿了雜草。兩根相隔一尺的圓木橫跨這條美麗河流，一位愛奴人牽著我的手，協助我踏著其中一根圓木過河；然而，木頭非常不穩，我心想，別人再怎麼頑固，也不至於像我這樣穿著靴子走圓木渡河。然後，這位英俊的愛奴人向我示意，讓我騎到他的肩上，但是當他踏出幾步之後，圓木搖晃得極為厲害，不得不小心向後退，我當時頭暈目眩，心生畏懼。爾後，他揹我渡過湍流，水深及他的肩膀，接著帶我穿越一片沼澤，最後爬上陡峭的河岸。我絲毫沒有因為騎在野蠻人肩上渡過蝦夷河川而欣喜，反而感覺身心俱疲。他們四個人靈巧扛著人力車渡河，非常擔心弄濕了車子與我的身軀。此後，我們越過兩條深河以及搭乘平底船渡河。金色夕陽垂掛於灰色大地與灰色海洋之上，散發交雜道道朱紅的綠色，逐漸沉入高聳發亮的山脈，而山麓丘陵林木茂密，呈現暗紫色。我們摸黑抵達了白老，這座村莊靠海，有十一戶日本人的住宅與五十一間愛奴人的房子。當地有一間古樸的大型宿屋，但是伊藤選了一間非常漂亮的新宿屋，有四個面向街道的馬廄。我在宿屋中央找到伊藤，聽到一項令我雀躍的消息，他們正在炭烤新鮮的厚切鮭魚。房間乾淨整齊，我又飢腸轆轆，便伴著一碟魚油燈芯燃燒的火光，大口享受美味餐點，猶如重溫今日愉悅的旅程。

佐瑠太（富川）

夜晚過於寒冷，難以入眠，到了黎明時分，我聽到一聲巨響，向外望去，看見上百匹馬在路上馳騁，後頭跟隨兩名騎馬的愛奴人與一些巨犬。數百匹馬在山丘上狂奔，愛奴人技巧高超，將馬兒順利趕往畜欄入口，從中選定今日所需馬匹，然後將其餘（背部嚴重發炎的）

馬鬆綁，讓其自由移動。在這些蝦夷村落中，清早首度耳聞的，便是這些沒釘鐵蹄馬兒的低沉奔馳聲。我一大清早就讓伊藤先行探路，爾後在九點跟三名愛奴人出發。十三英里的道路極為平坦，我們穿越了礫石地與沼澤，景色單調，平淡無奇，卻散發野性魅力。沿途看見沼澤，有野鴨和小朵的白色睡蓮，周圍平地長滿蘆葦、花朵與雜草。時值初秋，花朵早已枯萎，但仍不少仍在綻放，這片赤色平原於初夏之際想必十分美麗。

蝦夷的特色之一，便是矮小的野玫瑰。這種花會開深紅花朵，結出歐楂（medlar）[12]形狀的橙色果實，如野生蘋果般大小，花冠直徑為三英寸。另有一種大型的玫瑰色旋花屬植物（convolvulus）、開出層層鐘形花朵的藍色風鈴草（campanula）、藍色的舟形烏頭（monkshood）、烏頭屬植物（Aconitum Japonicum）[13]、招搖的濱旋花（Calystegia soldanella，又譯腎葉打碗花）、紫苑（aster，別名翠菊）、（細葉）梅花草（grass of Parnassus）[14]與黃色百合花。另有出眾的蔓草，葉子細緻，會開紫褐色的鈴噹狀花朵，與四周粗曠的荒野極不相襯。這種蔓草十分奇特，雌蕊排列特殊，雄蕊為綠色，還會散發腐肉般的惡臭，可能用來吸引討厭的蒼蠅以便受粉。

我們趕上四名年輕漂亮的愛奴婦人，她們當時正打赤腳闊步行走。這些女人與車伕歡笑喧鬧之後，便抓住了人力車，七個人一起全速奔馳，邊叫邊笑，跑了半英里。不久之後，我們抵達一間小茶屋，愛奴人向我出示一個稻草包，指著自己張開的嘴巴，我便了解他們希望停下來吃點東西。後來，我們超越了四位騎馬的日本人，愛奴人與他們競速，雙方奔馳了一大段距離，我便在中午便抵達了苫小牧（Tomakomai），那是寬廣沉悶之地，房舍屋頂覆蓋草皮，長滿茂盛的雜草。此地附近有樽前（Tarumai）火山，灰色的圓錐頂寧靜安祥，山麓遍佈上萬棵死樹。這座灰色的火山長年靜止，人們誤以為它早已進入休眠，不料最近在一個悶熱的日子，火山突然爆發，噴發的火山灰覆蓋數英里的田野，燒毀山腹的森林，讓苫小牧房舍屋頂覆蓋了一層灰渣，細灰甚至飄到五十英里外的襟裳岬（Cape Erimo）。

在苫小牧，道路與電線轉向內陸，通往札幌（Satsuporo）。馬道只往東北方向延伸，在島上繞行約七百英里。從室蘭到佐瑠太，處處可見新舊火山活動的遺跡：有浮石（pumice）、石灰華（tufa）與礫岩（conglomerate），偶爾可見堅硬的玄武岩岩床。從白老向東走，一切皆被近期形成的浮石覆蓋。我們在苫小牧騎馬前行，而我自帶馬鞍，真正享受了在日本騎馬的樂趣。我見到一位札幌醫生的妻子，她跨坐於馱鞍上，以輪繩替代馬鐙，騎了兩百英里。她騎得非常好，像馬戲團員一樣手腳靈巧，跳上了我的馬鞍，並展示精湛騎術。她告訴我，她若有這樣的馬，應該會很開心。

我離開人潮聚集之地以後非常高興。眼前廣袤無垠，延伸至飄渺之境，滾滾沙地綿延起伏，令人想起外赫布里底群島（Outer Hebrides）[16]。此地如同沙漠，孤絕死寂，只有矮小的野玫瑰與風鈴草。在這片草原上可以恣意奔馳。我讓他人先行，自己墊後，在這片蝦夷草原隨意騎馬。不久，馬兒開始長途奔馳，馬蹄沒釘鐵蹄，踏在柔軟的土地上，發出噠噠之聲，令我陶醉不已。然而，我不熟悉蝦夷馬的特性，並且忘記了問我騎的是否是一匹「先頭馬」。我們要全速奔馳時，恰好快趕上其他馬匹，我的馬兒突然止住腳步，我便飛越牠的頭，跌落於玫瑰叢之中。伊藤回頭，看見我正在收緊馬鞍腹帶，我並未告知他我曾被甩飛出去。

這條海岸微風吹拂，一側是海洋，一側是森林，我們沿路騎行了八英里，抵達了湧別，該處令我著迷，我老想再度探訪。我必須承認，當地的魅力在於它所欠缺的，而不是它所擁有的，但伊藤卻說，他只要在那待上兩天，便生不如死。湧別猶如世界盡頭，彷彿是寂寥與荒涼的終點站，三面被延伸沙地包圍，通往海洋的河流也受阻，被迫在高地與太平洋驚濤拍岸的海灘蜿蜒而流，試圖尋找出口，遠處的森林帶，聳立於湛藍與灰色濃淡交錯且光禿無奇的山脈之上。另有兩處位於高地的瞭望台、一些採集魚油的棚子、四到五間日式房舍、河岸對面海灘頂部的四間愛奴人棚屋，以及一間簡陋的大房子，在在讓人感覺寬廣的海洋便隱身於某處。

那棟大房子有八十英尺長的磨光通道，通道兩側有小房間，底端是鋪設礫石的庭院，兩間寧靜的房間面向這個中庭，另一端是巨大的廚房，有黑暗的壁龕與燻黑的屋椽；總之，這間房舍死氣沉沉。這些房舍相隔遙遠，如此設置應該有特別的目的。它們為數不多，但在這個季節，並非每間都住了人。此時能看到的，無非是灰色沙地、稀疏的草地與緩慢行走的野蠻人。

沒有任何事物像那棟死寂的可怕捕魚站（番屋）這樣令我印象深刻。整棟長長的建物是灰色的，長長的灰色牆壁上有許多陰暗的窗戶，當我們大喊請求入內時，一位表情愚蠢的男子從其中一扇窗戶探出頭，隨即消失無影。然後，一扇灰色的門被打開，我們騎馬進入鋪著灰色礫石的庭院，一些面向庭子的房間開著門。庭院與廚房之間有三十或四十個房間，房間擺滿漁網和漁具，四下一片死寂，令人感到恐怖。風掃過磨光的通道，令拉門格格作響，掀起屋頂木板瓦，老鼠從一頭狂奔到另一頭。我前往黑暗的大廚房，看看是否有人，結果只發現一些餘火未盡的煤塊與一盞行燈，還有那位愚蠢的男人與兩位孤兒。男人唉聲嘆氣，但兩名孤兒少年卻比他更慘。到了捕魚季節，這棟大房子可容納二百至三百人。

我起身前往海岸，穿越陰鬱的河流，發現幾間敞開的漆黑棚舍、廢棄的蘆葦小屋與長長的棚子，棚內的鍋子曾用來將去年撈捕的魚提取魚油，因此發出陣陣惡臭。我還看見兩到三間愛奴人的小屋。另有兩到三名相貌堂堂的愛奴人，身穿獸衣，在沙丘上如幽靈般闊步前進。我還看見數隻貌似野狼的狗、一些獨木舟（dug-out）、毀壞平底船的骨架、大量的漂白浮木、深灰色的沙灘，以及陰沉多風的天際下波浪起伏的深灰色海洋。這處沿岸的太平洋浪潮特別兇猛，只要一小段距離便可超過高潮線，擊打高處的沙丘。當你朝海岸下行時，只能看到海洋與天際，以及灰色的彎曲海岸。海岸寂寥，綿延數英里，覆蓋奇形怪狀的雪白漂流木與林木殘骸。枯樹殘枝在數不清的河流中載浮載沉了數星期或數個月，最終才漂流至這處海岸。

「船隻殘骸，漂流桅桿，浮於落雨荒海：漂流、漂流、再漂流。浮於不安海洋的流動潮流；洶湧浪濤將殘枝斷木帶至湧別海灘，一切又恢復平靜。」

淒涼的平靜！

拍岸浪花深沉的隆隆聲響、海鳥的奇怪鳴叫與魯莽烏鴉的嘶啞聲，一切都那麼和諧。自然的萬籟與色澤只要不受干擾，絕對和諧悅耳。

1 原註：我刪減了這封遊記書信的部份文字，卻斗膽將剩餘內容原貌刊出。我相信讀者只要秉持對原住民與甚少人探訪地區的興趣，必能順利讀懂信中的細節描述與多樣內容。

2 譯註：北海道廳。「開拓使」為管理機構名稱。

3 譯註：愛爾蘭中南部內陸郡。

4 譯註：蘇格蘭西北方島嶼。

5 譯註：傳聞愛奴人的祖先是狗；為何稱其為阿伊努，因為伊努（inu）的發音等同於日語的「犬」。

6 譯註：愛奴人善於刺繡。

7 原註：在一八七九年聖誕節前夕，函館發生了一場火災，數小時之後便摧毀了二十條街道、二千五百間房屋、英國領事館、數棟公共建築、當地新的基督教堂與教會傳道館，使得一萬一千人無家可歸。這場大火的起因不明，但在舖設疊蓆的木造房舍使用煤油燈乃是引發祝融之災的新原因。

8 譯註：十九世紀的一種女帽，後面平直，有突出的硬帕邊緣。

9 譯註：靠妓女招攬客戶的店家。

10 譯註：Akbo 是「赤星」，shi 為「氏」，乃是接在姓名後頭的敬稱。

11 譯註：玻里尼西亞（Polynesia）位於太平洋中南部島嶼遍佈之地，poly 為「眾多」，nesi 則指「島嶼」。

12 譯註：亦可指枇杷。

13 譯註：日文通稱為トリカブト。

14 譯註：生長於寒冷之地，屬名來自希臘神話帕爾納索斯山（Parnassus），亦即繆斯女神的靈地。

15 譯註：岩漿突然冷卻且氣體逸出後形成的多孔產物。

16 譯註：蘇格蘭西北方的群島。

第三十五封信（續）

大自然的和諧——騎乘的量馬——唯一不和諧之物——森林——擺渡的愛奴人——跳蚤！跳蚤！——打消計畫的探險者——伊藤對愛奴人的蔑視——引薦認識愛奴酋長

佐瑠太

沒有！大自然沒有不和諧之處。今朝，四下寧靜無比，藍色海水如鑽石般閃爍，浮光躍金，灑至遠處地平線。白浪陣陣，緩緩拍打更加雪白的海灘。深邃的蔚藍天空點綴幾朵燦爛白雲，雲朵投射的陰影，於平原上緩緩挪移。在大地的寬廣胸膛上，數千朵花熱情綻放，沐浴於和煦艷陽，花期短暫卻絢麗多彩。波浪起伏的山脈，沉睡於深藍之中，後方拔起的山嶽，在如夢似幻的天空映襯下，沾染一抹抹蔚藍。即便湧別的那幾間灰色房舍，也被一層並非薄霧的淡藍薄紗包覆，融入和諧的自然景緻。無禮的烏鴉頻頻聒噪，叫聲響亮刺耳，卻帶點喜悅之感，我喜歡這種喧鬧的嘲諷。

我騎著一匹良馬，牠總想踏蹄狂奔。我騎著馬，在滿地鮮花的草原上輕快飛馳，騎行了十七英里，盡情享受御風而行之樂。我駕著這匹良駒，馳騁於平野，沐浴於和煦陽光，享受旅遊樂趣。在和諧的大自然之中，唯一不協調的是愛奴人，這個種族天生不懂如何追求進步，只能連同諸多遭人征服的民族一起埋入巨大的宿命墳墓。一名警官騎著馬，從湧別便一直與我們同行。他亦步亦趨跟隨著我，沿途不發一語。我們先渡過了一條寬廣的深河，以涉水與搭平底船交替行進，渡過了另一條河。爾後，道路從平地上出現。我們沿路穿越與馬耳齊高的蘆葦，上山下坡，走了數英里，穿過整片臭椿[1]林，樹葉被山蠶啃咬得千瘡百孔，林木下長滿眼熟的蕨類。

開放矮林陰影深邃，閃耀點點光亮，甚為迷人悅目。馬匹步伐輕快，愉悅地在小山丘爬上爬下，低沉的浪濤聲與微風的沙沙聲彼此融合，綠葉間隙偶爾閃現白浪身影，蜻蜓以及深紅與黑色蝴蝶不斷飛越道路，猶如「活生生的閃光」，令我稍微憶起迎風的夏威夷。後來，我們來到一間愛奴人小屋與一條美麗寧靜的河流之前，兩名愛奴人用平底船載我們四人與馬匹渡河，第三位愛奴人則涉水引導船隻。他們沒穿衣服，只有一人全身毛茸茸的。這些愛奴人非常帥氣、溫柔且極有禮貌，會牽我上下船，也會握住馬鐙讓我上馬，姿態自然優雅。我們要離開時，他們伸出手臂，向內揮手兩次，然後撫摸絡腮鬍，此乃他們慣用的打招呼方式。

我們走了一小段礫石路，來到這個有六十三間房屋的日本村落。這是一處開拓地，居民大多是來自於仙台地方（Sendai）的武士（士族），他們在沙地上種植了優良作物。在深入內陸十二英里的山區，有一處大型的愛奴人聚落。這個村落附近有一些愛奴人，但居民甚為鄙視他們。我的房間位於街道旁，但天氣太熱而無法關上拉門，村中的人站在外頭，透過格構窗打探我，一直瞧了許久。

不久之前，馮・西伯先生與迪斯巴赫伯爵從平取（Biratori）騎馬返家，而我正要前往這個愛奴人的村落。迪斯巴赫伯爵從馬背上跳下來奔向我，狂喊「跳蚤！跳蚤！」[2]他們帶來了名叫班立（Benri）的酋長，他相貌堂堂，卻像個遊蕩的野蠻人。今晚馮・西伯先生前來拜訪我，我很羨慕他能穿乾淨的衣服，他也很羨慕我有擔架床與蚊帳。他們飽受跳蚤與蚊子騷擾，日子過得艱苦且身心俱疲；然而，馮・西伯先生認為，即便如此，依舊值得跋山涉水去參觀愛奴人的山間村落。正如我所料，他們的探索之旅一敗塗地，克內爾中尉已經打了退堂鼓。我請馮・西伯先生用日語告訴伊藤，告誡他要對日後接待我的愛奴人客氣有禮，不料伊藤聽後非常憤怒。他說道：「要我對愛奴人客氣！他們只是狗，不是人。」此後，伊藤不斷向村人探聽有關愛奴人的閒言閒語，然後一五一十轉告我。

我們不僅要攜帶伊藤與我的糧食，還得自帶炊具。有人介紹我認識班立酋長。他要外出一、兩天，但會沿路傳遞口信，確保我會受到熱情的款待。

I. L. B.

---

1 學名 Ailanthus glandulosus，又稱 Tree of Heaven。

2 譯註：此句是用法語「Les puces」。

第三十六封信

野蠻人的生活——森林小徑——乾淨的村莊——殷勤款待——酋長的母親——晚餐——野蠻人的降神會——對神祇的祭酒——寂靜的夜晚——愛奴人的禮貌——酋長的妻子

愛奴人的小屋，平取

八月二十三日

我身處於人跡罕至的愛奴人土地，自認為最有趣的旅遊經驗，便是在愛奴人的小屋住上三天兩夜，親身體會全然原始的生活，而那些野蠻人做著日常工作，完全無視我的存在。我昨天最為疲憊且過於興奮，因為一切都新鮮有趣。我透過口譯人員，從幾乎與我沒有交集的人了解他們的宗教與習俗。我今早六點起床寫筆記，一連寫了五個小時。這些野蠻人不久就會舉行一場集會（降神會）[1]。可想而知，應該會有許多吸引人的事情。眼下一名野蠻人站在地板中央的圍爐裏（地爐）旁邊，拿起一杯酒，伸出雙手，朝自己的臉揮動，以此向我致意，然後把一根棒子浸入酒裡，對著神祇祭酒六次；所謂神祇，乃是一片直立於地板的木片，上頭裝飾刨花流蘇。然後，他朝自己揮動數次酒杯，又向爐火獻酒，然後把酒飲盡。另有十名男女坐在圍爐裏兩側，酋長的妻子正在做飯，眾男人面無表情看著別人替他們準備食物；其他的女人也沒閒著，忙著撕裂用來製作衣服的樹皮。我坐在客席上（圍爐裏一隅的架起平台），席上鋪著黑熊毛皮。

我直到親身接觸了愛奴人，才寫下他們的事情，希望你能夠耐心讀完。伊藤非常貪婪且自我放縱，嗚咽著抱怨為何要來平取。聽到他這般抽抽搭搭地哭泣，會誤以為他即將被火型柱處死。伊藤向人借了一張睡墊和蒲團，並且帶了雞肉、洋蔥、馬鈴薯、四季豆、醬油、茶、米飯、水壺、燉鍋與飯鍋，我只要吃冷雞肉與馬鈴薯便心滿意足。

我們從佐瑠太啟程時，帶了三匹馬與一位騎馬帶路的愛奴人，沿途循著前人足跡，直到抵達平取。出了佐瑠太，道路立即轉入森林，整段旅程完全位於森林之中。沿途遍生蘆葦，我騎著馬且戴著帽子，但蘆葦長得比我的帽子還高。然而，路面僅十二英寸寬且植物蔓生，馬匹必須不斷穿越遭夜雨淋濕的樹葉，我的衣服從肩部以下很快便濕透。森林裡幾乎只有臭椿與櫸樹，經常被繡球屬（紫陽花）白花藤蔓纏繞著。林下植被非常可怕，主要是粗糙的蘆葦、駭人的酸模（dock）、葉面寬大的虎杖（黃藥子）、數種繖狀花科植物，以及一種「豚草」（ragweed）[2]。這種「豚草」猶如多數難看的同類，可以長到五至六英尺高。

森林黑暗闃寂，交錯狹窄的步道，亦有獵人搜尋獵物時闢出的羊腸小徑。「主要道路」偶爾會陷入很深的沼澤地，有時則會橫亙盤根錯節的樹根，而且經常行過損毀嚴重的陡坡。我們攀登一處陡坡時，馱馬不慎滾落足足三十英尺高的斜坡，茶葉全部丟失。領路人的馬鞍也曾失去平衡，連人帶馬一起跌落邊坡，鍋、盆、行李隨即散落一地。我的馱馬也曾深陷沼澤，泥水幾乎淹到牠的胸膛。由於馬無法掙脫泥淖，我只好爬到牠的頸子，跳過牠的耳朵踏上堅實的陸地。

置身於這片寂靜孤獨的土地上，總感覺某種抑鬱之情。森林有野獸出沒，也有大型牧場，野生動物更因山上下雪而到緯度較低的地區覓食。此地可見狹窄的單條步道，顯示內陸的野蠻人是打赤腳、無聲無息地走路。我們抵達了佐瑠太川（沙流川），水流極深，河底危機四伏，馮．西伯先生與其馱馬先前在此遭逢劫難。我大聲向一位愛奴少年呼喊，請他用獨木舟載我渡河。爾後，我們穿越了平賀（Biroka）、去場（Saruba）與荷菜（Mina）。這些皆是愛奴人的村落，屋舍四周栽植小面積的黍類、菸草與南瓜。這些田地雜草叢生，令人狐疑雜草是否也屬於農作物。房舍外頭整齊清潔，令我十分訝異。光憑這點，它們就是「模範村莊」。四處看不見一片垃圾，只有狗的飼料槽，以圓木挖空，猶如獨木舟。愛奴人的特色就是飼養黃狗，這些飼料槽專供眾多黃狗使用。村落既沒有水坑，也沒有糞堆。房舍立於沙地上，乾淨整潔、井然有序且屋況良好。

平取是這個地區最大的愛奴人部落，位於森林和山脈之間的高地，景色亮麗如畫，山麓有條彎彎曲曲的河流，其上有離離蔚蔚的森林，很難再發現更為孤寂之地。我們經過房舍時，聽到黃犬狂吠，女人害羞微笑著，男人則優雅有禮，向我們致意。我們停在酋長家前方；當然，這家人沒料到我們會來造訪。但酋長的姪子辛諾帝（Shinondi）與其他兩名男子

愛奴人家庭（來自日本人的素描）。

出來與我們打招呼，然後熱切幫伊藤卸下馱馬的行李。他們極度熱誠，引起了騷動，一人跑上跑下，另一人則急於歡迎我們這些陌生人。酋長家是一間大房子，長三十五英尺，寬二十五英尺，高二十英尺。進屋前會先通過前廳，裡頭置放磨黍的磨臼與其他器具。此處設置入口，但內部非常漆黑。辛諾帝握住我的手，拉起包覆獸皮的蘆葦簾幕，這張簾幕遮掩了入口。辛諾帝領我進屋，先後退一步，伸出手臂向內揮動三次，然後摸了鬍鬚數次，後來便揮手並露出笑容，指出房子和屋內物品也都是我的。酋長的母親是一位年邁長者，正坐在柴火邊劈開樹皮，也對我揮手打招呼。她是這間房子的女王。

辛諾帝再度牽著我的手，把我帶到了圍爐裏前方的上座，那是一個長六英尺、寬四英尺、高一英尺的移動式平台。辛諾帝在台上放了一張裝飾華麗的蓆子，並解釋當下沒有熊皮可覆蓋平台。有幾人主動將行李拿進房子；他們在原本覆蓋整片地板的粗糙蓆子上又多加了好幾張十五英尺長的蘆葦蓆子。當他們看見伊藤架起我的擔架床時，便沿著粗糙的牆壁掛上一張精緻的草蓆，又在樑柱上掛上另一張蓆子來當作天篷。雖然愛奴人的小屋談不上舒適，但這群人天性親切好客，急著打點一切，將其佈置得舒適，確實讓我感到溫馨。愛奴女人只會遵照男人的命令做事。

他們立刻提供餐食，但我告訴他們我已自備食物，只需烹煮即可。我根本不需要帶杯子，因為他們有許多漆碗。辛諾帝用一個漆盤端給我一整碗的水，水是從四個井的其中之一打上來的。他們說道，班立酋長希望我將這間房子當作自己的家，想待多久，就待多久，但他們有不同的生活習慣，希望我能體諒。辛諾帝與另外四位村民會說點日語，這當然就是我們的溝通媒介。伊藤充當口譯，盡心工作。他的熱忱與機智符合我的期望，這點非常寶貴；他先前聽到馮．西伯先生的命令時出言不遜，妄稱愛奴人沒有禮節，但他的舉止卻令我十分滿意。伊藤甚至承認，這些山區的愛奴人比他預期的更為良善，但他說道：「可是，這些人是從日本人學到禮儀的！」這些愛奴人從未見過外國女人，只見過三名外國男人，但他們不會跟日本人一樣圍觀我，或者一直打探我，有可能是他們生性冷漠與智商較低。這三天以來，他們一直和善款待我，也繼續他們的日常生活和工作。我日夜與他們共處一室，未曾發現任何事物足以冒犯最愛挑剔的人。

他們說要讓我獨自用餐和休息，然後便全數退下，只留下酋長的母親。她年高八十，長相奇特，猶如女巫，頭髮濃密，髮色黃白交雜，臉上滿佈皺紋，面容嚴厲，露出狐疑目光。我感覺她似乎有一雙惡魔的眼睛，因為她總是坐著觀察一切，猶如「命運三女神」（the

Fates）[3]之一，不停編織樹皮繩線，老是用嫉妒的眼光看著兒子的兩位妻子，也不斷盯著其他進來紡織的年輕女人。她雖這般年邁，既不遲鈍呆滯，也不怡然自得。她看到酒時，眼中會閃爍貪婪的光芒，將整碗酒一飲而盡。唯有她會懷疑陌生人，她認為我造訪此地對部落沒有好處。我發現她正在盯著我，令我不寒而慄。

我坐在上座頂部的椅子，藉此避開多如牛毛的跳蚤以便享受豐盛的晚餐。黃昏時分，辛諾帝返家，村人逐漸前來，直到聚集了十八個人，其中包括副酋長與幾位相貌堂堂的長者，他們蓄了捲曲的灰白鬍鬚。老人極受尊敬，而根據禮儀，他們必須在酋長外出時代表酋長向客人致意。每個人入內時都向我行禮數次，等到面朝我坐定之後，又再向我致意一次，其他人也行了同樣的儀式。這些愛奴耆老說他們是來此「歡迎我」。他們依照嚴格的規定，於圍爐裏的每一側依序坐定。圍爐裏有六英尺長，班立的母親坐在右邊上座，其次是辛諾帝與副酋長，長老們則坐在另一側。此外，有七名婦女在後面坐成一排，正忙著剝樹皮。一個大鐵鍋用黝黑的上方裝置[4]掛在圍爐裏的柴火上方，班立的正房向鍋內切野草的根、四季豆與海草，然後添加切碎的乾魚和鹿肉，並加入黍類、清水與一些味道濃烈的魚油，讓整鍋食材燉煮三小時，並且不時拿木勺攪拌這鍋「雜燴」。

有幾位老漢在吸菸。我提供了一些淡味的菸草，他們揮手接受。我告訴在場人士我來自異域的海上之國。那是太陽西沉之境，離此遙遠，即便日夜騎馬奔馳，也得五個星期方能抵達我國。我還說自己千里迢迢前來拜訪，希望能問他們一些問題，以便返國時將此地情況告知我國百姓。辛諾帝與另一位懂日語的村民鞠了一躬，（跟其他場合一樣）將我的話譯成愛奴語，轉告對面的長者。然後，辛諾帝指出，「他和辛里奇（Shinrichi，另一位會說日語的人）會盡量向我解釋一切，但他們還年輕，只知道長輩傳授的事。他們會據實稟告，但酋長知道的比他們多。他回來時可能會提出不同的說法，這樣會讓我覺得他們在說謊。」我回答他們，只要看著他們的臉，便知道他們不會說謊。他們聽了非常高興，不斷揮手並摸鬍鬚。他們告訴我風俗習慣之前，懇求我別將他們透露之事轉告日本政府，免得他們受到迫害！

在後續的兩個小時內以及晚飯後的兩個小時，我向這些愛奴人詢問了當地的宗教信仰與風俗習慣。我昨天也花了許多時間提出這類問題。班立回來之後，我今早又向他問了相同的問題。我下了許多功夫，收集了大約三百個愛奴語，當然是用拼音來記錄它們。我日後訪問沿海的愛奴人時，打算使用這些文字。[5]

詢問緩慢耗時，一問一答都得經過三種語言轉換。他們的風俗習慣不多且非常簡單，而這些愛奴人顯然想實話實說，我採集到的說法應該可靠。我日後有空時會整理筆記，屆時再分頭告訴你詳情。我只能說我很少度過比這更為有趣的夜晚。

九點左右，燉鍋已經煮好，女人便用木勺將菜餚裝入漆碗，先給男人遞上，然後大家一起用餐。食畢，有人把酒（愛奴人的禍害）倒入漆碗，每個碗上皆擺著一根雕刻精細的「捧酒箸」（sake-stick）。這些木棒極為珍貴。愛奴人將碗向內搖動數次，然後每個人拿起他的木棒，把它浸入酒內，先向火祭酒六次，再向「神」祭酒數次。所謂的「神」，是以一根木柱代表，接近頂部之處披著許多螺旋狀的白色刨花。愛奴人不像日本人那樣容易酒醉。沒錯，他們喝冷的酒，但即使每人喝下會讓日本人醉倒的三倍酒量，也絲毫不受影響。他們又聊了兩個小時，然後一個接一個起身離去，離開時向我和其他人獻上隆重的致意。我忘了拿出蠟燭，整場聚會靠大篝火的光線照明。劈裂的薪柴被插入圍爐裏的火穴，一名女人不斷添加白樺樹皮來延續篝火。火光映照於相貌堂堂的野蠻人臉龐，我從未見過這般奇特如畫的景象。此外，火炬搖曳閃耀，發出強光，屋內深幽處與屋頂陷入闃寂黑暗，從屋頂一隅尚可瞧見閃亮星空，未開化的女人成排坐在後頭：東洋野蠻人與西洋文明人相聚在這間小屋，前者施與，後者接受，黃皮膚的伊藤則充當溝通橋樑。與這種東洋文明的代表相比，西洋文明僅是

「落地數日的嬰兒」。

我認為這場集會非常有趣。當所有人離去之後，我躡手躡腳外出，立於星空之下。房舍皆黑暗寧靜，村狗與主人同樣溫和，絲毫不在意我。唯一耳聞的，乃是微風吹過樹林的沙沙聲。此時，一段經文浮現腦海：「你們在天上的父，也是這樣不願意這小子裡失喪一個。」（It is not the will of your Father which is in heaven that one of these little ones should perish.）[6]這些單純的野蠻人當然是孩童，乃是要接受審判的孩子；耶穌說過：「我來本不是要審判世界，乃是要拯救世界。」（Not to judge the world, but to save the world.）[7]我們難道不都希望祂能拯救孩童嗎？

愛奴人的小屋。

我又躡手躡腳返回屋內並爬進蚊帳，沒有受到跳蚤或蚊子侵擾，卻感到極為寒冷。辛諾帝與伊藤交談了一會兒，聲音低沉悅耳。他先前還問我，他們聊天會不會打擾我入眠。日本人在夜晚喋喋不休時，無論何時都不會打斷話語，詢問說話聲會不會吵到別人。爾後，酋長的正房諾瑪（Noma）將三根劈裂的薪柴插入火穴，在上頭放了一個帶燈芯與魚油的陶器。她靠著這個原始燈盞發出的微光縫紉衣服，一直忙到午夜。這是她替主人製作的樹皮衣服，上頭裝飾藍布條。我隔日早晨睜開眼睛時，她正坐在窗邊，依著晨光縫紉衣物。諾瑪是所有女性中最聰慧的，但她似乎很哀傷，表情幾近嚴肅，而且甚少說話。她是酋長的正室，卻不快樂，因為她膝下無子。當她看到側室撫摸男嬰時，悲傷的神情會轉為邪惡的面容。在我看來，班立是個粗暴之人，但其母顯然牢牢掌握支配權。當她縫紉到半夜，會用一根竹掃帚清掃蓆子，然後爬進吊掛在竹蓆後頭的床鋪上睡覺。我在靜夜之中感到一陣恐慌，覺得自己冒險身處於野蠻人之中。然而，我克服了恐懼，看著篝火逐漸熄滅，然後墜入夢鄉，直到隔日黎明因嚴寒而甦醒。

愛奴人酋長。

1 譯註：與亡靈溝通的聚會。
2 譯註：產於北美洲的雜草。
3 譯註：希臘神話中紡造人類命之線的女神。
4 譯註：自在鉤。
5 原註：我曾在噴火灣的一個偏遠的愛奴人村落用過這些文字，發現除了寫成 Tsch（譯註：日語為チュッ）的音被唸得更為強烈清楚，其餘發音只略微不同。函館的丹寧先生與東京的馮·西伯先生收集了更多的愛奴詞語。我曾與他們進行比對，發現我們大致使用相同的字母來標音，我感到很滿意。唯一的例外，就是他們通常用字母 ch（譯註：日語為チュ）表示的音，我卻寫成 Tsch（譯註：日語為チュッ），而我認為這是最正確的標音。
6 譯註：《馬太福音》第十八章第十四節。
7 譯註：《約翰福音》第十二章第四十八節。

第三十六封信（續）

所謂的敬拜儀式——雙親的溫柔——晨間拜訪——衰敗的文明——誠實與慷慨——「獨木舟」——女人的勞務——年邁的命運之神——新來的愛奴人——危險的處方——源義經神社——酋長返家

當我從蚊帳起身時，手腳凍得發麻，此時房裡約有十一人，全都優雅向我致意。他們似乎不知何謂洗臉，因為我請他們提供清水時，辛諾帝用一隻小漆碗替我端來一些水，並且捧著水碗，讓我將臉和手浸在水裡，他以為我在敬拜！當我要從床上把冷茶從窗戶灑出去時，我發現他面露焦慮，原來窗戶上有一尊神。那尊神是一根棍子，懸垂著刨花，旁邊擺著一隻死鳥。

愛奴人一日吃兩餐，早餐是前晚吃剩的食物。我們一起用餐，我給孩子吃我剩下的米飯。這些小娃兒三到五歲，赤身露體，只有脖子上掛著一張錫紙。他們先鄭重請求父母允許他們吃米飯，然後揮舞雙手，模樣甚為有趣。孩子會立即服從父母的要求。愛奴人父母比日本人父母更疼愛孩子，會經常愛撫孩童。有兩名男子負責照顧非親生的孩子。這些孩子和日本孩子一樣嚴肅穩重且性情溫和。

我清晨五點後外出，露水在晨曦映照下閃閃發光，此時平取山谷美麗動人。村民已然在四處活動，但周遭依舊闃寂，猶如前晚的寧靜，同樣令人印象深刻。這是何等奇妙的生活！一無所知、無所盼望、毫無畏懼，生活的唯一原動力是製作衣服與獲取食物，唯一的好處是有豐富的佳釀！辛諾帝來找我時，我正如此沉思。他領我去他的房子，看我是否能醫治一位患有皮膚病的孩子。這位孩童的模樣令人作嘔，但辛諾帝對他非常溫柔，令我感覺無論東西方，人們的情感都是相同的。那天早上，辛諾帝從五英里外的村莊揹這個孩子來此，希望他能得到醫治。當我入內時，他在地板鋪了一張精緻蓆子，用熊皮覆蓋客座。

食畢早餐，辛諾帝領我去副酋長的家，那是全村最大的房子，有四十五平方英尺。他也帶我去參觀其他約二十間小屋，這些房舍樣式相同，但某些卻不到二十平方英尺。我進到這些房舍時都受到同樣的禮遇，但有些人要求辛諾帝別領我去他們的家，因為他們不希望我看到他們有多貧窮。每間房子都有矮架子，上頭或多或少擺放小古董，此外只有最基本的生活必需品。愛奴人每年會出售毛皮或將毛皮以物易物，他們若非只拿來換酒，鐵定可購置令生活舒適的用品。他們不是游牧民族，死守先祖輩俯仰一生的地點，因此會在住家附近耕種。然而，最可悲的莫過於此。他們的土壤猶如白沙地，不施肥料卻試圖種植黍類、南瓜、洋蔥與菸草。他們用黍類代替白米。愛奴人的作物彷彿是十年前栽植後便棄置不管，偶爾會看見穀物與蔬菜生長於雜草之間。當地力耗盡之後，他們會從森林另闢一小塊地，然後又耗盡土壤養份。

家家戶戶都同等尊敬來客。此乃野蠻人的美德，但文明大浪來襲之後，此種美德便會消失殆盡。當我進入一間住戶時，屋裡的女人拿出幾張精細的蓆子，鋪成一條通道，讓我走向圍爐裏（地爐）。他們提供住宿時不收取金錢，贈與別人物品時也不冀望回報。我極想購買手工品幫助他們，但發現這是一件困難的事情。愛奴人非常想要贈與物品，但我想購買他們的東西時，他們又說不想割愛。我想要他們實際使用的物品，比如菸盒與菸管，以及柄與鞘雕花的小刀。我出二點五美元想購買三件物品，但他們說不想賣。到了傍晚，他們前來找我，說這些東西的價值不超過一美元十分，想以這個價錢賣給我，而我無法讓他們再收取更多的錢。愛奴人說，賺錢「不符合他們的習俗」。我買了一把弓與三支毒箭，還有兩張裝飾紅色菱形圖案的蘆葦墊子，以及幾把帶鞘的刀子和一塊樹皮裙子。我還想購買他們拿來向神祇祭酒的捧酒箸，但他們說不能販售活人使用的捧酒箸，這「不符合他們的習俗」。然而，今早辛諾帝給我帶來了一個非常珍貴的禮物，亦即某位死者用過的捧酒箸！今天早上，賣我弓箭的人帶來兩支新弓箭，換回先前的瑕疵品。正如馮・西伯先生所言，愛奴人交易時非常誠實。愛奴女人會戴巨大的耳環，直徑一英寸半。這種成對耳環乃是嫁妝的一部分，但她們不會割愛。

前兩天夜晚，一棟房子被燒毀。根據「習俗」，全村男人都得協助重建房子。趁他們不在時，我請兩位小男孩帶我搭乘獨木舟，賣力上溯佐瑠太川。這條河川極為美麗，蜿蜒穿越叢林。我彷彿化身為古代的水手。英國詩人柯立芝在《古舟子詠》（*The Rime of the Ancient Mariner*）如此描述：

「吾乃首批來客，闖進寧靜海洋。」

We were the first
Who ever burst
Into that silent sea.

歐洲人未曾乘舟遊歷過這處林蔭濃密的幽暗水域。我盡情享受這段溯川時光。四周深沉闃寂，秋季天色微藍，輕柔的藍色霞氣瀰漫遠處，如幻似夢，精緻優雅，猶如秋老虎（Indian summer，小陽春）的時日。今晚與前晚一樣，這些野蠻人卻面容哀戚，因為平取缺酒，他們無法用捧酒箸「向神敬酒」，也無法對柴火與刨花裝飾的木桿祭酒。魚油也用盡了，訪客離開之後，小屋便陷入黑暗。

昨天早晨，我們天一亮便吃早餐，身強力壯的男子便上山打獵。狩獵和捕魚是他們的工作，他們的「室內娛樂」是雕刻菸盒、刀鞘、捧酒箸與梭子。男人不需做其他事，他們樂意坐在火堆旁吸菸、吃飯與睡覺。然而，他們發現倉庫內沒有乾魚，或者必須拿毛皮前往佐瑠太換錢買酒時，便會忙亂一陣子。女人似乎閒不下來。她們會早起縫製衣服，以及編織與剝開樹皮。她們不僅用這種堅韌的材料編織衣服供自己與丈夫穿，也會將衣服拿去以物易物。

我經常看到日本下層社會的人穿著愛奴人製作的樹皮衣服。她們從事勞力工作，比如取水、劈柴、磨黍穀與依照自己的方式耕種；然而，我也得替男人說句話，我經常看到他們揹著一到兩個孩子蹣跚而行。婦女負責打點倉庫，男人則從來不入倉庫。

屋裡只留下女人與幾名小孩，我獨自與她們相處了數個小時。酋長的母親就像命運之神，坐在圍爐裏的另一側，不停劈開與繫結樹皮，用女巫般的眼神冷冷瞪著我，令我緊張而不知所措。她灰髮濃密，嘴邊的紋面幾乎消失，不再遮掩精緻立體的容顏。她穿著裝飾華麗的樹皮衣服，除了佩戴一對大耳環，脖子還掛著用一條藍色棉布繫著的兩顆銀珠。她掌握家中大權，坐在圍爐裏屬於男人的一側，也會喝許多酒。偶爾會斥責孫子辛諾帝，指責他向我透露太多，族人將因此遭受災禍。她雖嚴厲可怕，卻非常美麗（屬於歐洲人而非亞洲人的美麗）。

愛奴人的倉庫。

年輕女性都在工作；有兩人坐在地上，不用織布機來織布，其他人則製作與修補破裂的男女樹皮衣服。酋長的正房諾瑪坐在別處，沉默不語。有兩位最年輕的女孩與我們西洋人一樣肌膚雪白，臉頰紅潤，極為漂亮，帶有村姑之美。其實，有兩位女孩會說日語，但不會在男人面前顯露。她們歡樂活潑，老與伊藤閒扯，而那位有著濃密眉毛的年長命運女神便會怒視她們。我們從這些女孩學得一些單字，但我發音不對時，她們會放聲大笑。她們甚至向我提出一些關於西洋女性的問題，但這些疑問無需贅述，而她們也回答了我的問題。我們愈笑愈大聲，老婆婆便愈發生氣且坐立難安。她最後斥責這些女人，說她們倘若膽敢再說一個字，她就要向她們的丈夫告狀，說她們跟陌生人攀談。我從未見過老婆婆發這麼大的脾氣。此後，沒人膽敢再說半句話。勤勞的家庭主婦諾瑪將黍穀煮成粥當作午餐。到了下午，一位極為英俊的年輕愛奴人從海邊返家。他有發亮的古銅色肌膚以及清澈的雙眼，在海邊捕魚為生。他向老婆婆與班立的妻子致敬，並向老婆婆獻上一葫蘆的清酒。老婆婆露出貪婪的眼神，狂飲了一大口酒。然後，他向我致意，隨即坐在圍爐裏旁的上座，態度從容不迫，猶如一頭捕鹿獵犬，全身散發野蠻氣息。他叫皮皮查理（Pipichari），乃是酋長的養子。他被樹根嚴重弄傷了腳，請求我醫治他。我要他將腳浸泡於溫水一段時間，然後再治療，最後我用紗布包紮他的腳。皮皮查理說「不想讓我碰他的腳，因為他的腳不夠乾淨，而我的手太雪白」等諸如此類的話；我包紮完畢之後，他立即感到痛楚減緩，便深深鞠躬，親吻我的手！皮皮查理是唯一對我的物品感興趣的人。他看著我的剪刀，撫摸我的靴子，而正如我所述，他瞧著我的臉，像孩子一樣充滿好奇。他略通日語，但他說自己「太年輕，無法告訴我任何事。長老應該知道一切。」皮皮查理滴酒不沾，他說在眾多的愛奴人之中，除了他以外，另有四個跟他一樣不喝酒的人，目前正在紋別捕魚。其他族人與這些人保持距離，因為他們認為神會對這些不喝酒的人發怒。

幾名「病患」（主要是兒童）在下午被人帶來。伊藤看到我關心這些人十分反感。他不斷提及「愛奴人祖先為犬」的傳說，說這些人「只是狗」；然而，愛奴人並不以此為恥。伊藤斷言，愛奴人是從日本人學習禮貌，但這種說法毫無根據。愛奴人的禮貌是另外一種，更有男子氣概，屬於野蠻，不屬於文明。日落之後，男人逐一返家，餐食也備妥了。我們像以前一樣坐在柴火旁。除了老婆婆，其他人都沒酒喝，這些野蠻人又感到悲悽。我可以舉幾個事例來說明愛奴人的禮貌。當我們聊天時，「未受教育的」皮皮查理的上衣從肩膀褪下，辛諾帝立即示意，要他將衣服穿好。此外，當他們聽說我通常整晚會點燈睡覺，便派一位女人前往某個遙遠的村莊提取油品。愛奴人不斷做出親切有禮的小舉動，但我很感激他們不介意我的存在，依舊過著平凡的日常生活。

傍晚時分，一名男子問我是否能去看望一名呼吸困難的女人；我發現她患有嚴重的支氣管炎，正在發高燒。她枕著草蓆捲，躺在一張毛皮上，在僵硬的床上翻來覆去，而她的丈夫正試圖讓她吃一些鹹魚。我握住她乾熱的手，手非常小，手背皆是紋面，讓我感到奇怪且緊張。房間擠滿了人，個個都非常焦急。醫療傳教士在此幾乎無用，但只要有一位受過培訓的護士能給本地人開藥並提供適當食物，將可拯救許多人命，並且讓很多人免受病痛折磨。告訴愛奴人要重複做哪些事是沒有用的：他們如同小孩一樣（學不會）。我讓她辛苦吞下幾滴「哥羅丁」（麻醉陣痛藥），然後又調了另一劑，幾小時後再讓她服用；然而，大約到了午夜，村民告訴我，說女人的病情惡化了。我前去探望，發現她身體非常冰冷且虛弱，而且呼吸十分困難，我辛苦地將她的頭從枕頭的一側移到另一側。我想她可能撐不過幾小時，很怕愛奴人會以為我害死了她。我告訴他們，這位女人可能會喪命，但他們請我再醫治她。我只好死馬當活馬醫，餵她喝一些白蘭地，連同二十五滴「哥羅丁」，以及幾湯匙非常濃郁的牛肉茶（beef-tea，牛肉燉煮的滋養品）。她無法（更可能不願意）再吞下這些東西。我便在燃燒白樺樹皮發出的強光下，將藥品倒進她的喉嚨。一小時過後，他們回來告訴我，這位病患好像喝醉了；然而，當我前去探望她時，發現她在安睡，呼吸似乎更為順暢；到了黎明時分，我悄悄前去探望，發現她仍在睡覺，脈搏更強且平穩。她的病情現在肯定好轉了，意識也更加清楚。她的副酋長丈夫非常高興。然而，他們似乎沒有適合病人吃的食物。我用存貨煮了一碗牛肉茶，但也只夠撐一天而已。

我這般夜間奔波且操勞擔心，人一躺下便睡著了，醒來之後發現房裡比平常聚集更多的人，這些人顯然想了解某件事情。他們對日本政府有一種奇怪的恐懼。馮・西伯先生認為，日本官員曾威脅與粗暴對待他們。這點很有可能，但我真的認為開拓使廳會善待他們。除了解除這個被征服種族所受的壓迫束縛，日本人對待愛奴人，遠比美國人對待北美印地安人更加人道和公平。然而，愛奴人非常無知。其中有一個人聽到我說我會請赫本博士替他的孩子送藥來，原本很感激，但他今天早上突然來求我不要這樣做，說道：「日本政府可能會生氣。」他們再次要求我別告訴日本政府他們向我透露他們的習俗，然後又開始熱烈與我聊天。

副酋長說我對他們的病人很好，想讓我參訪至今沒有任何洋人見過的神社。然而，這些愛奴人非常害怕，不斷要我「別告訴日本政府他們向我展示神社，免得他們遭受迫害。」副酋長登山前穿上一件無袖日本戰袍[1]。副酋長、辛諾帝、皮皮查理和另外兩人陪我上山。上坡極陡，很難步行（應該說很難攀爬），但風景亮麗。我們登上一處村後陡坡，神社（或寺廟）便座落於坡頂。若非殘存一些木階，根本爬不上這段陡坡，但這些木階並非由愛奴人打造。森林和山脈環繞平取，茂密綠野之間可見佐瑠太川的閃耀河水與愛奴人的黃褐色屋頂。此乃孤寂之境，適於讓人「躲藏」而不適合人「定居」。

年輕英俊的野蠻人皮皮查理看到我艱難攀爬時，便像英國紳士那般溫柔，握住我的手，協助我上坡；當他發現我難以下山時，便堅持要揹我。酋長班立在我們待在神殿時抵達，然後拉著我的手，協助我下坡。若非如此，皮皮查理早就揹我下山了。愛奴男人天性樂於幫助外國女人，讓我覺得很奇怪，因為他們從未如此待自己的女人，而是把她們視為劣等人（雖然他們比普通的野蠻人稍微好一些）。

這座木造寺廟或神社矗立於懸崖邊緣，位於曲折小徑的頂端。它猶如樹林內或日本本土的任何高地的神社，顯然是日式建築，但源於哪個愛奴人傳說，眾人皆沉默不語。沒有歐洲人曾站在我所站立之處。我這般自忖，頓感氣氛肅穆莊嚴。副酋長推開拉門，眾人都鞠躬致敬。這間簡素的神社由未上漆的木材打造，後頭設置一個寬架，上面擺放小神龕，裡頭放著一尊歷史英雄的雕像，身穿鑲嵌黃銅盔甲，另有一些金屬御幣（驅邪幡），一對無光澤的黃銅蠟燭，以及一張描繪平底帆船的彩色中國畫。然後，他們向我介紹愛奴人的偉大山神。愛奴人很可悲，神社還供奉源義經（Yoshitsune），並非因為源義經戰功彪炳，只是傳聞他曾善待愛奴人[2]。他們拉鐘三次來敬告神祇，然後鞠躬三次，並且祭酒六次。若不行這種儀式，無法接近神。他們要求我敬拜他們的神，但是被我婉拒。我說我只能敬拜上帝，亦即那位創造天地的神與掌管活人死人的神。他們極有禮貌，沒有再強迫我。至於伊藤，他信奉許多神祇，再加一尊也無妨。他喜孜孜地「敬拜」（亦即向源義經鞠躬）征服愛奴人的日本民族英雄。

當我們擠在懸崖峭壁上的時候，酋長班立前來。這位長者身材結實、虎背熊腰、像牛一樣強壯，而且非常英俊。他似乎不高興，而且喝了酒，眼睛充血發紅。其他人態度恭敬，向他致敬，但班立非常蠻橫，每說一句便破口大罵。他先前透過伊藤向族人轉達訊息，說他返家前任何人不可以回答問題，但他發現這些年輕人太多嘴，因此非常不滿。顯然班立的母親也已經向他「告密」。在這些愛奴族人之中，我最討厭這位酋長。他有一些好的特質，比如誠實，但他已經被四到五個外國人污染，成為粗暴的酒鬼。愛奴族人已經不再悲傷，因為今晚每家每戶都有酒可喝了。

I. L. B.

1 譯註：陣羽織，源於戰國時代，乃戰陣穿著的羽織，為無袖和服，覆於鎧甲之上，美觀防寒。

2 譯註：源義經為平安時代末期武士，傳聞他曾北渡到當時稱為「渡島」的北海道。爾後穿鑿附會，甚至有源義經曾為愛奴王之說。

第三十七封信

荒蠻的野蠻生活——不可馴服的野蠻人——愛奴男人的體格——愛奴女性之美——酷刑與裝飾——孩童的生活——溫順與服從

蝦夷，平取

八月二十四日

我原本打算在比較安靜舒適的佐瑠太記錄我對愛奴人的觀察。然而，由於班立延遲返家，馬匹也還未送達，盛情難卻，我只好再度停留一晚。由於存糧已耗盡，我便吃馬鈴薯配茶當晚餐。我其實很高興能多待一晚，與聰明的酋長共同檢視我收集的愛奴詞彙和筆記，從中證實年輕人的說法正確無誤。愛奴人的生活原本便很貧乏，我剛來時被其魅力所惑，但隨著時間遞嬗，這層迷障逐漸褪去，露出赤裸的面貌。我發現愛奴人的生活比走獸高尚不了多少，僅能滿足生存需求。他們膽小怯懦、生活單調沉悶、毫無行善觀念而且活在黑暗之中，「生活沒有希望，不知上帝存在」。愛奴人過著最卑微的生活，卻比其他原住民更為高尚。我需要把話挑明嗎？英國大城市有成千上萬的受洗基督徒，死後會埋葬於神聖的墓地，但這些人早已喪失信仰。愛奴人很誠實，遠勝虛有其表的基督徒，而且從整體來看，他們純潔、好客、誠實、虔誠與善待老人。愛奴人最大的惡習是飲酒；然而，與我們不同的是，喝酒並未違反這個種族的信仰，反而是生活的一部分，因此難以根除。

日落甚早，天色已暗，長老們再度圍著圍爐裏（地爐），分成兩條長排列坐，年輕人則坐在盡頭。昨天坐在上座的皮皮查理被視為新來者，最先被奉上食物。他最年輕，坐在右排底端。燃燒的樺樹皮斷斷續續發出眩光，晚餐的清酒碗被斟滿，火神與刨花木柱象徵的神祇接受眾人祭酒，老婆婆依舊如同命運女神般端坐，不停剝著樹皮，年輕的女人忙著將樹皮打結。柴火照亮與會者莊嚴肅穆的臉龐，畫家或雕刻家應該會想目睹這種輝煌壯觀的景象。然而，他們的頭腦裝著什麼呢？愛奴人沒有歷史，幾乎沒有所謂的傳統，而且聲稱自己是狗的後裔。他們的房屋和身體爬滿害蟲，他們陷入無知的深淵，其文字與數字也不超過一千個。

他們穿樹皮衣服與未鞣的獸皮，他們敬拜熊、太陽、月亮、火、水以及我不知為何的事物。他們缺乏文明，乃是完全不可馴服的野蠻人。然而，愛奴人很有魅力，在某些方面令人著迷。我希望自己不會忘記他們低沉甜美的嗓音、溫柔的棕色眼睛散發的柔和光芒與甜美的笑聲。

日本人有黃色的皮膚、猶如馬匹的堅硬毛髮、柔軟的眼瞼、細長的眼睛、下彎的眉毛、扁平的鼻子、凹陷的胸部、蒙古人的外觀、瘦弱的體格，而且男人走路大搖大擺，女人則蓮步輕移。日本人整體顯露出一種墮落的姿態，看慣他們的舉止樣貌，確實會對愛奴人留下深刻的印象。除了二、三人之外，我發現愛奴人是非常兇猛的野蠻人，體格壯碩，足以做出最殘忍之事。然而，他們一旦開口說話，會跟女人一樣露出燦爛溫柔的笑容，只要眼見一次，便不會遺忘。

愛奴男人大約中等身高，胸膛寬闊，肩膀厚實，骨架強健，體格粗壯，手腳短厚，肌肉發達，手掌和腳掌都很大。他們的身體，特別是四肢，都被短粗的毛髮覆蓋。我看過兩個男孩，背上覆蓋像貓毛同樣柔軟的細毛。男人的五官堅挺醒目，令人印象深刻。他們的額頭非常高，寬闊突出，乍看之下，會覺得他們智力應非比尋常。耳朵小而低，鼻樑直短且鼻孔寬闊，嘴寬但美麗，嘴唇甚少顯露飽滿之感。頸部很短，顱骨圓形飽滿，顴骨極低，臉龐下半部小於上半部，沒有稱為「頰肉／垂肉」（jowl）的特徵。眉毛濃密，幾乎形成橫跨臉部的平眉。眼睛大而美麗，眼窩深陷適中，為水亮的棕色，表情特別柔和，睫毛茂密，長而如絲。膚色為義大利橄欖油的黃綠色，但皮膚很薄，足以顯示臉頰的顏色變化。牙齒小且整齊，極為潔白。門齒與上犬齒（eye teeth）不會跟日本人一樣特別大顆。下顎不會過於向前突出（prognathism，凸頜畸形）[1]。日本人的皮膚褶皺會掩蓋上眼瞼，但愛奴人不會有這種情況。愛奴人的五官、表情與外表皆屬於歐洲，而非亞洲。

男人的「兇殘野蠻」展現於他們濃密柔軟的中分黑髮，散落的頭髮幾乎及肩。他們外出時，會將束髮帶束於額頭，免得頭髮遮住臉龐。他們也有濃密的鬍鬚，非常壯觀，通常為波浪形。鬍子遭煙燻與沾污而泛黃，但老年人蓄了鬍子，確實可展現威嚴。濃密的頭髮和鬍鬚，加上粗厚的眉毛，塑造一種野蠻形象，但夢幻般的棕色眼睛會發出柔光，淡化這種粗野印象。愛奴男人或多或少都會微笑，還笑得特別靦腆，完全遮掩了其野蠻形象。

我測量過這個村莊三十位成年男子的身高，高度介於五英尺四英寸到五英尺六點五英寸。頭圍平均為二十二點一英寸，雙耳之間的圓弧為十三英寸。根據戴維斯先生（Mr. Davies）

的說法，測量愛奴人的頭蓋骨之後，發現愛奴成年男子頭腦的平均重量為四十五點九零盎司（ounces avoirdupois）[2]，據說超過印度平原所有種族（包括印度教徒與回教徒）的腦重，也超過印度與錫蘭原住民的腦重。在腦重方面，能與愛奴人匹敵的，唯有喜馬拉雅山脈民族、暹羅人（Siamese）[3]與中國裔緬甸人（Burmese）。戴維斯先生更指出，愛奴人的腦重超過亞洲各種族的平均腦重。然而，即便如此，愛奴人依舊是愚蠢的民族！

蝦夷（北海道）的愛奴人。

有些旅人前往札幌的途中遇見愛奴婦女。他們說那些女人非常醜陋，但很勤勞且持守貞節。後者無庸置疑，但前者有待商榷。醜陋當然與紋身和骯髒有關。愛奴女性很少超過五英尺半英寸，但她們體態優美，身形筆直柔軟且發育良好。她們小手小腳，足背圓拱，四肢圓潤，胸部豐滿，步履穩妥有彈性。她們的頭和臉很小，頭髮跟男人一樣濃密且垂於臉頰兩側。她們有極美的牙齒，會露齒微笑。她們的嘴有點寬闊，但嘴型很棒。她們臉頰紅潤美麗，但嘴巴上下有一道刺墨而減損了美感，這道刺墨線於兩端連結，讓嘴巴顯得比實際更寬大。白老有一名少女，出於某種原因沒有紋身與黥面，五官、膚色與身形皆自然優美，乃是我長久以來見過最美的女人。女人的膚色比男人更淡。膚色如同歐洲淺黑色皮膚白種女人的愛奴人並不多見。少數女人會刺一道紋線來連結眉毛，使其連成直線。女人跟男人一樣，會把頭髮剪短到位於脖頸上方兩到三英寸，但不用髮束綁住頭髮，而是從額頭拉兩縷頭髮，在後腦勺處將其繫緊。

愛奴女人通常都會紋身，不僅在嘴巴上下刺寬闊的線紋，還會刺一條橫跨指關節的花紋，手背另有精緻的墨紋，以及一系列延伸到肘部的刺墨圖案。五歲便可開始施紋，某些女孩甚至還沒斷奶。今天早上，我看到一位可愛聰明的小女孩接受紋身。一名婦女拿著尖銳的大刀子，迅速在她的嘴唇上方劃了幾道水平線，線條緊沿著那張漂亮嘴巴的弧線。這位婦女在滲血停止之前，小心將圍爐裏上方蓆子收集的發亮煤煙塗抹於傷口。在兩到三天之內，要用樹皮煎液沖洗劃傷的嘴唇來固定圖案。看見這道藍色的紋線，會誤以為那是一層顏料。昨天有位小孩經歷了第二道過程，結果嘴唇腫脹發炎，模樣嚇人。最近一位接受紋身者被人用刀劃紋路時緊握雙手，但是沒有哭泣。女人直到出嫁之前，嘴唇上的黥紋每年會持續擴大加深，手臂上的圓圈圖案亦復如此。為何紋身習俗得廣泛施行，愛奴男人無法提出任何理由。他們指出，紋身是古老的習俗，也是宗教的一部分。女人不紋身便無法結婚。班立認為，日本人的染齒等於他們的紋身；然而，他說錯了，日本女性婚後才開始染齒。愛奴女童在五到六歲時，便要開始紋手臂，而且先從肘部以下刺墨。日本政府最近禁止紋身，愛奴人非常悲傷且飽受折磨。他們說，眾神會因此生氣，而且女人不紋身便無法出嫁。這些愛奴人懇請馮・西伯先生與我代表他們向日本政府交涉這件事。他們最關心這個問題，不斷說道：「這是我們宗教的一部分。」

婦女手部的紋身。

愛奴孩童非常漂亮，惹人憐愛，臉上顯露成年人缺乏的知性。他們飽受疼愛，喜歡擁抱別人以及被人擁抱。山區的愛奴人嬰兒一出生，父母就會把黍種塞到他們的嘴裡，海岸的剛出生的愛奴人嬰兒則會含一片鹹魚。根據「習俗」，無論嬰兒何時出生，得過了一夜之後方能餵食。嬰兒至少要三歲才會斷奶。孩童都非常受重視，但男孩比女孩更受歡迎。婦女婚後若沒生下一兒半女，可能會被休掉。

孩子在四到五歲之前不會有名字，之後父親便會給孩子命名，人們以後便這麼叫他們。母親會將幼童放進網子，揹在身後帶他們外出，或者穿寬鬆的衣服，將孩子塞進背後的衣服內。無論使用哪一種方式，孩童主要靠一條綁在女人前額的寬闊帶子支撐。男人則會雙手抱著孩子外出。幼童的頭髮會被剃光，而五歲到十五歲的男孩不是將耳朵上方的頭髮剃光，就是會留幾綹頭髮，女孩則被允許蓄留頭髮。

從嬰兒時期起，孩童就必須絕對服從長輩。孩子從很小起，便會被人使喚去取物、運物與傳遞訊息。我看過顯然不超過兩歲的孩子被人叫去拿木頭；甚至在這種年齡時，孩童便已徹底接受禮儀訓練，剛學會走路的小孩必須對屋內的每一個人（僅母親例外）打過招呼之後，才能走進或離開屋子。孩童在七到八歲之前不穿衣服，之後便穿得跟大人一樣。他們會與父母非常親熱。今天，威風凜凜的酋長在場，令人生畏，一位赤裸的可愛女孩靜靜坐了兩個小時，一直用棕色的大眼睛盯著火焰。當她的母親進屋時，女童馬上衝向她，用雙手抱住母親。那位母親則用溫柔的眼神看著女童，然後親吻她。這些孩童純真善良，擁有美麗的臉龐與橄欖色的身體（可惜，孩童沾滿塵垢，身體顯得更黑），而且極為順從，並且沒有打探別人隱私的好奇心，確實非常迷人。孩童的脖子都掛著用一條藍色棉線繫住的銀色或白色飾物。

愛奴孩童顯然不會罹患普通的嬰兒疾病（比如百日咳與痲疹）而死亡；然而，他們卻有皮膚病，但到了十歲或十一歲時就會痊癒。孩童長第一顆乳齒時會極為疼痛。

1 譯註：即前牙反頜，俗稱「地包天」或「兜齒」。

2 譯註：avoirdupois 為英國常衡制，一磅等於十六盎司。

3 譯註：泰國古稱暹羅。

第三十七封信（續）

愛奴人的衣服——祝祭服裝——家居建築——家居神祇——日式珍寶——生活必需品——粘土湯——箭毒——箭矢機關——女性勞務——樹皮衣服——編織技術

就野蠻人的標準而言，愛奴人的服裝非常棒。冬季服裝包含一層、兩層或更多層的毛皮，另有毛皮頭罩。此外，男人狩獵時會穿粗厚的鹿皮靴。夏季服裝是由撕裂樹皮編織的布所製作的衣服或寬鬆外套。這是一種美麗耐用的織物，呈現各種淡黃褐色的自然色澤，類似手工藝者所謂的「巴拿馬帆布」（Panama canva）。在外套之下，會穿著（或不穿著）毛皮或樹皮背心。愛奴男人穿的背心會到達膝蓋下方一點，並且從右往左折疊，腰間繫著同樣布料的狹窄腰帶。腰帶會夾著一把粗糙的匕首狀短刀，刀柄和刀鞘皆有雕飾。吸菸絕非普遍習慣；

因此，愛奴人與日本人不同，男性不會攜帶菸管與菸盒。無論男性或女性，都會打樹皮或毛皮綁腿，但是既不穿鞋子，也不穿涼鞋。女人穿的外套會到膝蓋與腳踝的中間，非常寬鬆，沒有腰帶。外套會一直繫緊到鎖骨。愛奴婦女不但包裹全身，而且非得等到獨自一人或身處於黑暗中才會換衣服。最近，佐瑠太的某位日本婦人讓一名愛奴女人進入她家並請她沐浴，但這名愛奴女人堅持要用屏風（隔板）將浴室隔成私人空間才願意洗澡。這位日本女人後來回頭瞧她，發現她竟然穿著衣服入浴。那位愛奴女人聲稱，神若看見她赤身露體，便會發怒！

許多祝祭服裝都極為美麗，裝飾著「希臘回紋飾」（Greek fret）的幾何圖案。衣服為粗藍色棉布製作，上頭有紅線與白線靈巧編織的圖飾。最漂亮的祝祭服裝得半年才能縫製完成。男性祝祭服也會搭配同等裝飾精美的長方形前掛。這些野蠻人帥氣瀟灑，體格強健，穿上最美的衣服後英姿煥發。我未曾見過九歲以上的男孩或女孩沒全身包覆衣物。愛奴女性的「珠寶」是銀製或錫製大型耳環，耳環裝飾著古典圖案的飾物，另有銀製頸飾與一些黃銅手鐲。這些女人喜愛紅色，我曾將一大塊鮮紅色絲綢手帕撕開分贈她們。她們便將這些細布拿去裝飾外套。

這處高地五個村莊的房舍都非常好。幌別的愛奴房舍也很好。然而，白老的原住民住在好幾間販酒商店附近，因此非常貧窮，房舍也極為糟糕。愛奴人的房子與我先前看過的房舍截然不同，極像夏威夷土著的茅草房屋。

愛奴習俗似乎不容許變化或創新。房舍的風格都相同，差異僅在於規模大小與安裝的設備。愛奴人的住宅似乎無法抵擋酷寒氣候，但日式建物也是如此。愛奴人的房舍猶如他們的五官輪廓，更像歐洲人，反而不像征服他們的日本人。他們的住家有玄關、窗戶與中央的圍爐裏（地爐），這點如同蘇格蘭高地人（Highlander）的房舍。此外，愛奴人房舍還有架高的床鋪。

通常先看見的是大房屋前端的小房子。這個小房子是門廳或前廳，懸掛厚重的蘆葦簾幕，拉起簾幕後才能從低矮的入口進入屋內。前廳有大型的木製磨臼與有兩頭的搗杵，可用來磨黍。另有裝黍穀的木製容器、網子或狩獵器具，以及好幾束用於修復屋頂或牆壁的蘆葦。小房子絕對沒有窗戶。穿過入口，便能登堂入室，入口總會掛上一張包覆獸皮的厚重蘆葦簾幕。班立家，長三十五英尺，寬二十五英尺，另有一棟是四十五平方英尺，最小的房舍為二十英尺乘以十五英尺。只要一入內，會感覺屋頂極高且陡峭，與牆壁高度完全不成比例。

房屋骨架是四英尺十英寸高的樑柱，彼此相距四英尺，稍微向內傾斜。牆壁高度顯然根據蘆葦高度而定，而且只有一種高度，絕對不會超過四英尺十英寸。樑柱頂部會雕出溝槽，厚重椽子會置於溝槽，橫跨樑柱構成牆壁頂部，樑柱會以更輕的平樑再度加強連結。牆壁是雙層的：外側為蘆葦，用小而規整的束繩繫於骨架上，內側牆壁是用蘆葦束分別製成。椽子安置於樑柱頂部，從椽子頂部會架起屋頂骨架，升至二十二英尺高。與其他房舍結構一樣，屋頂骨架也是用樑柱建構，綁在一根隨意劈開的厚實脊樑上。脊樑下方的一隅，有一個大型三角孔，用來排除煙霧。兩根隨意劈開的粗壯橫樑橫越房舍，擱在牆壁樑柱與插入地板的支柱之上。另有一些位於同樣高度的橫桿，拿草蓆覆蓋之後，可立即形成第二面屋頂，但僅在訪客來臨時才會如此做。橫桿的作用與架子相同。屋頂外側被悉心整理得整齊漂亮，呈現層層茅草棱紋。脊樑包覆厚實的蘆葦，脊樑與兩端的蘆葦都裝飾剝皮的樹枝。在屋內的多數空間，橫木會橫跨於牆壁之間，非得俯身彎腰，才不會撞到橫木，而且橫木掛著長矛、弓箭、箭矢機關與其他原始物品。屋頂與椽木被煙燻得黑亮。在其正下方，房屋的一端與一側設置小方形窗，入夜後會用木製雨戶封閉，這些雨戶白天時是用繩子掛著。愛奴人認為，從窗戶窺探屋內乃是對屋主的大不敬。

入口左側總有一個固定的木製平台，高十八英寸，覆蓋一張單人草蓆，此乃就寢之處。墊枕小且堅硬，包覆裝飾蓆子。倘若是個大家族，便會有好幾個這種寢台。在寢台的外端上方，每隔適當距離便橫掛一根木棍，棍上披覆蓆子，以便遮掩就寢之人。蓆子內側樸素無華，但外側（從屋內可看見的那一側）有暗紅色與棕色的編織菱形圖案。整個地板都覆蓋非常粗糙的蘆葦墊，間隙有半英寸寬。圍爐裏為長方形，有六英尺長。圍爐裏上方有一個漆黑精巧的裝置，懸掛一個黑到發亮的蓆子，收集到的煤煙可用來紋身，但蓆子主要是阻止煙霧上升，使其均勻擴散至屋內。這個裝置懸掛著料理鍋，而料理鍋在愛奴人家庭中扮演象徵經濟的角色。

無論在哪個家庭，家居神都是屋內陳設的重頭戲。在這間房子，入口左側有十根插入牆壁的白色棍杖，上端懸垂刨花。朝向太陽的窗戶也有向外突出的木柱。「大神」（一根兩英尺高的白色柱子，頂端懸垂螺旋狀刨花）總是插在地板上、靠近牆壁、位於圍

愛奴人的臼與杵。

爐裏對面，以及介於戶主寢台和總是位於同一側的低矮寬大架子之間。這種架子是所有愛奴人房舍的特徵。無論住在海岸或山區，無論貧窮或富貴，愛奴人都會在架上擺放日本古董。許多古董受潮蒙灰，卻極為珍貴。它們順沿牆壁排列，莊嚴肅穆，乃是這些北方原住民房舍的珍奇之物。

這間房子有二十四個漆壺、茶箱與椅子，每張椅子高兩英尺，有四根小腳，上頭有雕刻或金銀細絲製的黃銅飾品。背後有八個漆盆與一些碗和漆盤，上面有鑲嵌手柄的長矛，以及加賀燒（九谷燒）與粟田燒（Awata）的精美陶碗。漆器是非常棒的物品，幾個漆壺的上頭裝飾金色的大名紋章。有一個壺與一個大的有蓋碗鑲嵌非常漂亮的「維納斯耳朵」。每家每戶皆有大壺，還有鑲嵌盔甲的服裝與刀劍。刀劍有鑲嵌圖案柄、雕刻圖案的刀刃、垂壓花紋的刀鞘，此乃收藏家不惜重金想求取的寶物。無論出價多少，愛奴人都不會割愛。他們會以低沉悅耳的嗓音說道：「這些禮物是對我們祖先友善之人

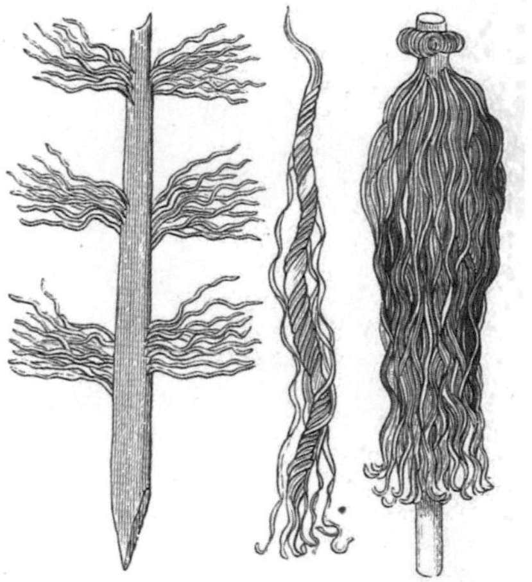

愛奴人的神像。

所餽贈，因此不能出售。」金色漆器、鑲嵌珍珠、鑲金藝品與金色大名紋章，一直在愛奴人滿佈煤煙的陰暗屋內閃閃發光。蝦夷被征服之後，愛奴人的祖先便立即向將軍代表與松前藩主（Prince of Matsumae）[1]進貢，某些寶物鐵定是他們受贈之物。其他寶物可能是叛亂期間[2]來此避難的武士所餽贈，有些應該是以物易物時所獲得。愛奴人不會拿這些寶物去換酒，唯有被酋長命令繳交罰款或當作女兒嫁妝時，才會出讓這些物品。

最貧窮的家庭只能鋪蓆子迎客。此外，愛奴人會在圍爐裏四個側邊用精細的蓆子覆蓋粗墊子。這些蓆子與樹皮布乃是他們唯一製作的物品。蓆子由細長的蘆葦製作，裝飾暗紅或棕色圖案，長十四英尺，寬三英尺六英寸。一名婦女編織一張草蓆得花八天。每間房子都有一到兩個長六英尺、寬四英尺、高十四英寸的可移動平台，置於圍爐裏的頂部，上頭鋪設熊皮或精美的墊子，供訪客坐下或睡覺。許多房子有幾英寸高的寬闊座位，老人會盤腿坐在這種座位上，這是他們的習慣，與日本人跪坐於後腳跟不同。門口旁邊的架子總會擺著一個水桶，日常食用的乾魚、鹿肉與熊肉以及數張毛皮都會掛在椽子上。另有其他必需品，包括：裝食物與清酒的漆器或木碗、砧板、粗重的菜刀，以及焚燒樺樹皮條時使用的開裂棒。還有用來支撐陶片的三角棒，愛奴人偶爾會在陶片倒油並燃燒燈芯。此外，可見粗糙織布機的零件、製作衣服的樹皮、編織蓆子的蘆葦。以上幾乎羅列了愛奴人的生活必需品。他們建造房舍時完全不用鐵材，而是用極為強韌的樹皮纖維。

我曾描述愛奴人如何料理食物，通常是「噁心食材」燉煮的菜餚。他們吃醃魚與生魚、乾魚、海藻、蛞蝓、生長在村莊周圍荒煙漫草間的各類蔬菜、野生草根和漿果、新鮮與曬乾的鹿肉和熊肉；他們祝祭時會吃新鮮的熊肉並飲酒，也會吃海藻、香菇，以及他們可以獲取的任何無毒食物，這些東西會混合在一起煮食。愛奴人會用木勺攪拌食材，也會拿筷子吃飯。他們每天只吃兩頓正餐，卻吃得非常起勁。除了剛才提到的食物，愛奴人會吃一種猶如油灰的黏土所熬成的濃湯，而黏土是從一、兩個山谷所出產。這些黏土跟野生百合的球莖一起煮沸，當大部分的黏土沉到鍋底之後，濃湯就會被倒出來。在這個北國，出產這種黏土的山谷被稱為「漆耶・脫伊・納伊」（Tsie- toi-nai），字面意思是「土可食之山谷」（eat-earth-valley）。

男人會在秋季、冬季與春季狩獵鹿和熊。他們會拿毛皮當作貢物或支付部分稅金。他們是靠吃乾肉存活。近來，愛奴人用毒箭、箭矢機關和陷阱來捕捉野獸，但日本政府已經禁止使用毒箭與箭矢機關，愛奴人說狩獵變得極為困難，因為野獸已被槍聲嚇到，遁入愈來愈深的森林。然而，他們接著說道：「日本政府的眼線無法遍及各處！」

他們的弓只有三英尺長，以強韌的幼樹製作，但樹皮沒有剝除。弓的兩端沒有削得特別輕盈或勻稱。這種木材欠缺彈性。弓箭（我獲得了幾支）非常奇特，由三部分組成，箭頭為尖銳的紡錘狀骨片，大約四英寸長，側邊有個置入毒物的細長空洞，用一條樹皮繩索略為綁到長約十四英寸的箭身，箭身底端（箭尾）偶爾有三重羽毛，有時也可能沒有。

毒物先以極軟的狀態置入箭頭的細長空洞，然後慢慢硬化。某些箭頭會塗覆半茶匙的糊狀毒物。由於箭頭是用繩索略為綁到箭身，箭射中獵物且箭身斷裂之後，箭頭通常會留在箭刺入處，造成的輕微傷口。

皮皮查理給了我少量的糊狀毒物，還帶我去看製作毒物的草根（烏頭屬植物），此乃一種舟形烏頭，綻放的高聳藍色花朵照亮四面八方的草叢。先將其根部搗爛，混入類似於粉狀鐵礦的紅色泥土，然後與動物脂肪混合，最後置入箭頭。據說這種毒物必須埋在地下，但班立說沒必要。他們指出，熊只要被射中一箭，十分鐘便會死亡。儘管大量切除傷口周圍的肉，這種熊肉還是不能食用。先前在函館的埃爾德里奇博士（Dr. Eldridge）曾獲得少許愛奴人的毒物。他測試後得出結論，認為這種毒物不如印尼爪哇（Java）土著、非洲南部土著布須曼人（Bushman）以及南美亞馬遜河（Amazon）和奧里諾科河（Orinoco）某些部落使用的毒藥。愛奴人說，若被毒箭刺傷，唯有立即切除受傷部位方能保命。

日本政府禁止使用箭矢機關是有道理的，因為這種器具會危害旅人。更北方之地目前仍然不安全，因為當地獵人更不受監督。這種機關由一支大弓與毒箭組成，只要熊踏到繫於機關的線，便會立即被毒箭射中。我曾在一戶人家中看到五十支箭矢機關。這種無聲的簡單殺生器具非常精巧。

如前所述，愛奴婦女鎮日忙碌。她們看起來很開朗，甚至微笑時也很開心，不像日本人那樣過早衰老，部分原因是房舍通風良好，而且尚不知可用木炭。野蠻民族的婦女通常日夜勞苦，愛奴女性雖然努力工作，卻並未陷入勞碌的命運。愛奴男人不喜歡婦女與陌生人攀談，認為她們的職分是工作與撫養孩童。她們會與男人一起進食，吃相同的食物，也會在男人面前歡笑與說話，老年時更會與男人一樣受到撫養與尊敬。她們會販售草蓆與樹皮布，甚至會編織樹皮衣販賣，而她們的丈夫不會奪取她們賺取的金錢。愛奴女性皆知如何製作樹皮布。男人會帶回除去外皮的樹皮條，長五英尺。內層樹皮可輕易分成數個薄層，這些薄層被年長的婦女撕裂分成非常狹窄的條狀，然後整齊地打結繫好，纏繞成重量約為一磅的球體。編織之前不必加工樹皮繩線，但我看到某些婦女煎熬樹皮來製作棕色染料，將樹皮繩線浸泡其中，以加深淡黃褐色的色調。

織布機非常簡單，我怕描述之後會讓人覺得它很複雜。它有一個固定於地板的粗壯鉤子，織物遠端的線繫緊於鉤子，近端的線則繫於織工的腰部，織工會靈巧施力，提供編織所需的張力。猶如梳子的機架位於腳踝上，織線會穿過機架，一個中空的滑輪將織線上下分離，還有抹刀狀的木雕梭，以及捲著剛完成織布的滾筒。織布長十五英尺，寬十五英寸，非常齊整，線結都被悉心置於內側。[3]織布耗工費時，女人一天織不到一英尺的布。織工坐在地板上，整套器具皆置於腰部附近，而織布機（倘

織布機的梭子。

若可這樣稱呼）則位於腳踝上。需要長期練習才能利用背脊施力，提供必要的張力。織工織布時，身軀會逐漸靠近鉤子。在這間與其他的大房子裡，兩到三名女人在早上把織布機帶來，固定好鉤子，然後織布一整天。其他女人並未享有同等的特權，便將鉤子固定於戶外地面，於太陽底下織布。織布與織布機可以在兩分鐘內捆綁好，如同編織軟毯一樣帶走。這或許是最簡單原始的手工織布機。猶如梳子的機架、木雕梭與滾筒皆可輕易用普通的小刀製作。

1 譯註：松前藩為江戶時代渡島國（北海道古稱）津輕郡的藩。

2 譯註：明治維新。

3 原註：織線是由樹皮製作，但我無法從任何植物文獻得知這種樹的名稱，但它應該是一種椴樹科植物（Tiliaceae，譯註：通常為喬木或灌木，部分為草本，莖皮富含纖維）。

第三十七封信（完）

簡單的自然崇拜——愛奴人的神祇——祭典歌曲——宗教迷信——對熊的崇拜——年度大祭——對未來的觀念——結婚與離婚——樂器——禮儀——酋長職務——死亡與葬禮——愛奴長者——道德品質

愛奴人的宗教觀念最模糊，也最欠缺凝聚力。除了山丘上供奉源義經的日式神社，愛奴人既沒有寺廟，也沒有僧侶或祭司，遑論獻祭或崇拜。自遠古以來，他們顯然一直遵循最原始的自然崇拜祭禮，將模糊的神聖概念賦予樹木、河流、岩石與山脈，也普遍認為海洋、森林、火、太陽與月亮擁有善惡的力量。我看不出愛奴人是否將祖先神化，但他們樸素的自然崇拜，可能是日本神道教的原始型態。愛奴人崇拜自然界的生物或無生物，唯一的例外是供奉源義經，因為他們認為自己虧欠源義經。至今仍有人認為，源義經依舊會賜福於他們。[1]

他們的神祇（亦即外在的宗教象徵，猶如神道教的驅邪幡「御幣」）是剝皮的白木杖與柱子，幾乎削至頂部，從頂部懸垂白色捲曲的刨花。神柱不僅立於屋內（偶爾甚至多達二十個），也會設置於懸崖、河岸、溪邊或山頂。船夫要順沿湍流下行或前往危險之境時，會將這類神杖投入河中以求護佑。我從佐瑠太前來時，揹負行李的馱馬曾摔下一處斜坡，目前該處已立了四根神杖。

這個種族沒有宗教觀念或信仰，他們僅是長大成人的單純孩童，說他們有宗教或信仰根本是無稽之談。若曾有旅人記錄愛奴人的信條，鐵定是從內心發揮想像。我已經竭盡全力去挖掘愛奴人的宗教觀念。辛諾帝告訴我，他們對我知無不言，我只知愛奴人抱持模糊的恐懼與希望，懷疑有比他們更強大的外界力量，但只要向神祭酒，便可迎祥納福，消災解厄。

「崇拜」一詞本身便令人誤解。當我用它描述這些野蠻人時，只意味著祭酒、搖動酒碗與揮動手，沒有任何哀求與懇求的精神行為。愛奴人僅以這種方式崇拜太陽和月亮（不包括星辰）、森林與大海。狼、黑蛇、貓頭鷹，以及某些野獸與鳥類，名稱都包含「卡莫伊」（kamoi，代表「神」的詞）。舉例而言，狼是「嚎叫之神」，貓頭鷹是「眾神之鳥」，黑蛇為

「渡鴉之神」；然而，如今已沒人「崇拜」這些動物，對狼的崇拜最近也已消失。雷是「眾神之響聲」，令人恐懼不安。愛奴人說，太陽是最善良的神，火則位居其次。他們顯然從這兩位神祇獲益最多。愛奴人的純樸觀念瀰漫感恩的想法，譬如他們會「崇拜」源義經，而且在狩獵和捕魚的季節結束之際，會在好幾處地方舉辦愛奴人大祭（Saturnalia）[2]，吟唱樸實的歌詞表示感恩：

「對養育我們的大海與保護我們的森林，我們要表示感謝。你們像兩位母親，養育同一個孩子；如果我們離開其中一位，奔向另外一位，請你們不要發怒。愛奴人永遠是森林和海洋的驕傲。」

愛奴人唯一的獻祭，便是將一隻類似麻雀的無用死鳥置於剝皮的神杖附近。死鳥會一直放著，直到腐爛為止。「向神敬酒」是主要的「崇拜」行為，因此喝酒與宗教密不可分，喝愈多愈虔誠，也愈討神喜歡。除了酒，似乎沒有什麼東西可以討神的歡喜。愛奴人永遠不會忘記向火與神柱祭酒，祭酒時通常會將酒碗向內搖動。

愛奴人的野蠻神話有個特點，亦即「崇拜」熊。蝦夷熊是熊類的佼佼者。然而，我無法理解促使愛奴人如此崇拜的情感根源。他們會透過儀式去崇拜熊，將熊首置於村中，卻會設陷阱誘捕熊、宰殺熊、吃熊肉與賣熊皮。無庸置疑，熊是兇猛野獸，遠勝於無生命的自然力量，更能激發人類的崇拜之情。愛奴人與其他種族的差別，可能是他們對熊的崇拜，而他們最盛大的宗教祭典（類似西洋的農神節）便是熊靈祭（Festival of the Bear）。愛奴人溫和又愛好和平，卻讚揚兇猛與勇氣，而他們所知最強壯、最兇猛與最勇敢的動物，便是熊，歷世歷代以來，一直尊崇這種猛獸。愛奴人的某些質樸吟唱便在讚美熊。他們對一個人最高的禮讚，便是將其比喻為熊。因此，辛諾帝提及酋長班立時說道：「他跟熊一樣強壯。」年邁的命運女神讚美皮皮查理時，會稱他為「幼熊」。

在所有的愛奴人村莊，特別是酋長家附近，會立著幾根高柱，每根柱子的頂端掛著熊的頭骨。此外，多數村裝還有一個用堅韌木材製作的大型柵籠，離地面兩到三英尺。這個籠子關著早春捕捉到而如今已經長大的幼熊。幼熊被捕之後，通常會被帶到酋長或副酋長的住處，由一名女性給牠餵奶[3]，孩童也會跟這頭幼熊嬉戲遊玩。等幼熊長到過於兇猛而不適合豢養於屋內時，便會被關進堅硬的木籠，靠人餵食照料。據我所知，翌年秋天，當幼熊變成強壯的成熊時，愛奴人會舉辦熊靈祭。這種祭典的習俗差異頗大，山區與海岸的愛奴人會以不同方式宰殺熊，但各地通常都會聚集人潮。這是大型祭典，愛奴族人會狂飲酒、跳奇特的舞蹈，而且只有男性參加。

人們會呼吼和叫囂來刺激熊。當熊非常激動時，酋長便用箭射牠，讓牠受輕傷而憤怒發狂。此時，籠子的柵門會被拉起，暴怒的熊便一躍而出。愛奴人會拿各種武器衝向熊，人人皆奮力刺熊，因為熊血可帶來好運。一旦熊氣力放盡而臥倒，頭就會被人切斷。眾人也會將那些讓熊受傷的武器獻給牠，使熊得以向武器復仇。爾後，在狂亂的喧囂之中，屍身會被分送給眾人。人們祝宴與喧嘩之際，熊首會被掛於桿子上供人膜拜，亦即受到群眾的祭酒。最終，眾人酒酣耳熱，結束了祭典。某些村莊會根據傳統，讓撫養熊的人母，在熊被交給將要刺殺牠的族人時嚎啕大哭，而且在熊被宰殺之後，這位婦人會拿樹枝鞭打每個弒熊的人。（後來，在噴火灣的有珠，老人們告訴我，他們在祭典上會以不同方式殺熊。熊從籠子衝出之際，兩個人會抓住熊的耳朵，其他人隨即用一根堅硬的長竹桿卡住熊的脖子，此時一群愛奴人會撲上去，騎到熊的身上。熊經過一番掙扎之後，頸部便會折斷。當牠即將氣絕之際，眾人會一齊叫喊：「熊啊！我們要殺你。趕快歸來，成為愛奴人。」）當熊落入陷阱或被箭射傷時，獵人會進行道歉或安撫儀式。他們似乎抱持原始的輪迴（metempsychosis）觀念，有珠的愛奴人會向熊禱告，某些原始的傳說也能加以證明。然而，不知道這種思想是源自於本地，亦或愛奴人後期接觸佛教時才衍生出來。

他們對未來沒有明確的概念，而且顯然不喜歡碰觸這種主題。這種未來的概念幾乎不存在，也很混亂。有些愛奴人認為，朋友的靈魂變成了狼和蛇，其他人則認為，他們會在森林中漫步。愛奴人非常害怕鬼魂。有些人認為，人會根據生前的行為而分別去「好的或壞的地方」。然而，辛諾帝說道（語帶無限哀愁）：「誰能知道身後事？不曾有人回來告訴我們！」我問他什麼是壞的行為，他回答：「沒有善待父母、偷竊和說謊。」然而，愛奴人根本不會考慮未來，不能說他們相信靈魂不朽，但是他們懼怕鬼魂，表示他們會區分肉體與精神。

他們的社會習俗非常簡單。女孩不會在十七歲以前嫁人，男人也不會在二十一歲以前結婚。男人想結婚時，會選定某個女孩，然後向酋長探詢可否娶她。倘若獲得應允（無論是透過中介者或親自詢問），便會詢問女孩父親的意願。假使對方首肯，新郎便會餽贈禮物，通常是一個日本「古董」，這便是訂婚。緊接著會舉辦婚禮，大宴賓客，歡暢飲酒。新娘會收到新郎餽贈之物，譬如耳環與精緻和服。新郎必須備妥迎娶新娘的房舍。每對夫妻都會分開住，即便長子也不會讓新娘住進父親家中。唯有兩種情況才允許一夫多妻：酋長可以娶三位老婆，但妻妾得分開住。班立有兩位妻子，但他似乎是元配無後才娶偏房。（有珠的愛奴人指出，噴火灣部落不實行一夫多妻制，連酋長都不可娶側室。）倘若大老婆沒生一兒半女，便可再娶姨太太，但平取沒有這種案例。當地男人指出，娶妻一人便好，有了妻妾，老是爭吵、令人煩悶。

只要酋長應允，寡婦便可再婚。然而，在這些山區的愛奴人村落，女人在丈夫過世後，必須待在家中半年到一年，只能偶爾走到門口向左或向右灑酒。男人喪妻之後，也得閉門不出三十天。（這種習俗差異極大。在噴火灣那一帶，我發現孀婦只要閉戶三十天，鰥夫只需禁足二十五天；然而，倘若父親過世，妻兒閉戶三十天之後必須燒掉房子，前往朋友家借住三年，爾後才能在原址重建房舍。）

如果男人不喜歡妻子，只要獲得酋長同意便可離婚，但他將妻子送回岳父母那邊時，必須附贈許多上好衣服。話雖如此，夫妻若有了小孩，離婚便不可行，而且很少有人真的如此做。貞潔是愛奴女性的美德，但是根據「習俗」，萬一妻子出軌，戴綠帽的丈夫可將老婆送給與她苟且的男子，前提是這個男人須未婚。在這種情況下，酋長要決定這位情夫該付的遮羞費，通常會要他賠償貴重的日本古董。

老人與盲者會讓子女奉養，死前備受孝敬和順從。

萬一偷竊被逮，除了歸還原物，還得奉上一件禮物，酋長會決定禮物價值。

我已經告訴你愛奴人的生活方式，我還受到他們的熱情款待。根據「習俗」，每位愛奴人都得招待客人。他們接待其他陌生人時跟款待我一樣，會敬奉上等之物、請客人坐上座，以及餽贈禮物。客人要離去時，更會奉上熟黍糕點。

除了某些祭典，愛奴人幾乎沒有娛樂。他們為我獻上的舞蹈緩慢而悲傷，他們的歌曲屬於吟唱或是吟誦。他們有一種樂器，猶如吉他，有三弦、五弦或六弦，弦是由岸邊擱淺的鯨魚肌腱製作。他們還有另外一種特有的樂器[4]，由一塊長約五英寸，寬約二點五英寸的薄木片組成，有尖銳的木製簧片，大約寬兩英分（line）[5]，長十六英分，固定於中央，三側雕有溝槽。木片置於嘴前，簧片會因唱歌時的呼吸振動而動起來。這種樂器的聲響穿透力較差，但類似於猶太人豎琴發出的不和諧樂音。有一名男子吹奏它來替一首歌伴奏，而他們指出，簧片要有細緻的裂縫，很難找到這種木板，因此無法割愛。

愛奴人對待彼此時最有禮貌。無論進出屋子、路上偶遇、收受物品、親切問候或彼此稱讚，他們都會經常相互致敬。然而，愛奴男性不會向愛奴女性致意。常見的致意方式為伸出雙手，向內揮動一次以上，然後摸鬍鬚。正式的致意為將雙手高舉至頭部，成向內彎曲的姿態，做兩次到三次，然後放下手，摩擦雙手，最後摸鬍鬚數次。普通人對酋長或年輕人對長者時，會使用第二種較為正式的致意方式，女性則沒有打招呼的特別禮儀作法。

愛奴人沒有藥劑師。他們知道草藥可治病，卻不知藥草的特殊藥性與使用方式。乾燥和搗爛的熊肝是他們的特效藥，他們非常依賴熊肝來緩解腹痛與其他疼痛。他們是健康的種族。這個村莊有三百人，卻沒有慢性病患者，只有一人罹患支氣管炎，還有一些兒童有皮膚病。在這個村莊與我曾拜訪的五個大村莊裡，我沒發現有身體畸形的情況，只有一位女孩有點長短腿。

愛奴人會利用某種樹的樹根或黍類與日本米釀製香醇的酒，但他們最喜愛日本清酒，將所賺的錢都拿去購買清酒狂飲。他們所能知道且可以想像的最棒之物便是清酒。喝得爛醉如泥，乃是這些可憐的野蠻人嚮往的極致幸福。他們用「向神飲酒致意」的虛構觀念將喝酒爛醉神聖化。無論男女，皆耽溺於此種惡習。有一些像皮皮查理之類的愛奴人滴酒不沾，他們會手拿酒碗、向神祭酒，然後將碗遞給下一個人。我問皮皮查里為何他不喝酒，他的回答誠實簡潔：「人喝了酒，就會像狗。」

除了酋長擁有兩匹馬，其他族人沒有飼養家畜，只飼養用於狩獵的大黃狗，但絕對不會讓狗進入屋內。

愛奴人遵守禮儀或禮節，卻不愛乾淨。婦女每天會洗手一次，但不知會不會清洗其他部位。他們不洗衣物，日夜都穿同一件衣服。他們黑如木炭的頭髮到底清不清潔，我不敢妄加推測。愛奴人非常骯髒，如同英國的大眾。他們的房舍充滿跳蚤，但不會比日本人的宿屋更糟。然而，山區的愛奴村莊卻極為整潔，不見垃圾、堆肥、水坑與各樣雜物，屋內屋外也沒有噁心的氣味，因為房子通風良好且經常煙燻，而且鹹魚都置於倉庫。老人的頭髮和鬍鬚應該是雪白的，卻因為被煙燻與沾污而泛黃。

愛奴人不會計算時間，不知道自己的年齡。他們認為，過去已經死去。他們與其他被征服與遭鄙視的種族一樣，始終堅信在遙遠的昔日，其先祖曾是偉大的民族。他們沒有殺伐傳統，戰術兵法似乎早已失傳。我詢問過班立這點，他說愛奴人昔日使用長矛、刀子與弓箭戰鬥，但英雄神源義經禁止戰爭，此後九英尺長的雙刃長矛只用於獵熊。

當然，日本政府會對愛奴人施行統治權，猶如對待其他的臣民一般，但是他們可能不會干涉愛奴人的內政或部落事務。在這些化外之境，酋長擁有絕對的權力。愛奴人群居於村落，每村皆有酋長，亦即當地的君王。在我看來，酋長職位不過是父系關係的延伸，每個家庭都被視為同一個單位來管理。我住在班立家，他是平取的酋長，人人皆極為尊敬他。這個職位，名義上是終身的；如果酋長失明或體弱多病，便會任命繼任者。假使酋長有個「聰明的」兒子，足以獲得村民的擁戴，他便會指派兒子繼任。如果沒有，酋長就會挑選最合適的村民。他會召集村民認可指派的人選，村民同意後，人選絕不會被推翻。無論何處，酋長職位都不是世襲。

班立實行了極其嚴苛的父權。他對待所有人，如同主人對待奴隸。村民對他說話時得低頭。沒有他應允，誰都不許結婚。倘若有人要建房子，班立會挑選地點。除非（極為罕見）刑事案件情節重大，非得上呈帝國政府的官員不可，否則班立對民事與刑事案件擁有絕對的司法權。他強制竊盜者歸還盜取的財物，而且必定會確定犯罪者該繳交的罰金。他還會籌備狩獵與決定祭禮。年輕人顯然很害怕會在班立不在時做出令他惱怒之事。

愛奴人不同於日本人，長子似乎不享有特權。長子不見得能夠繼承房子與古董。古董不會被分給下一代，而會一直跟著房子。父親會讓他認為「最聰明的」兒子繼承家業。愛奴人實施養子制度。皮皮查理是養子，但有可能取代班立的親生兒子而繼承財產。我無法得到表示「聰明」的愛奴語字詞，但我知道它代表「總體能力」。我先前提過，山區愛奴人村落的酋長可娶三房妻子；此外，他僅有的特權便是施行權威。

愛奴人特別怕蛇，連最勇敢的人看見蛇也會拔腿狂奔。一名男子說，這是因為他們知道被蛇咬傷是無法治癒；然而，更奇怪的是，他們明知某些蛇不會傷人，遇到這類蛇依舊會逃跑。

愛奴人也同樣懼怕死者。對他們而言，死亡是特別「懼怕人的影子」（the shadow fear'd of man）。年老的愛奴人通常會因支氣管炎而病逝，人們會替他穿上最好的衣服，將大體放在架上一到三天。死者若是女性，其飾物會一起陪葬。若換作男性，陪葬的是刀與捧酒箸；如果死者生前抽菸，吸菸器具也會跟著入葬。大體與陪葬物會被草席包覆後縫合，然後置於竹杆上，被運送至孤零零的墓地，以橫臥姿態埋葬。無論何物皆無法誘使愛奴人靠近墳墓。即便有珍貴的鳥類或動物倒臥於墓旁，他們也不會趨前撿拾。愛奴人始終對死者懷有一股模糊的恐懼感。沒有「天堂」夢足以替愛奴人照亮「陰森的幽靈」（Stygian shades）。

班立這位愛奴人算是聰明。兩年之前，函館的丹寧先生來此，告訴他只有一位創造人類的神。不料，這位精明的老人回答：「如果造你的上帝也造了我們，為什麼你跟我們大不相同。你那麼有錢，我們卻這麼窮？」當我詢問他的古董架上華麗的漆器和鑲嵌物來自何處時，他說那些物品是他父親、祖父和曾祖父傳下來的。他認為那些是松前大名[6]征服蝦夷之後立即餽贈的禮物。儘管班立會因酗酒而行為失序，卻是個英挺俊朗之人。他的家非常寬闊，我今天早上請他示範如何使用長矛。他就像個身形剽悍的野蠻人，手持長矛，先充分向後退，隨即猛然向前突刺。他的手臂與雙腿猶如鋼鐵般堅韌，肌肉塊塊隆起，身體因興奮而震顫，濃密的頭髮從額頭下垂，眼中閃耀追捕獵物的火光。伊藤是班立幻想的攻擊對象，我為此嚇得顫抖。這場刺矛示範虎虎生風，令人激賞。

我在寫信時，圍爐裏旁圍坐著七位老人。他們的灰色鬍鬚及腰，猶如波浪般下垂。他們因年邁而髮線稍微後退，不僅顯得更為德高望重，高挺的額頭也更加美麗。我素描某位英俊長者的容貌，然後向他展示作品，問他是否願意收下。然而，他沒有欣喜或高興，反而面露恐懼，要求我焚燒畫像，說這樣會給他帶來厄運，它可能會因此死亡。然而，伊藤安撫了他，在畫像上寫了一個代表好運的漢字，老人這才收下。其他長者也都懇求我別描繪他們，只有皮皮查理例外。他躺在我的腳邊，像頭捕鹿獵犬。

愛奴人黑髮濃密，眼神深邃迷離，四肢披覆毛髮且體格壯碩，展現魁武剽悍的野蠻形象。然而，他們微笑時雙眼溫柔，嘴巴上翹，散發甜蜜與光燦，其低沉的嗓音比我聽過的聲音更加柔和甜美，令我偶爾忘記他們是野蠻人。這些老人相貌莊重，舉止尊嚴有禮，兩相搭配得宜。但我看著他們宏偉的頭部，想起愛奴人沒有任何能力，而且僅是長大的孩童，覺得他們的頭似乎裝的不是智慧，而是清水。我愈來愈覺得愛奴人的表情容貌屬於歐洲，真誠、率直、有男子氣概，無論表情與聲調都帶有強烈的哀傷色彩。班立在這些長者面前以嚴肅的語氣問我，他不在時我是否曾感到不愉快。班立說，他擔心年輕的男女會圍繞在我身旁，做出粗魯的舉動。我回覆了讚美之詞，所有長者聽聞皆揮舞雙手，頻頻摸鬍鬚深表感謝。

毫無疑問，在未開化的種族之中，愛奴人屬於高等種族。然而，他們與無法開化且最野蠻的遊牧民族一樣，一旦接觸文明，便會開始墮落。有幾位年輕的愛奴人曾被送到東京接受各種教育與訓練，但他們一回到蝦夷，立即便過著野蠻生活，什麼也沒有留下，只記得學過的日語。愛奴人在許多方面都很有魅力，但他們愚蠢、冷漠和不抱持希望，讓人感到難過，而更令人悲傷的是，他們的人數似乎又在增加；由於他們的體格強健，似乎沒有種族滅絕的憂慮。

愛奴人知道如何經營家庭生活，肯定比其他土著優越。他們有一個表示「房屋」的單字，也有另一個代表「家庭」的字詞，還有一個指丈夫的單字，意思非常接近英語的 house-band[7] 在他們的眼中，真理是有價值的，而光憑這點，愛奴人便超越其他種族。他們不會虐殺嬰兒，老人也會受到善待與敬養。在愛奴人的社會和家庭關係中，有許多值得讚揚之事。

馬匹正在外頭等待，我必須就此停筆，盡量趕在暴風雨來臨之前渡河。

I. L. B.

1 原註：源義經是日本歷史上最著名的英雄，廣受男孩歡迎。他是源賴朝（Yoritomo）同父異母的弟弟。源賴朝平定割據勢力有功（譯註：攻滅了割據陸奧國地區的奧州藤原氏勢力），於一一九二年被天皇封為征夷大將軍（Sei-i Tai Shogun）。源賴朝開啟日後眾多大將軍的先河（譯註：他建立鎌倉幕府，乃是日本第一個武家政權），我們歐洲人都曲解這些將軍的角色，誤以為他們是日本的「現世皇帝」（Temporal Emperor），有別於京都的「精神皇帝」。其實，源義經戰功彪炳，威名顯赫，反為其兄所嫉妒和仇恨。源賴朝便於國與國（province，譯註：國是江戶時代的行政區）之間發通令，追捕源義經。普遍的看法是源義經殺了妻子之後切腹（hara- kiri）自殺。他的首級被浸於酒，送到鎌倉（Kamakura）的兄長住所。然而，源義經如何死亡與去世的時間與地點，學者眾說紛紜，毫無定論。許多人認為，他逃到了蝦夷，長年與愛奴人混住，最終於十二世紀末離世。愛奴人堅信這種說法，認為源義經教導先祖文字與數字等文明藝術，還賜予他們公正的律法，許多愛奴人便以「法律大家」（Master of the Law）之名敬拜源義經。平取、有珠（Usu）與禮文華（Lebunge）的老人曾告訴我，征服蝦夷的日本人取走了記載前述文藝的典籍，此後他們便喪失文明，落入如今的蠻荒狀態！我問愛奴人為何不製作鐵器、陶器與刀矛，他們千篇一律回答：「日本人拿走了書籍。」

2 譯註：英文意指「農神節」，亦即古羅馬十二月份的節日。

3 譯註：在冬末，族人會去捕獵小熊帶回村中。捕到的熊如果很小，族中女人會用自己的乳汁餵養。如果村裡沒有可以提供哺乳的女人，便親手或是嘴對嘴餵養。

4 譯註：應指mukkuri，口弦琴或竹口琴。

5 譯註：舊時長度單位，為十二分之一英寸。

6 譯註：松前藩主。

7 譯註：團結／管理家庭，husband表示丈夫。根據神成利男的《日本未知的邊境》（日本の知られざる辺境），相當於「家」的愛奴語是chise（チセ），但沒有表示「家庭」的字詞。相當於「丈夫」的單字有chise、koro（コロ）與kuru（クル），但嚴格說來，這個字指的是「家的主人／家長」。

第三十八封信

臨別禮物——美味佳餚——慷慨的臨別贈禮——海濱村莊——皮皮查里的忠告——飲酒狂歡——伊藤的藉口——村長的疾病——專利藥物

蝦夷，佐瑠太
八月二十七日

我昨日告別了愛奴人，感到非常不捨。然而，我得承認，穿著衣服睡覺以及無法沐浴，讓我覺得十分疲憊。班立的兩位妻子一大清早便忙著將黍粒磨成粗粉。她們將粗粉做成麵糰，用骯髒的手指將麵糰捲成形狀頗佳的團塊，然後拿出未經清洗的鍋子（燉煮「噁心雜燴」的鐵鍋）煮團塊來做黍餅。她們依據習俗，在我離開之前，將黍餅放在漆盤上呈給我。這些愛奴人先前發現，我不吃他們的食物，因此十分難過，便派一個女人前往離這有點距離的村莊拿來鹿肉，將其當作美味贈與我。與我有過數面之緣的人都前來送行，他們帶了很多禮物，包括一張上好的熊皮。倘若我光是只接受一半的物品，便得額外僱用一匹馬來攜帶贈禮物。

我上馬騎了十二英里，穿越森林前往門別（Mombets），打算在那度過週日。我騎的是至今騎過最差勁的馬匹，足足花了五小時才抵達。天氣陰沉昏暗，顯示暴風雨即將來臨。我們出了森林之後，踏上一片覆蓋橡樹的沙丘，遭遇強烈狂風。我至今見過不少風景，這段景象鐵定會烙印在我腦海。下面有一處雪白光禿的沙丘，有幾間灰色房屋瑟縮於淒涼的避風處，另有一處鼓起的灰色沙灘，棕灰色浪花拍岸，白色海岸線綿長崎嶇，驚濤轟鳴隆隆。遠處浪濤洶湧，霧氣瀰漫，棕色雲朵迅即飄過，融合海天，而驚風擁沙，削面而過，只能斷續瞥見眼前景象。

在一間隱身於灌木叢的房屋裡，一群男人正在飲酒且大聲喧嘩。一位俊挺的愛奴人走出房子，跌跌撞撞走了幾碼，隨即仰面倒在雜草叢中。此乃悽慘墮落的景象。我忘了告訴你，在我離開平取之前，我曾痛斥一群愛奴人，指責他們縱情飲酒的習慣與後果。這些人如此回答：「我們必須向眾神敬酒，否則會死。」然而，皮皮查里說：「你說的是好事。我們不妨向眾神獻酒，但是不要喝酒。」他言詞大膽，結果遭到班立斥責。

門別經常遭遇暴風襲擊，此地聚集了二十七間破爛的房屋，有愛奴人家庭，也有日本人家庭。眼下村民正趕製魚油與捕撈海藻，將忙碌一段時日。他們還僱用一些外來的愛奴人與日本人。海浪洶湧，船隻無法出航，有些人便縱情喝酒。這個村落瀰漫著酒臭。喝醉酒的人踉踉蹌蹌走著，仰面躺於地上，像狗一樣昏睡到酒醒。愛奴女人想把喝醉的丈夫拖回家，依舊徒勞無功。無論日本人或愛奴人，只要喝醉，都會墮入禽獸的醜態。我前往打算度過週日的宿屋。然而，宿屋非常骯髒且淒涼破敗，更是賣酒的中心。在它開闊的空間，男人喝到醉醺醺，不僅大聲喧嘩，更是醜態百出。這是一幅淒涼的景象，但每星期六下午，蘇格蘭有一百處地方也會出現足堪比擬的爛醉場景。此地的村長告訴我，愛奴人喝的酒量即便是日本人的四到五倍，依舊不會喝醉。在此地，一杯酒要價八便士，愛奴人要喝上六先令到七先令的酒才會醉！[1]

我在廚房喝了茶並吃了一些蛋，而且完全更改計畫。倘若照原訂計畫繼續沿東海岸前進，萬一大雨降臨，可能會接連數日受困於數條恐怖河流的河岸，更無法依照約定日期讓伊藤回到瑪里埃什先生身邊。然而，我不想沒有替代方案便放棄計畫。我打算多走一百英里，沿著噴火灣走無人走過的荒徑，探訪住在極為原始地區的海岸愛奴人。伊藤強烈反對，認為他在平取已經犧牲許多舒適享樂。他甚至編出一大堆藉口，好比會遇上許多難以橫越的險惡河川、道路崎嶇無法通行、找不到入住的宿屋，以及到了官廳也無法獲取白米和雞蛋！伊藤說，他是從那位找不到馬匹而返回的老人得知前述事情。他耍的心機很有趣。其實，伊藤非常中意室蘭宿屋亭主的女兒，請她代為保管某些物品。追根究柢，他反對更改路線，其實就是想再見到那位女孩。

星期一

我到了門別之後，無法再騎馬前行，於是先將行李送出，獨自穿越橡樹林，享受靜謐的時光；然而，我一想到愛奴人鎮日酗酒，心中便湧起一股哀傷。昨天戶外狂風暴雨，我在宿屋度過安靜的一日。皮皮查理中午前來找我，名義上是要轉告我先前醫治的女病患正逐漸康復，順道請我再包紮他那傷口幾乎癒合的腳，但其實他是想送我為我雕刻的刀鞘。他大部分時間都躺在房間角落的墊子上，我從他那打探到更多的愛奴詞語。

宿屋主人是佐瑠太的村長，很有禮貌地來拜訪。到了傍晚，他請人來探詢能否賜贈藥品，因為他「病得很厲害，而且發高燒。」他得了重感冒，喉嚨發炎，四肢疼痛，非常痛苦。他的妻子很著急，我為了安撫她，便給她一些「柯克藥丸」（Cockle's Pills）[2]，同時教她捕獸師的療法，亦即「一品脫（pint）[3]的熱水，加上一撮紅辣椒，混合後飲用」。我請她把村長關進一間幾乎密不透風的房間，燒了一火缽的木炭燻空氣，然後替村長蓋上蒲團，隨他痛苦呻吟。今天早上，我前去關心村長病情，結果他的妻子非常高興，說他已經康復，並且出門去了。村長還留下二十五錢，支付我給他的藥丸費用。我非常謹慎地倒出「鄧肯與弗洛克哈特」（Duncan and Flockhart）[4]最辛辣的紅辣椒，並且教她使用份量。然而，她並不滿意，還想索取一些「柯克藥丸」。一盒這種藥丸便能「奇蹟式地」治癒六個人，難怪製造專利藥物的藥商會樂不可支，賺得荷包滿滿！

I. L. B.

1 譯註：一先令等於十二便士。換算之後，大約是喝九到十杯。

2 譯註：英國醫生詹姆斯・柯克（James Cockle）發明的藥品。

3 譯註：約零點五公升左右，英美使用容量單位不同。

4 譯註：英國藥商。

第三十九封信

令人欣喜的禮物——近期的地貌改變——火山現象——有趣的石灰華圓錐火山——差點遭到勒死——掉入捕熊陷阱——白老的愛奴人——調教馬匹與酷刑虐待

蝦夷，舊室蘭，噴火灣

九月二日

週日風暴過後，週一的天空依舊陰沉，但天氣溫和，蔥鬱的山丘沐浴於深藍之中。我騎著毛髮蓬亂的馬兒慢跑，沿途盡是淡紅色的大馬士革玫瑰（Damask rose），跑了十七英里之後抵達湧別。這個村落散發一股無法言詮的孤寂感，我為此深深著迷，決定再投宿一晚，當晚掀起狂風暴雨，轟隆作響。隔天早晨，我又騎馬慢跑了七英里，抵達了苫小牧，於該處換乘人力車。三名愛奴人苦力拉著車，奔跑了一整天，最終抵達了白老。當時，雨霽天晴，山脈背後映襯著檸檬色天際，美景映入眼簾，動人心弦。然而，太平洋猶如惡者，毫不平靜，浪濤驚岸，響聲大作，且寒風襲面，凍入骨髓，令我疲憊不堪，隔天不得不暫歇一日。幸好，馮．西博爾德先生與迪斯巴赫伯爵匆匆來訪，帶了一隻雞慰問我，讓我甚感欣喜。

我很喜歡白老。倘若我更為強壯，鐵定會以白老為基地去探索內陸。內陸有許多值得探勘之地。蝦夷此區的變化顯然是近期造成，而促成變化的原動力尚未消失。此區的海岸地帶已經從海底隆起兩到三英里的陸地。舊的海岸保留海灣與岬角，構成醒目的地貌特徵。新形成的陸地是巨大的浮石床，覆蓋著一層薄薄的植被，年歲不會超過五十年。這些浮石，是白老附近的樽前火山爆發時，熔岩降落而成，而河流也從內陸山谷帶來了大量浮石；此外，海水也將一些浮石沖刷上岸。火山最後一次噴發時，浮石落在蝦夷的這片區域，累積的平均厚度達到三英尺六英寸。幾乎所有河流都有明顯的地層斷面。從深裂的河岸可見寬闊的淺色浮石層，上頭是幾英寸厚的黑色植物土壤層，下方為幾英尺厚的黑色海砂（sea-sand）。我在白老停留的第一晚出現大洪水，洪流從內陸山丘夾帶浮石沖刷了不到十五英里。雖然只有一條洪流，地面卻覆蓋了深達九英寸的浮石。

向內陸眺望，右邊樽前火山巍巍聳立，有裸露的灰色山頂，側邊有枯敗的森林，左邊是層巒疊翠，攢蹙累積，美景如畫，且森林蓊鬱，離離蔚蔚，山勢陡峭壯闊，山縫間偶爾顯露狹窄溪谷。內陸遍佈叢林，唯有淺淺的激流穿越內陸數英里，愛奴人搜尋獵物時闢出的小徑也被草木遮蓋。我看到此處的山勢，急切想去探索山間的某個斷裂山脊是否為古代遺留的石灰華圓錐山頂。我留下伊藤，騎著一匹好馬，跟隨一名騎馬的愛奴人嚮導，在晴空萬里的日子動身探索，試圖繞到火山背後，從內陸側登山探險。該處有諸多可見習之處。哦，倘若我更強壯的話，那就更好了！攀登時最感枯燥且最令人疲乏，數小時之後，我抵達一處有數道裂縫的地點，只見霧氣從縫隙中冒出，偶爾地底還傳來爆炸聲。聲音是從一處冒著濃煙的小片側面裂縫發出。四處可見浮石，但沒有近期噴發的熔岩或火山渣（scoriae）。我發現一處裂縫，內層全是精緻的針狀硫磺結晶，一觸碰便立即崩毀。下方湧出兩處溫泉，硫磺沉積物積累於邊緣，溫泉還冒泡泡，氣味濃烈，我認為是硫化氫。我不像探險家精力旺盛，無法再往前推進。我試著將手臂伸進數個深邃裂縫，儘管此處海拔只有五百英尺，但溫度很高，不得不立即收手。我看見縫隙中長著一些美麗的熱帶蕨類植物。我在相同高度的地點，發現了一處溫泉。這處溫泉炙熱，我拿溫度計測量時，水銀逐漸上升，超過華氏沸點，足以燒毀溫度計。我用手帕將一顆雞蛋綁在一根棍子上，將蛋浸到溫泉之中，不到八分半鐘，蛋便熟透了。溫泉水蒸發之後，沒有在手帕上留下沉澱物，而且溫泉邊緣也沒有水垢。這處溫泉翻騰冒泡，氣勢驚人。

我們又辛苦攀爬了三個小時，馬匹幾乎累倒。我們抵達一處明顯的山脊上，我很高興這是一處橫向的石灰華圓錐山，估計約有二百到三百五十英尺高，甚至可能高達四百英尺。此處密佈樹齡極高的樹木，並且遍生黴菌，圓錐的山形依舊迷人。此後一小時，我們再度艱苦攀爬，愛奴嚮導也賣力用刀子披荊斬棘，讓我穿越草木糾結叢生的大片叢林地帶，抵達其中一處石灰華山頂。我發現一處極為深邃的環形坑洞，邊緣佈滿植被，類似於夏威夷考愛島（Kauai）的某些古老圓錐火山口。這個圓錐山的部分周圍環繞一條溪流，溪流在某處流穿紅黑火山灰構成的土堤。白老北部地區有常見的火山現象，希望日後有人能仔細調查此地。

儘管我疲勞不堪，幾乎癱倒在地，卻覺得此次「探索之旅」極為有趣。日本人若找不到攀談的對象，便會低聲哼唱難聽的曲調。因此把伊藤撇下，跟著愛奴人外出探險，讓我鬆了一口氣。這位愛奴嚮導非常安靜，忠誠可靠且值得信賴。有兩條亮麗冒泡的河流沿著紅色鵝卵石河床流瀉，從內陸向下流往白老。我向愛奴人發出指令，打算朝著我指的方向，上溯其中一條河進入山區，抵達我所謂的「白老岳」。那日天氣晴朗，猶如蘇格蘭高地降雨前偶見的景色，透明澄澈，清晰可見。晴空湛藍，萬里無雲，山峰青聳，露珠凝重，陽光燦爛，如此烘托之下，原本美麗的景緻益發令人著迷。

蔓生植物非常可怕，我必須一直彎腰趴在馬匹的脖子上，也得推開樹枝，免得臉部被枝椏拍打或刮傷。我的厚實狗皮手套都磨破了，露出部分手與臉的皮膚，因此我返家後，手臉都出血腫脹。此外，在回程途中，我為了閃避一棵大藤蔓而俯身，另一株藤蔓卻擦過了我的鼻子，但我未能立即停住胯下的野馬，這株藤蔓竟然纏繞我的脖子，差點將我勒斃。說時遲，那時快，我立即被扯到馬鞍後面，跌落於地面，卡在樹木與馬匹後腿之間，但馬兒見狀，竟安靜嚼起草來。愛奴嚮導的臉被劃傷得很厲害，他發現我不見蹤影，便回頭找我。他不發一語，扶我起身，用樹葉給我呈上一些水，然後拾起我的帽子，我們又騎馬上路。我沒有怎麼跌傷，但我向人借了鏡子，一照之下，發現臉上傷痕累累，脖子上的勒痕清晰可見，彷彿我曾上吊過！愛奴嚮導的毛髮濃密，部分毛髮纏繞於沿途的樹枝上。我在森林探險時，跟著前面毛茸茸的健壯野蠻人，你若目睹這種景象，鐵定會感到有趣。這位愛奴嚮導身穿皮毛外露的皮衣，坐在覆蓋鹿皮的馱鞍上，毛髮濃密的腿盤在馬脖子上。無論在何種地形，愛奴人騎馬時都是這種姿態，神情平靜如水。

這個地區妙不可言，我未曾見過這般美麗的景緻。我首度從河床近距離目睹壯闊的群聚石灰華圓錐山，其上遍佈古老草木，後方為高聳火山，崎嶇峰頂噴出鮮紅的火山灰，於蔚藍晴空的映照下閃閃發光，前方流瀉亮麗的河水，蜿蜒穿越原始森林。歷經大雨沖刷，河岸陡峭險絕，我們偶爾必須從森林往下跳三英尺，甚至四英尺，縱身躍入河中，有時也必須攀爬此等高度，從河川爬上到森林，在白老川上如此涉險達二十多回。我們受阻於橫倒的巨樹，經常無法穿越森林，必須改走水路，沿著危險的河床，在湍流中涉水前進。馬匹看到我們跳入河川，先退後幾步，試圖轉身逃跑，然後又下定決心，突然縱身躍下。山道最終消失，我示意愛奴嚮導繼續前行，爾後的「探險」皆以每小時一英里的速度進行。

林間雜草非常堅韌，長到八英尺的高度，其柔和的紅色纖毛迎風搖曳。愛奴嚮導在前頭驅使馬匹穿越草叢，草叢隨後立即合掩。我緊跟於後，卻只能聆聽他馱馬的鈴鐺聲，才能判斷他在何處，因為我不僅看不到愛奴嚮導，也看不到自己的馱馬，只能看見馬鞍的鞍頭。我們經常滾落洞穴，也得不時爬出洞穴；我們一度不留意，同時摔進一處古老的捕熊陷阱，愛奴嚮導與我都飛越馬頭摔落地面，人獸共同擠在狹窄的空間，四周飄散雜草纖毛，馬匹與我們皆賣力攀爬出洞。我無法與愛奴嚮導溝通，但此景荒謬至極，我雖遭逢劫難而擦傷，卻不禁開懷大笑，樂不可支。要逃出這個洞穴極為困難，我希望別再掉入這種陷阱了。我很高興蝦夷馬沒穿草鞋，這不是我第一次有這樣的感覺。我們穿過這片長草地區之後，抵達了石灰華圓錐山，只見紅色的崎嶇峰頂映襯著藍天。

此處景色極為壯觀。既然遠道來此，我渴望探索河流的源頭，可惜今日遭逢諸多困難，且天色已近黃昏，我也過於虛弱，無力再行探索，但我憑直覺能體會探險的熱情與魅力，了解為何有人不顧危難而勇於探險。我非常悲傷，轉身離開石灰華圓錐山與參差不齊的閃耀火山頂，騎上疲憊的馬，艱辛踏上歸途。然而，馬匹已經累垮，我在最後一小時必須下馬步行，應該說涉水前行。我返抵家門時，夜幕早已降臨。我發現伊藤已經將我的行李收拾好，他從中午等到晚上，準備向幌別出發。他知道又得卸下行李時暴跳如雷。當我告訴伊藤我非常疲憊且受了傷，隔天必須再休息一日，他覺得很氣憤。他語帶憤慨，說道：「當你乘坐開拓使的人力車時，我沒想到你不走大道，偏要進入森林探險！」我們在森林看到一些鹿與許多野雞。有位厲害的獵人捕獲一頭精壯的雄鹿，我晚餐得以飽食美味的鹿肉而心滿意足，不過伊藤老在我的耳邊嘮叨，刻意編纂一些故事，批評走噴火灣的路線不可行。

白老有個大的古老本陣（Honjin），亦即宿屋[1]，昔日的大名與扈從會在此投宿。有五十二戶人家的愛奴人村莊位於海岸，離此有段距離，而這裡有十一間日本人住家，多數為酒店，正因為如此，嗜酒的愛奴人才會如此貧困。白老跟沿岸地帶的漁村一樣沒有耕地，但村民會大量製作漁油與漁肥料。雖然眼下並非當季，此地依舊瀰漫「陳年鹹魚的腥臭」（an ancient and fish-like smell）[2]。

愛奴人的房子比平取的房舍小得多，也更加破敗與骯亂。我進入一些愛奴人房子參觀，並與他們交談，許多人都懂日語。有間房子看起來像獸穴，而當時正在下雨，只見丈夫、妻子和五、六個赤身露體的孩童蹲坐在圍爐裏（地爐）旁邊。這些愛奴人渾身髒兮兮且頭髮蓬亂，貌似小妖精。即便屋內骯髒腐臭，爐床仍是家庭生活的中心，神聖不可侵犯。他們被煙燻得漆黑且沾滿污垢，聚集起來卻是一個家庭，與美國鹽湖城（Salt Lake City）[3]的社會生活相比，顯得更為進步。海岸愛奴人房舍的屋頂，比山區愛奴人房舍的屋頂平坦得多。此地沒有倉庫，椽子上懸掛大量的魚、未鞣製的獸皮和鹿肉，這些屍身的腐臭與刺眼的黑煙最令人討厭。此地的房子沒有客席，但是當我要求入屋避雨時，即使最貧窮的家庭，也會拿出最好的草蓆鋪在地上，並且堅持要我穿著沾滿泥巴的靴子走在草蓆上，直說：「這是愛奴人的習俗。」我為此感到非常過意不去。那些房子雖然骯髒，依舊設置寬闊的架子，上頭擺著成排的日本古董。

我先前提過，倘若酋長身體不適，便會指派繼任者。我剛好遇到這種情況。有人指錯方向，我便誤打誤撞，走到了前任酋長的家。他的家門口擺著一個巨大的空熊籠。我稱他為酋長時，他回答：「我又老又瞎，無法出門，沒有用了。」然後，他告訴我們繼任者的家在哪裡。這個村莊的諸多跡象表明，愛奴人與日本人接觸，顯然並非好事。他們接觸了日本文明，並未吸收優點，反而沾染了惡習。

那天晚上，我看到蝦夷的日本人如何調教馬匹。一位日本人帶著一頭俊挺有活力的幼馬踏上村落道路，馬背上掛了一個日式半峰（demi-pique）馬鞍，馬兒咬著最恐怖的馬銜（gag bit）。這名男子穿著非常殘忍的馬刺（spur），手拿一塊長二英尺、寬六英寸的粗板。這匹馬未曾被人騎過，感到非常害怕，但牠的性情絕不暴躁。牠被馬刺扎了，於是拔蹄狂奔，在街上全速奔跑，然後被猛力急扯而轉向，偶爾跌坐於地，又被馬刺狂扎，更遭騎者以粗板無情狂打耳朵與眼睛而飽受驚嚇，直到血流滿面，矇蔽了雙目。每當馬兒疲累到想停下時，就會被馬刺狂扎、猛拉和抽打。牠最後滿身大汗且沾滿鮮血，血從牠的嘴裡流出，飛濺於路面。

馬匹最終踉蹌搖晃而不支倒地，騎者卻身形靈巧，輕鬆跳離。當這匹馬能夠站立之後，就被允許爬進馬棚，直到天亮前都不許進食。那時，孩童可以隨心所欲欺負牠。這匹馬如此被人「調教」（broken）而精神崩潰（spirit-broken），終其一生都報廢了。這場訓獸儀式野蠻殘酷，施暴者總是如此殘暴。

1 譯註：本陣是江戶時代供諸侯住的驛站旅館。
2 譯註：語出莎士比亞《暴風雨》（The Tempest）第二幕第二場。
3 譯註：摩門教徒的重鎮，實行一夫多妻制。

第三十九封信（續）

通用的語言——蝦夷畜欄——「颱風雨」——難行的山徑——不令人羨慕的旅程——烘乾衣服——女飼主反悔

今天一大早，兩位體貼歡愉的愛奴人替我拉車，我便乘著人力車啟程。路面因大雨侵襲而柔腸寸斷，我必須經常下車步行。每回我上車之後，他們會在我的背後放上空氣枕，並拿毯子遮蓋我。當我們遇到湍流時，一位愛奴苦力讓我踩踏他的背來上馬，並且讓我握著繩套，另一位則抓住我的胳膊，讓我保持穩定。此外，他們不讓我爬山或下坡。雖然我們有語言隔閡，善意和禮貌的語言卻放諸四海皆準，真是令人慶幸。愛奴人的親切微笑，猶如英國同胞的微笑，照樣令人溫馨！這兩人從未拉過人力車，當我教他們如何平衡拉桿時，他們像孩子一樣高興。愛奴人並非缺乏創意，因為他們一旦不再欣喜於拉車時，便拿繩子將人力車綁到馬匹上，一人騎馬「慢吞吞」地走，另一人抓著拉桿跑步來保持平衡。這是很好的變通做法。

幌別是古老且衰敗的漁業基地，有十八間日本人房舍、四十七間愛奴人房子。此處的愛奴人房舍遠大於白老的愛奴人住宅，有極為陡峭的屋頂，建造得非常漂亮。那日天氣陰沉，霧氣瀰漫山巒，沉沉地漂浮於海面上，任誰都料到會下雨，我便將人力車送回室蘭，改為騎乘馬匹。我總會親自己去畜欄挑選馬匹，而且盡量選擇背部不紅腫的馬匹。然而，我經常不是得挑選未經調教的馬，便是背部有凹洞的馬（而我可以將手放進凹洞），甚至背骨完全裸露的馬。日本人以鞭打方式調教馬匹，卻得不到立竿見影的效果。然而，如果告知日本人，洋人會譴責這種殘酷做法，或許他們有朝一日會加以改善。幌別有二十匹馬，但我不想挑選任何一匹。這些馬模樣可憐，我想讓人把牠們都射殺。馬匹既便宜，數量又多，根本無足輕重。村民又從山上驅趕來一些馬匹，我挑選了我在日本看過最壯碩且俊挺的馬匹。這匹馬神采飛揚，活潑好動，但我很快發現牠的腳會疼痛。我們不久便離開了幹道，在滂沱大雨中轉向人煙罕至之境。我們路經難以跋涉的沼澤，也渡過暴漲的湍流，然後進入山區。入山之後，順沿一條破敗的小徑，行走了八英里。

天氣著實惡劣，四下闃寂黑暗，棕色濃霧瀰漫，大雨傾盆而下。我丟棄毫無用處的防水油紙，衣服當然濕透，而且我奮力不讓証文與紙幣弄濕，免得它們糊爛了。蝦夷位於遙遠的北國，颱風難以侵襲。然而，當地人將這場暴雨稱為沒有颱風的「颱風雨」。雨勢猛烈強勁，河川霎時化為洪流，萬難涉險渡過。湍流將道路沖刷得柔腸寸斷，眼下這條路，頂多只能稱為水道。洪流將碩大石塊沖刷而下。馬匹遭到大石塊衝撞兩到三次之後，很難驅使牠們再去面對滾滾洪流。雨水經常在陡峭的堤岸間切割出數英尺深的水道，唯一可行走之地，便是間隙的石頭地，但寬度僅供馬匹並腳站立。洪水與石頭於後方奔流，頭上更結滿各種藤蔓。我得一邊避免被藤蔓勒住脖子，一邊得讓腿軟的馬匹邁步前進，真是辛苦至極。我的馬很悲慘，因為踩了石頭而跌倒五次。牠某次摔倒時嚴重扭傷了我的左手腕。很多人羨慕我能遊歷日本，不知他們是否還會羨慕我此刻遭逢的困境！

艱辛跋涉四小時之後，山道突然朝山腹下降，眼前便出現舊室蘭（Old Mororan）。這個村莊有三十棟愛奴人房舍、九間日本人房子。此地座落於美麗海灣的邊緣，卻不吸引人注意。愛奴人房舍既窄小又破敗，柱子上懸掛許多熊的頭骨。這個村莊主要由兩個長形破敗建築組成，一些男人正在裡頭修補漁網。此處淒涼衰敗，村民過著卑微低賤的生活。然而，某位商人的宅院卻有一間清爽的房間，兩側為半透明的拉門：一側迎向村落，另一側可俯視短陡斜坡底下的海洋。斜坡上有個古樸的小花園，裡頭置放松樹盆栽，而且栽植一些鳳仙花（balsam）以及被誇稱為「觀葉植物」（foliage plant）的紫甘藍（red cabbage）[1]。

現在已接近午夜，但我的床鋪與寢具依然潮濕，我仍得坐著來烘乾它們。我逐一拿著物件，在火盆木架上烘烤，過程枯燥緩慢。升起了炭火，房間就變得乾燥溫暖，我穿著濕透的衣服甚久，沒有乾燥衣物可以替換，正需要靠火暖暖身子。伊藤買了一隻雞給我當晚餐，但他一小時之後準備殺雞時，雞主卻一臉悲傷來退錢，說她把雞養大，不忍心看牠被宰殺。此處荒謬古怪，但直覺告訴我，這裡應該很美。眼下驚濤拍岸，傳來隆隆悶響，而暴雨依舊不止。

I. L. B.

1 又譯紅捲心菜。

第四十封信

寧靜至極——崎嶇險惡——有珠岳——泳渡長流川——美麗的夢土——迷人黃昏——夜間驚擾——海岸的愛奴人

波濤疲憊，狂風垂死，
躑躅岸邊，嗚咽呻吟，
靜謐祥和，於焉降臨。

蝦夷，噴火灣，禮文華
九月六日

"Weary wave and dying blast
Sob and moan along the shore,
All is peace at last."

早晨寧靜至極，祥和宛如天堂。蔚藍晴空，萬里無雲，海水湛藍，閃爍光芒，耀眼如鑽。小海灣美麗動人，金色沙灘溫柔盪漾起陣陣光燦微笑。在對側四十英里之遙，駒岳拔地矗立，構成噴火灣的西南端，其桃色錐頂籠罩於柔和的淡藍霧氣。和風煦煦，清爽宜人，山丘顯露黃褐之色，樹林點綴叢叢亮金，樹葉隨處轉紅，繽紛秋季即將來臨。這日始於美景，亦終於美景。我想揮戈駐景[1]，珍藏眼前的明媚風光。我拜訪了許多室蘭的愛奴人，瞧見豢養在籠子的成熊，最後在正午時依依不捨地離去。我們爬上陡坡，穿越一片橡樹林，沿著琥珀色沙岸小徑前行，先渡過幾處溪流，接著行經名為稀布（Maripu）的孤寂愛奴人村落。蔚藍海洋匍匐於左側，蔥綠山脈矗立於右側，前面則是有珠岳（Usu-taki）火山。始終橫亙眼前的這座宏偉火山，巍然聳立，海拔將近三千英尺。

蝦夷猶如日本本土，遊歷時很難打探到前方的路線。當你問路時，日本人通常會表情癡呆，格格傻笑，將大拇指插進腰帶拉拉衣服，或者說他一無所知，甚至給些模糊的二手訊息，但他們可能不只一次踏遍了每一寸土地。不曉得這些日本人到底有何盤算，難道是懷疑我的動機，亦或害怕回答後會帶來不便？旅行者最憤慨的，便是這類裝蒜行徑。

我在函館時沒有見到布萊基斯頓上尉（Captain Blakiston）[2]，他曾走遍蝦夷的整條海岸線。我目前所知的，便是：海岸零星住著愛奴人，可以借用官廳馬匹，而且可在獲取馬匹之處投宿；白米與鹹魚是唯一的食物；處處可見「險惡河川」；道路會穿越「險惡山脈」；朝那個方向去的人，只有每年去兩次的政府官員，而且每日行程不到四英里，橫越山頂的道路皆「佈滿巨石」，諸如此類的說法，不一而足。

因此，我見到有珠岳時甚為驚訝，一時之間顛覆了我對本地精心構建的地理概念。先前有人告知，這個海灣的火山只有「森」（Mori）附近的駒岳，我認為駒岳應在八十英里之外，但在眼前的兩英里處，卻矗立這座宏偉且頂峰崎嶇的赤紅火山。有珠岳遠比那座駒岳火山氣勢更為恢宏，前方山脈連綿，割裂深邃，劈成峽谷深淵，即使正午豔陽高照，依舊無法照亮山谷紫色的昏暗之處。其中一個山峰從深邃的火山口冒出黑煙，另一處山峰則煙霧蒸騰，週邊各處裂隙冒出白煙，只見硃紅山峰噴發煙霧，上升至蔚藍蒼穹。晴空清澈萬里，可清楚眺望火山身影，當我上到比遮掩山脈更高之處時，一切景象更是歷歷在目。我不到兩天便理出頭緒，確實掌握了火山的地理位置。然而，我先前馬上便察覺，眼前的火山並非駒岳！這座火山活動甚為劇烈。我昨晚從離火山三十英里之處，看見它噴發火焰。愛奴人說，這座山是「一位神」，但不知其名，住在山麓的日本人也不知火山名稱。在離這座火山有段距離的內陸，聳立著一座圓頂狀山脈，稱為後方羊蹄山（Shiribetsan），雄偉壯觀，氣勢萬千。

從紋別稍微往前，流淌著長流（Osaru）川，此乃蝦夷最大的河流之一。前日下雨過後，河水暴漲，渡船遭洪水沖走，我們不得不游泳渡河，看來這段泳程艱辛漫長。當然，我們與行李都浸濕了。河面寬闊，洪水翻騰，我們不是涉水而過，而是游泳渡河，但愛奴嚮導絲毫沒有警告我們，只是沉著冷靜地泳渡，令我感到非常有趣。

我們泳渡長流川之後，爬上了一處陡坡，登頂後看見一方極為美麗的湖泊，有數個林木茂盛的岬角、小巧的海灣與迷你的岩石海角，另有低矮的山丘，其上群聚黃褐色屋頂的愛奴人房舍。爾後，山道倏然往下延伸，沒有通向湖泊，反而通往有珠灣。有珠灣鄰近太平洋，分裂為諸多小海灣，入口極窄，唯有從幾處岬角方能明確看見入口。山道與海灣的交接處設置一個路標，內有一個有轉輪的「後生車」。岸邊矗立一尊巨大石柱，柱上刻著梵文（Sanskrit character），附近有一道石梯，巨大石垣中設有一扇門。此地景色荒涼，這些建物顯得格格不入。在一處樹木繁茂的小海灣，其岩石岬角上有一棟巨大房子，規劃零亂，隨處延伸，而且年久失修，裡頭住著一位日本人和他的兒子。他們離鄉背井駐紮在此，與五百位愛奴人混居，乃是為了維護官廳權益。

這棟建築有許多房間，昔日或許宏偉精緻，如今卻是鼠輩出沒。我挑選了一間面向庭院或花園的房間，庭院內有幾株扭曲的紫衫，但我發現大門與雨戶皆沒有門子，只要有人心懷不軌，便可入內盜取財物。屋主與兒子已經與愛奴人一起生活了十年，也會說愛奴語，他們說這裡未曾遭竊，而且愛奴人很正直，不會做壞事。假使屋主沒如此保證，我應該會懷疑那些在屋外流連的闊嘴愛奴少年，這些野蠻人無精打采，無所事事，要不然我也會對那些留著大鬍子的愛奴男人疑神疑鬼，因為他們老是杵在大門邊，抱著小孩，或坐或站。

有珠是兼具美麗與寧靜的夢土。沿岸漲潮與退潮的落差不大。若非岩石於海面上方一英尺左右之間披覆精緻褐藻而染成金色，絕對會將此海灣看成一片湖泊。我投宿之處有個精緻的海灣，樹木與藤蔓懸垂入水，倒映於海面，呈現綠色濃影，而海灣沾染金色與粉紅交錯的夕陽餘暉，兩相映襯，構成鮮明的對比。獨木舟的舷緣繫緊搖槳，停靠於遍佈金沙的小海灘上，另有一艘古老帆船，雕工繁複，繫泊於淺灣樹邊，船身映著船影，成雙成對，浮於水面。樹木茂密的山丘有幾戶愛奴人家，有珠岳火山的赤色峰頂於落日映照下更顯鮮紅，只見幾位愛奴人忙著修補漁網，另有一些人將可食用的海草（昆布）灑在地上曬乾。一艘獨木舟悄然劃過水面，揉碎猶如鏡面的金色海灣。有些愛奴人沿著海岸散步，眼神溫和，面容憂鬱，舉止安靜，與寧靜的夕陽景色搭配合宜。寺廟鐘聲傳來，悠揚悅耳，恍如隔世之音。景物雖僅如此，卻悅目迷人，乃是我在日本見過的最優美風景。

我的房間老鼠橫行，金箔拉門已經發黑且搖搖欲墜。我不聽伊藤勸阻，更不管他是否說我會錯過一頓絕佳的晚餐，依舊起身出門，於粉紅與檸檬色交映的晚霞中，享受最後一抹餘暉。我踏上石垣的石梯，一路向上抵達一條寬廣且路面良好的大道，然後沿著路走到一座巨大佛寺。寺門敞開，我端坐於門口，獨自待了一陣子，安享靜謐的氛圍。此地的愛奴人崇拜熊，替信佛的村民晚禱而響起的悅耳鐘聲早已停歇。自我離開函館之後，這座寺廟是我首度見到足以象徵日本宗教的建物。信徒早已散去，離開濃蔭遮蔽、苔蘚遍佈的庭院。這座寺廟莊嚴肅穆，弘揚偉大的印度信仰；歷世歷代的愛奴異教徒已相繼消亡，此處銅鐘依然鳴響不止，祭壇燈火依舊燃燒不息，佛陀尊前照常香火不斷。這座佛寺大鐘篆刻的文字，據說雷同於其他寺廟銅鐘的字句，傳揚二千四百年[3]的莊嚴法相：

諸行無常，
生者必滅，
寂滅為樂。

"All things are transient;
They being born must die,
And being born are dead;
And being dead are glad
To be at rest."

這座佛寺極為壯觀，寶座華蓋精美，尤以祭壇的青銅與黃銅法器為最。一道寬闊的陽光照射於鋪設疊蓆的地板，落於金色神殿的佛陀雕像；就在此時，一名已剃度的僧侶身穿褪色的綠絲綢錦緞袈裟，沐浴於這方斜陽之中，安靜踏步而來。他點燃祭壇蠟燭，馨香瀰漫聖殿，令人昏昏欲睡。這是一幅迷人的景象。僧侶顯然對我感到好奇，便草草結束敬拜，趨前問我來自何方，欲前往何處。我以流利的日語答覆，但兩人的對話便就此打住。

沿著鋪設石頭的大道行走，除了可見常有的聖水棺（手水舍），更看到路旁一側有精緻的浮雕千手觀音，另一側則是一尊佛像。佛陀端坐於永世綻放的蓮花座上，手持極像主教牧杖的鐵杖，寶相寧靜安詳，沉思如入禪定，此乃信徒追求的最高境界。我走過一片樹林，山坡上有些令人哀傷的墳墓，然後佛寺傳來悅耳的鐘聲與鼓聲，隨後是搖銅鈴與敲木魚的微弱聲響。僧侶應和著聲響，誦唸單調的異域文句（梵語經文）。這座佛寺極為輝煌卻不見信徒，散發無限哀愁。愛奴人眾多，卻比四處弘揚佛法的僧侶陷入更為迷信的信仰。我坐在海灣邊的一塊岩石上，直至最後一抹粉紅餘暉從有珠岳褪去，以及檸檬色殘霞從鏡面海洋消逝。山丘蓊鬱，一彎新月高掛，明亮皎潔，爾後逐漸下沉，群星閃耀於夜空：

萬星高掛天際，
萬星倒映海中，

波浪面露笑靨，
跳躍夜空之中，
擁抱閃耀明星，
星星顫動懷中。[4]

"Ten thousand stars were in the sky,
Ten thousand in the sea,
And every wave with dimpled face,
That leapt upon the air,
Had caught a star in its embrace,
And held it trembling there."

有珠灣孤寂荒涼，甚為絕妙：有一間住宅都是空蕩破敗的房間，卻只有兩人居住。此地有五百戶愛奴人住家，卻僅有那間是日本人住戶。然而，我卻在那間房子過夜，雨戶與大門卻都沒有閂子。由於溝槽磨損，雨戶在半夜突然倒塌，撞毀了拉門，拉門壓在我身上，結果吵醒伊藤。他睡眼惺忪，衝到我的房間探視，茫然以為嗜血的愛奴人在襲擊我。然後，我發現我很愚蠢，竟然不知道雨戶有個稱為「地震戶」（jishindo）的小門。無論遇到地震、雨戶卡在溝槽，或者門閂壞掉，這種小門可一次讓一人爬行逃出。我認為，全日本的房舍都有這種設施。

隔天清晨與前晚黃昏同等美麗，只是玫瑰色與金色的晨曦替代了金色與粉紅色交融的夕陽。我在太陽高掛之前拜訪了一些愛奴人家庭。酋長與其他的愛奴人一樣遵守一夫一妻制。某些長者應我的請求，在早餐後前來告訴我他們所知的一切。這些德高望重的老人盤腿坐在緣廊，宿屋的兒子熱心充當口譯，採日式蹲坐從旁幫忙。大約有三十名愛奴人（多數為女性）帶著嬰兒坐在後頭。我花了兩個小時，詢問我曾在平取提出的同樣問題，而且也瀏覽了收集的語彙，結果得到一些新詞，其中包括同義詞。這些愛奴人將字母 ch（チュ）之前的 ts（ツ）咂嘴音（click）[5] 發得非常清楚。

他們的風俗習慣與山區愛奴人有點不同，特別是人死後的服喪期限、酋長也得遵循的一夫多妻制，以及年度祭典的殺熊方式。他們的輪迴思想更為明確，而我認為此乃因為他們接觸了佛教。這些愛奴人指出，熊是他們的主神，其次為太陽和火，但是已不再崇拜狼。他們將火山與許多事物稱為「卡莫伊」（代表「神」），卻不崇拜這些東西。我非常確信，他們所謂的崇拜，乃是祭酒以及「向神敬酒」，但不會祈願、唸唸有詞或在心裡默禱。

這些愛奴人與西班牙南部的人一樣黑，而且體毛濃密。他們的表情真誠卻哀愁。當他們笑的時候（我唸不出愛奴詞語時，他們會發笑），表情甜美動人，這種笑容屬於歐洲，並非亞洲。他們認為，族群人數多年來逐漸減少，但如今卻開始增加。秋季正午迷人美麗，令人沉醉，我依依不捨告別了有珠，未曾有如此讓我著迷之地。

---

1 譯註：駐，停留；景同「影」，日光；戈，古代的一種兵器。意為揮舞長戈使太陽停止運行，比喻留住逝去的光陰。

2 譯註：英國軍人兼動物學家。

3 譯註：佛誕為西元前五六五年，作者於一八七八年遊歷日本。

4 譯註：語出十九世紀美國詩人阿米莉亞・韋爾比（Amelia B. Welby）的詩作〈海上暮色〉（Twilight At Sea）。

5 譯註：一種吸氣音，此乃作者的標音，她自認為這種標音最正確。然而，根據音韻符號，這應該是塞擦音。

第四十封信（續）

海岸——毛茸茸的愛奴人——馬匹相鬥——蝦夷馬——險惡山脈——輕微事故——壯麗風景——四處漂白的投宿之地——發霉的房間——愛奴人的「良好教養」

我在下個驛舍雇用馬匹時，因為要橫越前方的險惡山脈，每一里要多收三錢。後續漫長的山道是我遇過最糟的路段。倘若對方收取雙倍的價格，我也不該抱怨。山路險惡卻必然美麗，我在沿途欣賞了最為迷人的風光。經過一段距離之後，道路靜靜沿著海岸延伸，蔚藍大海，巨浪拍岸，激起千堆浪花，聲響隆隆不絕。

我們經過幾處愛奴人部落，有一處名為虻田（Abuta），雖只有六戶人家，卻顯得頗為繁榮，作物受到悉心照料，居民還飼養一些馬匹。在幾間房子的周圍，熊的頭骨齜牙裂嘴，高掛於叉型木桿頂端，籠子裡關著一頭成熊，等待被祭殺與奉為神明。在所有的房舍裡，幾乎都有一名女人在編織樹皮布，勾住織布的勾子釘在屋外數英尺的地上。靠近海岸的山脈流瀉一條河，名為「貫氣別」（Nukibetsu）。我們被一名愛奴人揹著渡過這條深河。他全身毛茸茸，肩膀毛髮捲曲，猶如尋回犬[1]，這片濃密體毛便是不用針線織就的衣服，既可遮蓋身體，又可禦寒保暖。他蓄留黑色鬍鬚，捲曲如波浪，披覆於毛茸茸的胸膛，延伸至腰際，而他的縷縷黑髮則散落於肩膀。這位愛奴人若非笑容甜美、眼神柔和，你會誤以為他是個不折不扣的野蠻人。噴火灣的愛奴人比山間愛奴人披覆更多體毛。然而，我也常看見體毛與強壯歐洲人同等濃密的愛奴男性。我認為，愛奴人與皮膚光滑的日本人相比，毛髮確實濃密，但要指稱此乃這個種族的特徵，未免過於誇大。

我們的四匹馬彼此相鬥，平底渡船差點因此翻覆。起初是有一匹馬咬了另一匹馬的肩膀，被咬的馬發出短而尖銳的叫聲，然後回咬對方的前腿。然後，馬匹互踢互咬，場面混亂不堪，最後眾馬咬得彼此傷痕累累，狼狽不堪。每天在畜欄都會出現這種打鬥場面。在蝦夷旅行最大的缺點，便是騎著此地悲慘可憐的馬匹。這些馬遭受虐待，不僅被趨馳狂奔，而且揹負重物時，卻直接披掛粗製荷鞍，並未繫於腹帶，貨物便會在背上滑滾，讓牠們傷痕累累，騎者甚至會拿粗板狂打牠們的眼睛與耳朵。

打從我們來到蝦夷，伊藤便一直粗暴對待這些溫和珍貴的馬兒。與其他事情相較，這種行徑更讓我惱火。他在日本本土時，不是懼怕馬兒，便是顧慮馬主，壓根都不敢拿鞭子。然而，伊藤今天狠狠鞭打了馱馬，我回頭阻止並訓斥他：「你這個惡霸，而且跟所有惡霸一樣，還是個懦夫。」當我們首度停下歇腳時，伊藤跟往常一樣拿出筆記，悄悄問我 bully（惡霸）與 coward（懦夫）的意思，你能想像我當時有多氣憤嗎？我無法向他解釋，便說 bully 是我咒罵他最狠毒的字眼，而 coward 是最卑鄙的男人。伊藤被激怒了，說道：「bully 比 devil（惡魔）更糟嗎？」我回答：「沒錯，這個字更糟。」他聽了之後，面容沮喪，此後便不再鞭打馬匹（至少不敢在我眼前放肆）。

此地調教馬匹之道猶如我在白老所見，依然是在一到兩個小時之內殘酷虐待馬匹，使其精神崩潰，馬匹最後會癱倒於地，口吐白沫，全身流滿血液，嘴巴與鼻子直流鮮血。馬匹受到這樣虐待，也會以各種伎倆反擊，好比渡過淺水灘時躺下讓騎者浸濕，前衝時低下頭讓人飛衝出去，翻滾身體壓在行李或騎者身上，翹起後蹄跳躍或弓背四蹄起跳，以及只跟隨一路縱隊走，不聽人使喚改走其他方向。此處不讓馬銜嚼子，而是用繩索繞過馬鼻與下巴，將兩塊木板繫在馬嘴兩側。驅馳咬著這種「銜」且已被調教的馬匹時，馬兒會將頭抬起，直到鼻子與耳朵等高。若想引導或駕馭牠們，根本是徒勞無功。

馬匹若看見山丘或海岸有成群的馬，總會想要加入馬群。唯有需要之際，馬匹才會被人從山丘驅趕下來。在每一個愛奴人村莊，每天清晨會率先聽到四十到五十匹馬馳騁而過，原來是一名愛奴人從山上驅趕牠們。一匹馬至少值二十八先令。馬匹的腳不疼痛時，行走時步履踏實穩健，只要拿一片軟木板輕拍牠們一下，馬兒便會毫無畏懼地渡過溪流或深淵，或沿著河流或峽谷上方的狹窄山脊行走。日本本土的馬匹備受禮遇，非得不停替牠們穿上或卸下草鞋，但此地馬匹蹄子堅硬，不必穿草鞋，很高興能免去換鞋的麻煩。一名男子騎馬率領我的馬隊。這名馬伕加上三匹馬，每走二點五英里只收取六便士。我現在要伊藤騎在我的前面，免得他鞭打或虐待坐騎。

先前渡過貫氣別川之際，我偏離了主題，講述一大段馬匹打群架之事。渡過這條河川之後，我們便踏入險惡山脈，穿越禮文華三處險峻山頂。雖說這條荒涼馬道並非無法通行，但人們說此處險惡難行，確實沒有誇大其辭。翻越第一處山頂時，一匹馬崩潰腿軟，愛奴嚮導不得不回頭換另一匹馬，讓我們耽擱了好一陣子。這些險峰應該不超過一千五百英尺，但是穿越濃密森林的馬道卻起伏突兀，時而突然陡升，時而倏忽陡降，其後道路攀升，偶現一連串遭水沖刷的「之字」路徑，偶現猶如梯子步道的垂直陡坡，其下橫亙深壑，佈滿大小石塊，甚至可見突出岩石，枝枒纏繞、藤蔓張結於上。馬匹在一英尺寬的石縫間跌撞摸索前行，或者笨拙跳上幾乎與馬胸齊高的碎岩台階時，我們都得彎腰伏在馬頭上。沿路走來，跌跌撞撞，踉踉蹌蹌，每小時只能走一英里。

愛奴嚮導的馬匹走在我的前面。這匹馬在某個險惡之地，試著跳躍幾乎與胸等高且將要崩塌的岩石，不料卻向後跌倒，幾乎撞翻我的馬匹。牠的行李包含擔架床的支柱，支柱猛力擊中我的腳踝，令我疼痛不已，我甚至以為骨頭已經破裂。我的腳踝嚴重割傷且挫傷，血流如注，而且我還被撞下馬鞍。伊藤的馬也摔倒三次，最終四匹馬用繩索綁在一起前行。遊歷蝦夷時，此種驚險場面變成了樂趣之一。

啊，此處風光無限！景色最為壯觀，無疑是人間天堂。岬角草木蓬勃，海灣小巧深邃，綠色巨浪翻騰，灰色懸崖宏偉壯觀，險峻陡直，連最堅韌的藤蔓也難以攀附其上，陸岸粗獷，離岸岩塊聳立杉木，偶見蔚藍海洋，於豔陽輝映下波浪起伏，或在蕨類與蔓生植物之間捲起雪白泡沫。內陸山脈離離蔚蔚，鬱鬱蔥蔥，間雜深邃峽谷，枝葉扶疏，狼熊與鹿築穴棲息，萬難靠近。遠處群山矗立，灰岩山峰在目，尖頂彎曲有致，幾近六尺之高。杉林根深葉茂，投下深邃陰影，一抹抹赤紅楓葉，一片片深紅藤蔓，點亮幽暗叢林。內陸景色一望無際。層巒疊翠，綿延不斷，陰暗狹谷，無限延伸。

此處林木斧斤未至，因而草木茂盛，扶疏彌蔓，枝椏纏繞，不輸原始熱帶林木。巨木參天，幹圍粗壯，而銀杏尤美，生長小片扇葉且纏繞蔓草，從短矮深色葉子的濃密竹叢挺拔而出。竹子雖然矮小，也有七英尺高。四下闃寂陰沉，野獸不時出沒，蝴蝶與蜻蜓，色彩斑斕，四處起舞飛翔。日光普照卻不悶熱，樹葉與溪流閃閃發光。日本本島的蔥綠林木，時常濃綠得令人窒息，但此處的蓊鬱樹林卻毫無壓迫感，因為太平洋遠在下方匍匐，波光粼粼，光燦閃耀，我們偶爾也會瞥見小海灣，陡峭岬角與周邊岩石遍生杉木，而驚濤猛浪拍岸，響聲深沉震耳，敲碎了這片樂土的寧靜。

有處斜坡甚陡，我必須下馬步行，但發現坡度太陡，連步行都甚感吃力。路面深凹，過於狹窄，我無法走在馬旁，只能從後頭趴在馬身上，身體介於馬尾與馬鞍之間，然後這般艱難下坡，你便可知道這坡有多麼陡了！

我們沿著山道下行到一處岬角的突出處，當時太陽早已西沉，露水漸重。山道變成水道，陡而難行，我必須雙手並用，方能往下涉水。最終，我們抵達一處極為美麗的寂靜小海灣，左右圍攏著似乎不可通行的岬角，岬角又通往一處林木茂密、也同樣似乎不可通行的峽谷，順沿著蔥鬱山林延伸而去。海岸有狹窄的灰色海灘，其上躺著一具巨鯨白骨，受陽光曝曬而逐漸變白。有兩到三艘獨木舟，搖槳被粗壯纖維繩綁在舷緣，另有一根漂白的漂流木躺在沙灘，更有一間孤獨破舊的灰色房子向周圍延伸，房子如同其他物件，也被陽光曬得變白。三位日本人與一位愛奴僕人住在那裡，乃是為了維護「官廳權益」（不知為何物），以及替政府官員管理房間與飼養馬匹。對我這位如此晚到的旅者而言，這真是一大福音。除了兩名官員和一名警察，今年只有一人穿越了禮文華。

海面仍然殘留夕陽餘暉，新月尖端已現身於蔥鬱岬角之上。然而，寂寞與孤獨感迎面逼迫而來，倘若拘禁於此，任誰都會失心發狂，而浪濤隆隆，聲響不絕，非得大聲喊叫，旁人才能聽聞。在離大海半英里的樹木中，有一處有三十戶人家的愛奴村莊。在朦朧夜色中，一些野蠻人悄無聲息地走在海灘上，原本恐怖闃寂的氛圍益發深沉駭人。我抵達時，行李已經從馬匹身上卸下，幾位禮貌周到的愛奴人引領我到房間。房間有厚重的門，而且迎向一處小庭院。房間甚少使用，因此發霉且爬滿蜘蛛。我點燃一盤插著燈芯的魚油，照亮了黑暗房間。我從燈火中瞧見緣廊坐了一排愛奴人，面容暗沉憂鬱。當我向他們道晚安之後，這些人便優雅向我致意，然後悄然退去。我不期待晚餐有多豐盛，但他們卻替我送上米飯、馬鈴薯，以及用同等分鹽水與糖漿熬煮的黑豆。清晨天寒地凍，昨天的割傷且挫傷的部位疼痛異常，我不得不滯留此地。

I. L. B.

1 譯註：銜回獵物的獵犬。黃金獵犬便是golden retriever。

第四十一封信

一群愛奴父親——禮文華愛奴人——銀杏——一戶愛奴家庭——「遺環」——長萬部——失序的馬匹——遊樂部川——海岸——愛奴人的獨木舟——最後一個早晨——躲避歐洲人

函館
九月十二日

禮文華與世隔離，孤絕自處，因而魅力十足。宿屋主人極為親切，非常喜歡當地的愛奴人。倘若其他日本官員處理愛奴人關切之事時，都像有珠與禮文華的官員一樣，對待愛奴人親如手足，便不會發生令人遺憾之事了。擔任官員的屋主盛讚愛奴人誠實善良，詢問在我離開之前，可否讓他們來拜訪我。因此，二十位愛奴男人（多數帶著可愛的孩童）便騎馬來訪。他們未曾看過洋人，但無論是出於冷漠或禮貌，並未跟日本人一樣老盯著我，或者欺身靠近我，同時也會向我致意。他們喜歡我的熊皮馬鞍，也很中意我那雙未染黑的皮靴，認為我的靴子類似於他們冬季狩獵時穿的鹿皮靴。這些愛奴人的嗓音是我至今聽過最低沉悅耳的聲音，但他們全身毛髮濃密且體格壯碩，用這種嗓音說話，顯得格格不入。他們特別寵愛小孩，會溫柔撫摸他們，高舉孩童引人注意。宿屋主人告訴愛奴人，我非常喜歡他們有著棕色皮膚、黑色眼睛且討人喜歡的孩童。這些人聽了以後，臉上洋溢笑容，再三向我致意。他們跟其他愛奴人一樣，不高興時會尖叫，聲音短促刺耳，此時便能體會他們的野蠻性情。

這些禮文華的愛奴人迥異於東部部落的愛奴人。我發現他們許多單詞的開頭明顯都會有ts（ツ）的聲音（或咂嘴音）。他們與貝都因人（Bedaween）一樣皮膚黝黑，額頭比較低，眼神更為深邃，身材更為矮小，頭髮更為茂密，表情更為傷感憂鬱。有兩名愛奴人忙著打造一艘獨木舟，因此赤身露體，全身覆蓋短的黑毛，肩膀與背部的毛特別濃密。他們的體毛完全遮蓋了皮膚，看不出來一絲不掛。我發現他們的胸膛特別寬闊，四肢肌肉也極為發達。這些愛奴人都把眉毛上方兩英寸的頭髮剃掉，只留一英寸的長度。有個黃皮膚的日本人混在穿著得體的愛奴人群之中。他臉上無毛、皮膚光滑、胸部凹陷、手腳細長，除了身穿裝飾的樹皮圍裙，沒穿任何衣服，而愛奴人穿上外衣與綁腿之後，會穿這種圍裙。我在這些溫柔友善的野蠻人陪伴下參觀了他們的住所。那些房舍窄小破敗，無論哪一點，都遜於山區愛奴人的住宅。當地女人短小粗壯，容貌醜陋無比。

我從這個村莊出發之後，踏上號稱路途最險惡的一段艱辛旅程，共有十七英里，其中前十英里要跨越山脈。沿途孤寂荒涼，我們走了四天，全然不見人煙。禮文華的山谷林木茂密，不時可見需涉水而過的溪流以及危險的路段。我還瞧見一棵巨大銀杏，樹高三英尺，分岔出八條粗壯枝幹，直徑至少都在二英尺五英寸以上。銀杏生長迅速，極適應英國氣候，但為何尚未大量引進我國，栽植於倫敦的皇家植物園（Kew Gardens）[2]，讓民眾可以欣賞這種植物。另有一種樹木，樹身高大，長著成雙成對的球狀樹葉。

從這個山谷延伸出一條破舊多石的馬道，一路向上直達禮文華峠（Lebungetoge）西側。這條道路穿越濃密的樹林與叢生蔓草，攀升至海拔約二千英尺之處，然後趨於平緩，只有輕微起伏，接著順沿面海山脈的狹窄山脊延伸，有濃密的高聳竹林夾道。在整段旅途中，無論橫越山脈狹谷，亦或攀爬崎嶇山峰和岩石突兀的溪谷，總是會看到這類竹林。當天景色與前一天一樣壯闊美麗，但絕對要聘請嚮導，因為到了某處，路面突然消失，馬匹不得不沿著清澈的湍流而行。河水滾滾，向下急流，只見茂密竹林夾岸，河床滿佈深穴，樹木斜躺橫臥河中，令渡川艱難無比。伊藤騎的馬匹跟不上其他的馬，脫隊而不見蹤影，或許他是迷了路，因此我們擔誤了兩個小時。在那兩天的旅程中，我欣賞了生平所見最宏偉的森林。

道路再度出現之後勉強可以通行，然後向下延伸至一處峭壁，最終抵達海岸附近。海水位於遠方，道路在一片平坦沙地上延伸了六英里。海岸附近生長一片短矮的竹林，高約五英寸，而在內陸地帶則有紅玫瑰和藍色風鈴草。

峭壁底端有一間破敗的日式住宅，住著一戶愛奴人家庭，專門替跨越山頂而來的旅客提供住宿或休憩服務。我打開裝便當的紅色漆盒（bento bako，弁当箱），發現裡面裝著一些冷掉的黏稠馬鈴薯。嚮導去尋找伊藤，我便配著茶吃了一些馬鈴薯，然後疲憊等待他。這棟房子與住戶頗值得研究。天花板已不見蹤影，各種無法使用的物品懸掛於燻黑的屋椽。所有東西都破爛腐朽，屋內髒到令人退避三舍。一名愛奴女人正在剝開樹皮纖維，樣貌醜陋至極，簡直不像個人。有幾個日式圍爐裏（地爐），一位相貌堂堂的老人坐在其中一個圍爐裏前面，面無表情，看著煮沸的鍋子。他年歲已高，端坐於廢墟之中，象徵愛奴族的命運：活著，卻沒有歷史；死了，不遺留事蹟。另一個圍爐裏旁邊坐著（應該說蹲伏著）一隻「遺環」（Missing Link）[3]。我初見這隻動物時大為震驚。可以說牠是一個男人嗎？或者說牠是那個醜女人的「配偶」？不過，我實在無法把牠寫成是她的「丈夫」。牠大約五十歲，額頭以上三英寸之處的毛髮全都剃光，高聳的額頭顯得更高了。牠的頭髮下垂，但並非蓬鬆亂髮，而是頭髮縷縷如同曲蛇，與白色纏結的鬍鬚交纏。牠有深黑的眼睛，但眼神空洞，而且面容憂鬱，對人事無動於衷，你偶爾會從囚禁的野獸看到這種表情。牠的手腳過長，顯得極不自然。這隻動物坐著，膝蓋蜷縮於腋下。除了身體兩側各有小塊區域之外，四肢與身體皆披覆細長黑毛，長度超過一英寸，肩膀體毛略微捲曲。牠會煮水替我泡茶，但沒有顯露其他方面的智商。伊藤抵達時，看到這隻動物便面露輕蔑，大叫：「愛奴人只是狗；他們的祖先是隻狗。」他暗指愛奴人「先祖為犬」的自身傳聞。

下山之後，一路平坦，令人愉快。我們騎著馬慢跑，悠悠哉哉便抵達了長萬部（Oshamambe）。我們可在此踏上從「森」通往札幌的古道。我飽受脊椎疼痛，便決定在此休憩一日。即使陽光普照，長萬部也顯得陰沉淒涼，因為許多人無所事事，到處閒晃，而且酗酒過度，眼神空洞茫然。由於烈陽酷熱難耐，我很高興能躲進一間擁擠的破舊宿屋。那裡沒有黑豆，人們也不知道可以吃雞蛋。我的房間只以拉門隔開。隨時都有人用手指刺破拉門，從洞口窺探。一整日下來，我沒被人打探的時間總共不到五分鐘。入夜之後，一扇拉門倒榻，只見六個日本人睡成一排，個個都枕著木枕。

翻山越嶺之後，沿途景緻不再壯麗；我花了兩天從長萬部前往「森」，一路上陽光豔麗，風景也美麗怡人。我們起初走得非常緩慢，因為除了我們的四匹馬，另有四匹要返家的備用馬隨行。這些馬會彼此打架，讓繩索交纏，牠們偶爾也會躺下並翻滾。此外，有三隻幼馬跟在母馬身後。倘若幼馬落在母馬身後，母馬會停下腳步嘶鳴；假使幼馬在前面嬉鬧，母馬又想去照顧牠們。每當我們遇到另一群馬時，整列馬匹都想甩掉我們加入對方的馬群。這段旅途乏味無趣，我忍耐一陣子之後，便讓伊藤與我的馬搭乘一條平底船，順沿一條頗為寬廣的河川航行。其餘馬匹殿後，任憑牠們去胡鬧。

我們抵達了遊樂部（Yurappu）[4]。這個愛奴人村落有三十戶人家，他們是我們最後能見到的愛奴人了，旅程的趣味已經結束。我們看見高水位線（high-water mark）有一片硬地沙灘、成排的紅玫瑰、蔥鬱的連綿山脈，以及各種深淺不一的河流，還路經一些村落，看見灰色的老房子位於灰色沙灘與被曬白的漂流木之間。我們最後抵達遊樂部川（Yurappu River），這條河川既廣且深，可以搭乘獨木舟，順流而下十四英里。傍晚晴空萬里，風景著實美麗。綿長的蔚藍浪濤滾滾而來，波浪拱起之際，浪頭閃耀光芒，爾後才拍岸浪破，捲起千堆雪，浪花綿延海岸數英里，響聲隆隆，不絕於耳。內陸景色亮麗，有六座連綿蒼岳，山勢破裂，有深淵，有凹穴，亦有暗沉叢林，其上為光禿的灰色頂峰，昂揚矗立，高聳於奇異純淨的綠色天際。我打算搭乘一艘船，上溯遊樂部川，前往眾峽谷尋幽攬勝，可惜體力不濟，無法完成心願。

自此以後，我辭去了嗓音低沉悅耳的沉默愛奴嚮導，改聘喋喋不休且聒噪吵雜的日本人帶路。我抵達一個海邊小村落，名為山越內（Yamakushinoi），投宿於一間美麗清靜的宿屋。宿屋地點優美，後方聳立樹木茂密的懸崖，新月高掛於澄澈夜空；此外，我體驗了更實質的樂趣，亦即品嚐魚、蛋與黑豆的晚餐。我在噴火灣待了一週，享受豐盛美食，既不必挨餓，也無須住在破爛宿屋，那鐵定是我遊歷日本北部旅行最舒適的時光。

我在天氣晴朗的日子騎馬前往「森」。不幸的是，我在每個驛舍都僱不到好馬匹，而且日本導遊脾氣暴躁，但很少見到這種情況。落部（Otoshibe）與其他有灰色房屋的小村莊沿著海岸分佈，散發陳年鹹魚的腥臭，而時值魚季，理應忙得不可開交，但眼下這些村落卻顯得荒蕪破敗。海岸處處可見房子，四周種滿蔬菜和鮮花。開拓使官廳從七飯（Nanai）農事試驗場提供種子，讓村民栽植這些作物與花卉。在前往「森」的旅途中，有一大段距離雖沒有道路，卻有許多值得遊歷之境。旅行者只能沿著柔軟海灘或靠海的礫石區跋涉前行，偶爾也得涉海而行，從硬化黏土或黃色礫岩的懸崖底下通過，也得渡過許多小溪流，其中幾條溪流深切鑿穿一層黑色火山岩砂。我在蝦夷沿岸已經渡過大約一百條河川，較大的河川皆有一項醒目的特徵，亦即臨近海洋時會轉向南方，然後與海洋平行，流經一小段距離之後便會遭遇構成海灘的沙地或鵝卵石。這些河川一旦受阻，就會突破岸邊，找到出口、流入海洋。

我在途中看見兩名愛奴人，乘著獨木舟破浪而行。他們划了將近一百英里，總算登陸岸邊。航行於河川的獨木舟是由一根圓木挖鑿而成，若兩人通力合作，花五天可鑿出一艘船。然而，我檢視了這條二十五英尺長的獨木舟，發現它分成兩半，舟身全長用極為強韌的樹皮纖維捆緊，極高的船緣也用繩索繫緊。愛奴人認為，兩部分組合的獨木舟比較堅固，可以乘風破浪前行。他們的樹皮纖維繩索很美，樹皮纖維會被揉成各種尺寸的繩索，從麻繩到九英寸的（船用）纜索皆有。

蔚藍海洋雖然美麗，但我業已飽覽海洋景緻。馬匹若非行走於浪花之中，便得在懸崖與大海之間過隙。陣陣大浪拍打我的腳，海水更是濺到我的臉頰。浪濤不斷，響聲震耳，不停拍打海岸且隆隆怒吼。浪潮退去時拉扯鵝卵石，喀喀作響，亦同樣喧鬧，如此無禮吵雜，只顧展現力量，魯莽、無禮、任性、不體貼！這種力道誇示盲目無用，這種力量浪費無窮無盡，這兩種自我主張喧鬧無比，全都俗不可耐！

我們在傍晚時渡過了最後一條無橋的河流，總算抵達了「森」。我在三週前離開此地，很高興能在沒有失望、遭逢災難或身體極為不適的情況下達成了目標。倘若我先前沒答應要讓伊藤在講定的日子回到主人身邊，我還想在蝦夷原野多待六週，因為當地氣候良好，風景優美，而且有很多新奇事物。

我在另一個天氣晴朗的日子，騎著馬從「森」前往峠下（Togenoshita），當晚便投宿於那。我那兩天騎的馬非常棒，但伊藤騎的那匹馬在蹣跚奔跑時，為了擺脫蒼蠅，曾經三度倒地打滾。我先前來此區時，天空陰鬱灰暗，無法看清「森」與蓴菜沼（Ginsainoma）之間的森林，但眼下陽光普照，光影豐富，紅葉亮麗動人，鮮紅蔓草遍佈。山谷楓葉熠熠而燃，色彩繽紛，悅我眼目。若從山頂或湖岸眺望，裸露的火山口宏偉壯闊，盛景迷人，更有熔岩床或浮石區，火山山麓森林之間也交雜大沼（Onuma）、小沼（Konuma）與蓴菜沼的湖泊。站在另一處山丘頂，可俯瞰多風的函館，飽覽其美麗市容以及形如直布羅陀的岬角。這座山丘的斜坡遍生烏頭屬植物，愛奴人會用它來製作箭毒[5]。

峠下的宿屋非常舒適。昨天早晨，伊藤叫醒我時說道：「這是最後一個早晨了，你會依依不捨嗎？我覺得我會。」我認為自己和伊藤有個共通點，因為蝦夷之旅即將結束，我感到不捨，而這個小男孩也比以前更有用且更寶貴，要與他分手，我也感到難過。

我們看見函館就在前方十二英里，但路途卻令人感到非常疲憊。函館近在眼前，過了海灣便可抵達，但它卻遙不可及，得穿越一段漫長平坦的多石地帶。這段路連結函館的岬角與本土，大約三英里的路面鋪滿碎石。沒穿草鞋的馱馬赤腳踏上這種碎石路時，立刻腿軟跛腳，只能蹣跚而行。馬匹時而踟躕不前，時而跌跌撞撞、拖拖拉拉，更會緩慢往側邊挪動，甚至在沒有碎石之處試圖奔跑。

當我們抵達無止盡的大道時，我派伊藤將我的信送到領事館。我下了馬，當時正下著雨，我心想可別碰上洋人，但事與願違，我先看見丹寧先生，又看到領事與赫本博士沿路走來。他們盛裝打扮，乾淨整齊，顯然要前往旗艦用餐，我躲進小巷子，免得撞見他們；然而，他們看到了我，心知肚明我為何要躲避，因為我戴著老舊的隨行馬伕帽子，身披綠色的破爛油紙雨衣，我的騎馬裙與馬靴不僅濺滿泥巴，泥巴還結成硬塊。我整個人看起來，如同「剛從蠻荒之地前來的人」。

I. L. B.

蝦夷旅程表

從函館啟程	戶數	日本人	愛奴人	里	町
蓴菜沼		四		七	一八
森		一〇五		四	
室蘭		五七		一一	
幌別		一八	四七	五	一
白老		一一	五一	六	三二
苫小牧		三八		五	二一
湧別		七	三	三	五
佐瑠太		六三		七	五
平取			五三	五	
門別		二七		五	一
舊室蘭		九	三〇	四	二八
有珠		三	九九	六	二
禮文華		一	二七	五	二二
長萬部		五六	三八	六	三四
山越內		四〇		四	一八

落部		四〇		二	三
森		一〇五		三	二九
峠下		五五		六	七
函館		三七〇〇人〇		三	二九

大約三五八英里

1 譯註：於沙漠曠野過游牧生活的阿拉伯人，英文拼法為 Bedouin。

2 譯註：又稱邱園，原是英國皇家園林，收集約五萬種植物。

3 譯註：化石紀錄中的「失落環節」，推想中從類人猿發展到人類之間的過渡動物。

4 譯註：原文標註為 Yurapu，但查無此地名，應為 Yurappu。長萬部南方的八雲町有條河川，名為遊樂部川。

5 譯註：《本草綱目》記載，烏頭「辛、溫、有大毒」。

第四十二封信

最後的愉快印象——日式帆船——告別伊藤——感謝信

蝦夷，函館

一八七八年九月十四日

今日是我在蝦夷的最後一天。陽光照耀著這灰濛多風的都市，將粉色的駒岳山巔染成深紅，讓我對此地的最後印象鮮明了起來，猶如我的第一印象那般令人愉悅。深藍色的海灣，帶有點點紫色陰影，約有六十艘帆船定錨於其上。另有外國船隻，但蒼白帆船靜靜漂浮著，亦或揚著巨大白帆駛進海港，如同我首次在江戶灣見到時那樣令我著迷。日式帆船古色古香、美麗如畫，與其和洶湧大海搏鬥，不如入畫平添詩意。

海灣內的多數帆船大約可載重一百二十噸，長一百英尺，船尾的船幅為二十五英尺。船首很長，向上曲翹極高，形似古羅馬的槳帆船（galley）[1]，前端像個鳥喙，固定於桅杆的前支索。這個前端有兩個大型圓球飾物。桅杆是一根沉重的圓材，高五十英尺，用松木釘住、黏貼或箍緊而成。船中央懸掛沉重的帆桁（yard）。船帆由長方形的強韌白棉布製成，有美觀的「皺褶」，棉布並非縫紉在一起，而是以帶子垂直繫緊，兩片帆布之間遺留六英寸寬的飾帶。遭遇強風時不會收帆，而是解開一片帆布的繫帶，藉此垂直（而非水平）縮小風帆。通常會有兩顆藍色天球裝飾船帆。桅杆位於船尾，若要搶風行駛（tack）或改變船的路線，只需翻轉風帆即可。順風時，長長的船首與尖頂便可當作前帆。高聳堆疊的方形船尾有古色古香的雕飾，兩側亦有細工格構，極為美麗。船舵（rudder）巨大且突出，配有長長的舵柄（tiller）。錨為四爪鉤，較大帆船的船首有六到八個錨，讓人感覺此地沿岸似乎沒有良好的停泊處。這些船極像中國的「小腳」（纏足）女人鞋，看似極難操控。帆船由未塗漆的木頭打造，外觀顯得冷漠蒼白。[2]

我今天終於揮別了伊藤，感到非常不捨。他忠心服侍我，而且無論任何主題，我從他獲得的資訊遠多於我從其他洋人打探到的訊息。伊藤一如往常，堅持要替我收拾行李，把我的所有物品整理妥當，我已經開始想念他了。伊藤的聰慧確實令人驚訝。如今，他將回歸優秀且有男子氣概的主人，那位主人會協助他走正道並替他樹立榜樣。我想到這點，便頗感欣慰。伊藤離開前替我寫了一封給室蘭鎮長，感謝他曾提供人力車並熱情款待我。

I. L. B.

1 譯註：以人力划船來作為主要動力，通常也用桅杆和帆作為次要動力。槳帆船通常使用在戰爭與貿易中，在早期的地中海海戰中有著重要的地位，古代的腓尼基、希臘、迦太基、羅馬的戰爭中也都有使用槳帆船的紀錄。

2 原註：日式帆船是每二十五噸課稅四先令，外國式帆船是每一百噸收兩英磅，輪船則是每一百噸收三英磅。

第四十三封信

愉快的前景——悲慘的失望——遭遇颱風——濃霧——危言聳聽的謠言——東京的熱情歡迎——叛亂者遭處決

江戶，英國公使館
九月二十一日

大海歷經騷亂，已偃旗息鼓，終於平靜下來。氣壓計讀數高且穩定，顯示安然航行五十小時之後便可抵達橫濱。在十四號晚上，赫本博士與夫人連同我，伴著月光離開函館。我們是兵庫丸號（Hiogo Maru）唯一的乘客，穆爾船長（Captain Moore）和藹可親，指出未來航程將迅速且愉快。我們午夜啟航，認為接下來可以愉快交流且從事有趣之事。

然而，我從未經歷如此悲慘的航程。一直要到十七日下午，我們才能從船艙爬出來彼此交談。船破浪前行的次日，天氣悶熱，令人窒息，氣溫飆至華氏八十五度（攝氏二十九點五度左右）。我們在北緯三十八度零分、東經一百四十一度三十分之處遇上「颱風」（typhoon），亦即「旋風」或「旋轉的颶風」。這場風暴持續了二十五小時，幾乎要翻覆船上貨物。我們預定的航線會進入暴風圈，穆爾船長讓我看一張非常有趣的圖表，顯示他要如何避免闖進颱風氣旋，盡量讓我們遠離風暴。颱風過後，濃霧瀰漫，原本五十小時的航程變成七十二小時，我們在十七日將近半夜才抵達橫濱。上岸之後，發現災情嚴重，低窪區遭洪水淹沒，橫濱與首都之間的鐵路交通中斷，稻作損失慘重，四處謠傳危言聳聽的耳語。我五月抵達日本時，紙幣幣值尚稱穩定，但如今竟然貶了百分之十三！在今年年初（一八八〇年），紙幣甚至貶了百分之四十二。

鐵路於傍晚再度開通，英國代理領事威爾金森先生與我共同前來此地，我很高興受到熱情款待，能夠安頓下來休憩一段時間。下午陽光明媚，東京景色亮麗。長列的大名宅邸極為美麗，城堡的護城河滿佈巨大蓮葉，幾乎遮掩了河面，護城河上方草堤青蔥翠綠，堤頂松樹參天，矗立於蔚藍晴空。公使館所在的山丘乾燥爽朗，而最棒的是，公使館的人熱情歡迎我，讓我在這異鄉得以體會家的溫馨。

東京非常平靜。唯一騷動人心的，乃是擔心稻作損害與紙幣的貶值。軍事叛變者已受到審判，傳聞他們受到嚴刑拷問，五十二人遭到槍決。

今年夏天是近年來最糟糕的季節。今日依舊陰暗悶熱，霪雨連綿。人們待在夏季住房（summer quarter）[3]飽受雨淋。他們辯稱：「天氣很快便會好轉。」然而，這句話已重覆說了三個月。

I. L. B.

1 譯註：在高氣壓區，冷空氣下沉，水蒸氣便受熱蒸發，因此天氣晴朗。

2 譯註：指竹橋騷動。當年八月二十三日，駐紮於竹橋附近的近衛軍部隊發動武裝叛亂。十月判決，四十九人被判處死刑。

3 譯註：適合夏天居住的房舍。

第四十四封信

天氣晴朗——日本的火葬——東京府知事——尷尬的問題——不起眼的火葬場——便宜的殯葬費用——簡單的火葬——日本的最後身影

江戶，英國公使館

十二月十八日

我在此度過了最後十天，天氣晴朗穩定。倘若氣候如同往年，兩個月前便應該是這種天氣。我去短途旅行、購物、出席小型宴會，以及四處訪友道別，甚至與張伯倫先生一起參訪池上（Ikegami）著名的寺院[1]與樹林，並於客房接受住持與僧侶的招待。我們還前往江之島（Enoshima）與鎌倉（Kamakura）。這些是旅遊勝地，但只要富士山高聳其上，便能顯得不「庸俗」。

我只想提及一處「名勝」（名所）。該處遠離塵囂，經多方詢問後，方才打探到地點。佛教徒（特別是淨土真宗〔Monto sect，日語：門徒宗〕）盛行火葬，但五年前遭到禁止。有人認為，此舉是受到歐洲人的偏見所影響。然而，禁令於三年前撤銷，在這麼短的時間內，火葬人數每年大約達到九千人。巴夏禮爵士替我申請許可，讓我參觀五個火葬場的其中一個，亦即桐谷火葬場（Kirigaya，桐ヶ谷斎場），不料耽擱數次，最終在森有禮先生的要求下，東京府知事（Governor of Tokiyo）[2]總算批准。因此，我昨日在公使館的口譯陪同下，前往東京府（Tokiyo Fu）的宏偉府廳，不料卻能覲見知事。楠本先生（Mr.Kusamoto）[3]是知書達禮的紳士，從他的面容便可知他精力旺盛且手腕高明，其政績便足以佐證。他穿著合身的洋服，舉止輕鬆自如，儀態卻不失莊重。他一直詢問我的北國之旅與探詢愛奴人之事，希望我能坦率提出建言。然而，身處東方時，絕不能按照字義去揣度這種場面話，我只敢冒昧表達道路比其他方面的建設較為落後。知事聽聞之後，便向我解釋，當然講述了日本昔日修築道路的歷史。他還提及火化與火葬在大城市的「必要性」。結束訪談之後，知事要求我讓我的口譯和人力車先離開，因為他想讓政府的口譯官陪同我，搭乘他的馬車前往目黑（Meguro）。他客氣地說道，能夠以此向英國公使的貴客表達敬意，他感到非常榮幸，因為他「非常欽佩公使的人格與他對日本的重大貢獻。」

沿途隨行馬伕不停大喊，馬車走了一個小時，總算抵達有小丘與山谷的郊外。只見紅色山茶花與葉子如同羽毛的竹林，後頭映襯著杉林，這般亮麗景緻與英國單調的冬季景象構成鮮明對比。馬車進入一條不適合馬車行走的鄉間道路，向下穿越田野與矮樹籬，抵達了一棟建築物。對於火葬這等嚴肅之事，這棟進行火化的建物似乎不夠宏偉。幸好沒有看見任何令人毛骨悚然的景象。這棟建物狹長，以「泥笆」（wattle and dab）構築，極像北方農舍，而且屋頂極高，也有類似英國肯特郡烘房（oast house）[4]的煙囪。此等田園建物如同農家，不像火葬場。裡頭到底有多恐怖，得發揮想像才行。

最靠近馬路的一端有座小廟，裡面擺滿許多佛

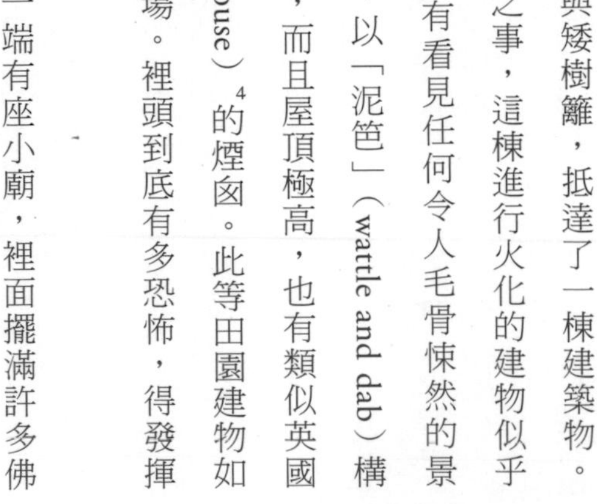

從東海道的一處村莊所見的富士山。

像，另有小的紅色陶甕與夾鉗（火箸），專門出售給死者親屬。小廟之後是四間有泥地和泥牆的房間，除了高聳的尖頂與牆壁的漆黑灰泥，這些建物毫不起眼。在最大的房間之內，有好幾對花崗岩支柱，彼此等距，而在最小的房間之內，只有一對支柱。我能看見的，就只有這些。在一個大房間裡，數具屍體會一起被火化，收費只要一円，大約三先令八便士，若要單獨火化，收費是五円。火化時會使用柴捆，通常一先令的柴捆便可完全將屍體燒成灰。在家祭結束之後，亡者遺體會被帶到火葬場，讓火化人員接手處理。這位員工面容憂鬱，而且臉部遭煙燻黑，但他也只能這般模樣了。富人偶爾會花錢請僧侶在火化期間到場誦念經文，但這並不常見。較大的房間內有五個用竹片箍緊的松木「早桶」（quick-tub）[5]，裡頭裝著苦力遺體，小房間內則有長方形的松木棺木，裡面裝著中產階級亡者的大體。晚間八點時，每個「棺材」被放置於石台上，底下點燃柴火，夜間會有人添加柴火。隔天清晨六點，屍身便會化為一小堆骨灰，親人便將其放進陶甕，然後隆重安葬死者。僧侶偶爾會陪伴家屬度過這段悲傷的入土儀式。在我訪問的前一晚，十三具屍體被火化，但建築內外聞不到半點殘留臭味。口譯官告訴我，由於煙囪極高，即便在火化屍體時，附近居民也不會聞到半點異味。這種處理方法極為簡單，成效絕佳。毫無疑問，這種方法與其他複雜的裝置同樣有效（或更棒），不僅能以無害的方式徹底燒毀遺體，而且費用便宜，讓負擔不起喪葬費的階級也能加以採用。[6]

今天早上，知事派其祕書向我介紹一篇有趣的譯文，內容是關於火葬方式以及火葬如何引進日本。

「伏爾加」（Volga）輪船，一八七八年聖誕節前夕——我們於十九日搭汽船離開橫濱港，白雪皚皚的富士山圓頂於朝陽中輝映著赤紅，矗立於密西西比灣（根岸灣）紫色林木之上。三日之後，我見到了日本的最後身影：冬季海水淒涼蕭瑟，無情拍打著崎嶇海岸。

I. L. B.

1 譯註：本門寺。

2 譯註：自一八六八年起，東京首長名稱屢經變革，從江　府知事、東京府知事、東京市長、東京長官，一直到目前的東京都知事。

3 譯註：楠本正隆。

4 譯註：又譯烘爐，專門製作啤酒花。

5 譯註：圓形的座棺，此乃身分低下者使用的棺木。

6 原註：《讀賣新聞》（Yomi-uri-Shimbun）是東京發行量最大的報紙，雖然並非最受貴族歡迎，卻廣受奴僕與商人喜愛。以下報導出自於這份刊物，內容極不真實，但非常有趣。此乃張伯倫先生的逐字翻譯：「本報昨日提及一位『名為博兒的英國臣民』。該女士來自英格蘭屬地的蘇格蘭。她四處旅遊，今年離開美洲兩大陸，短暫停留『三明治群島』（Sandwich Islands，譯註：夏威夷群島舊稱），於五月初抵達日本。她遊歷全國各地，甚至於北海道停留五個月，調查當地的習俗與產物。她昨日參觀桐谷火葬場，據說是耳聞這種處理死者遺體的方式甚佳，亟欲將此法引進英格蘭！該女士學富五車，著作等身，知事閣下昨日非常欣喜能與其會晤並以禮相待，甚至以自用馬車將其送往桐谷。此等厚禮相待，該女士銘感五內！」。

國家圖書館出版品預行編目 (CIP) 資料

日本奧地紀行：從東京到東北、北海道，十九世紀的日本
原鄉探索之旅 / 伊莎貝拉 . 博兒 (Isabella Bird) 作 ; 吳煒聲譯 .
-- 初版 . -- 新北市 : 遠足文化 , 2019.06
-- (浮世繪 ; 58)
譯自 : Unbeaten tracks in Japan
ISBN 978-957-8630-64-2（平裝）
1. 遊記　2. 日本

731.9　107011894

浮世繪 58

日本奧地紀行：
從東京到東北、北海道，十九世紀的日本原鄉探索之旅

Unbeaten tracks in Japan

作者——— 伊莎貝拉 ・ 博兒 (Isabella Lucy Bird)
譯者——— 吳煒聲
執行長——— 陳蕙慧
總編輯——— 郭昕詠
編輯——— 徐昉驊、陳柔君
專案編輯——— 溫智儀
行銷總監——— 李逸文
資深行銷
企劃主任——— 張元慧
封面設計——— 汪熙陵
排版——— 簡單瑛設

社長——— 郭重興
發行人兼
出版總監——— 曾大福
出版者——— 遠足文化事業股份有限公司
地址——— 231 新北市新店區民權路 108-2 號 9 樓
電話——— (02)2218-1417
傳真——— (02)2218-1142
電郵——— service@bookrep.com.tw
郵撥帳號——— 19504465
客服專線——— 0800-221-029
Facebook——— https://www.facebook.com/saikounippon/
網址——— http://www.bookrep.com.tw
法律顧問——— 華洋法律事務所 蘇文生律師
印製——— 呈靖彩藝有限公司

初版一刷 西元 2019 年 06 月
Printed in Taiwan